マオノミクス

Loretta Napoleoni
ロレッタ・ナポリオーニ
井上 実［訳］

なぜ
中国経済が
自由主義を
凌駕できるのか

MAONOMICS

原書房

マオノミクス　なぜ中国経済が自由主義を凌駕できるのか

◉

目次

注は巻末に掲げた。本文中の〔……〕は翻訳者による補足である。

まえがき

二〇一一年、北アフリカや中東はこれまでにない新たな事態――アラブの春と称される大きな民主化のうねり――を迎えた。はたしてこの展開を受けて、かつて冷戦時代に西側と呼ばれた先進諸国の経済や政治システムを正しく批評し、評価することはできるのだろうか？　単に西側の社会・経済パラダイムに代わるものというにとどまらない、従来とはまったく異なる新たなアジア独自の成長モデルを使って、この現象を分析することは可能だろうか？

この新たなフォーミュラ（成長モデル）をとり入れたすべての新興国は、グローバリゼーションがはじまった当初から成果を上げてきた。変わった試みではあるが、これは西側がおかした過ちがなんであったかを理解し、なぜ西側の経済モデルが突如として今日の世界にそぐわないものになってしまったのか、その納得のいく答えを見つけ出すのに役立つことだろう。さらには、グローバル化された経済の不可解で複雑な一面を明らかにすることができるかもしれない。世界が多極化していくなか、理想的な成長モデルも、すべての国に当てはめることのできる単一の経済や政治システムも、どこを探しても存在しない、という事実が明らかになろうとしている。複雑であるからこそ、ユニークさははぐくまれるのだ。

つまり西側諸国と中国というふたつのモデルでは、経済パフォーマンス上、どのような違いが出ているのかを比較する必要がある、ということだ。そのふたつを比較する作業を通じて、新しい世界への窓、将来を垣間見ることができる窓が開かれる。西側諸国は経済を回復させようと悪戦苦闘しており、中東では社会・経済的不平等に対する不満が爆発し、人々の怒りが炎のように燃えさかっている。だがその一方でアジア経済は好調で、富はいま初めてアジアの人々に力を与えようとしている。経済発展を通じて生活水準が向上し、アジアの人々は新しいビジネスチャンスを獲得した。その結果、アジア諸国はいっそう独立性を強めつつある。めざましい経済成長は一方では、より多くの人々を政治活動に駆り立てるような、社会のゆっくりとした変化をうながしている。しかしこの事実に気づく人々はほとんどいないようだ。ましてアジアで「資本主義＝民主主義」という社会・経済的なパラダイムに抜本的な変化が起きていることを理解している人となると、その数はさらに少なくなる。アジア諸国の政治を大きく揺るがそうとしているのは革命ではない。むしろいまも共産主義と称される中央集権的政府を維持することで、大きな変化がもたらされている。

名ばかりの民主主義と独裁主義体制に支配されてきた北アフリカ諸国には自由が広がりつつある。過去数十年にわたって北アフリカのひと握りのリーダーたちを支援してきたのはほかならぬ西側世界だったわけだが、大衆はいま自国の独裁者たちを追い落とそうとしているのだ。そうしたなか、経済的自由を与えてくれる東側の権威主義的なフォーミュラ（方式）が、魅力あるものとして見直されている。私たち西側の人間は東側の権威主義的なフォーミュラを長いこと誤解し、批判してきた。ところが、西側の社会・経済的成長モデルが時代遅れとなったいま、東側のやり方はそれにとって代わるひとつの選択肢と見なされるようになった。もしあなたがこの時代に生きるエジプト人だったなら、西側かアジアか、どちらの経済システムに倣《なら》おうとするだろうか？　何十年間も自分を抑圧し、搾取してきた少数エリートたちと協力関係にあった西側リーダーや企業を信じられるだろうか？　それよりもいまの自分と同じように、数十年前までは貧しく、搾取されていた新興国の政治家や企業に目を向けようとするだろうか？

世界の人々の目を現実に向けまいとするプロパガンダ機構は、西側の政治・経済モデルにはなんらかかわりがないところで中東の試練が起きているかのように見せかけようとする。一見、経済的自由があり、民主主義を推進しているかのようでいて実は国民を抑圧している独裁体制を、西側諸国が支援した事実を隠ぺいしようとしているのだ。二〇一〇年、欧州連合（ＥＵ）はカダフィ（リビアの軍人・政治家。四二年間にわたり独裁政権を維持し、二〇一一年に殺害された）率いるリビア一国に、四億ユーロ（二〇一二年九月現在、一ユーロは一〇〇円前後）相当の武器や装備を売却している。こうして入手した武器や装備をカダフィは翌二〇一一年、自国民に対して用いた。男性と同等の権利を女性に認めない抑圧的なサウジアラビアに代表される、遠く離れた国々の非民主的な体制を、西側諸国は支援してきたのだ。西側民主主義は抑圧された人々に犠牲を押しつけてきたのである。サウジアラビアはロシアに続く世界第二の産油国であり、西側への最大の輸出国でもある。万が一サウド家（サウジアラビアの王家）が失脚したら、経済面でいかに甚大な余波が生じるか、想像してみてほしい。西側諸国の人々が送る快適な暮らしなど、一瞬のうちにかき消えてしまうことだろう。

信用危機と世界的な不況によって、西側経済の特異性や矛盾、不安定さが明らかになった。アラブ諸国の人々が反乱を起こし、その結果、これまで少数の独裁者が低価格で提供してきた莫大なエネルギーが買えなくなれば、西側民主主義の脆弱さが理解できるかもしれない。ちなみに西側の軍事産業も彼ら少数の独裁者たちのおかげで維持されてきた。真の意味で民主主義がつかさどる理想的な社会があるなら、金で武器や政治的な庇護を買う必要などあるだろうか？

またたくまに変化する世界にあって、はるか昔に消えた過去にしがみつくことなどできない。この一〇年、完全に予測できたはずの事態がいざ現実になるたびに、西側諸国はショックを受けた。西側の人々はまたしても、根底を揺るがされたと感じている。現代のアラブ世界を支配する独裁者たちがいかに国民を残虐にあつかってきたかが西側の大衆にも伝わり、メディアが北アフリカの民主国なるものの実態や、血に飢えた狂人にも似たカダフィの素顔を明らかにするにつれ、たしかなよりどころであったはずのものが崩れはじめたのだ。民主国エジプトを統治していたのは独裁者だった。そして共産主義の中国は、資本主義を支持している。

北アフリカや中東では政権を揺るがしかねないほどの嵐が吹き荒れ、激しさを増す一方であったにもかかわらず、プロパガンダ機構はその事実を隠した。西側諸国のリーダーもメディアも、中国の残虐行為や民主主義の不在をあげつらうことにかまけ、エジプトのムバラク（エジプトの軍人・政治家。三〇年にわたって独裁政治を行ない、二〇一一年二月に退陣）によるとどまるところを知らない人権侵害や、反対派に対するカダフィの情け容赦ない弾圧、チュニジアの富を奪ったベン・アリ（チュニジアの軍人・政治家。二三年以上にわたり同国大統領。二〇一一年にサウジアラビアに亡命）の行状といった数々の不正を無視してきた。さらにプロパガンダ機構は、中国の奇跡の経済成長や、西側モデルにひそむ問題の本質を市民に知らせまいとした。

めまぐるしく変化する世界に生きる現代の人々は、その歯車の下で押しつぶされてしまうことがないよう、しっかりと目を見開いていなければならない。中東の人口構造は大きく変化している。政情がきわめて不安定な中東地域の人口は、この三〇年で爆発的に増加した。冷酷な独裁体制をくつがえしたのはイスラム教徒によるテロではなく、若年層の人口が急増し、経済的な圧力が高まったことが原因だった。チュニジアでもエジプトでも、西側諸国に刃を向けるような行動も見られず、シャリーア（イスラム法。コーランとスンナの戒律および社会慣習に由来する法）を説く髭づらの男が登場することもなかったのである。体制を倒したのはｉＰｈｏｎｅやブラックベリーで武装した若者たちだった。フェイスブックやユーチューブ、マイスペースに親しむ若者たちは、従来型のメディアによるプロパガンダを寄せつけなかったのである。こうして西側の人間は、いかに受け入れがたいとはいえ、新たな現実に直面せざるを得なくなった。

一方、アジアではまた違う革命が起きている。だが西側の人間はその本質やめざすものがなんであるか、なにも知らない。いまや何十億というアジアの人々が、西側諸国と同じ生活レベルに到達しようとしている。それはまもなく、西側諸国の日常生活にも影響をおよぼすほどの、経済や金融面での大きな変化をうながすことだろう。中国の若者たちが現体制に異議を唱える姿を、西側諸国の人々がテレビ画面を通じて目にすることはもうないかもしれないが、西側世界の命運は彼らと深く結びついている。西側諸国をこの先なにが待ち受けるのかを理解するためには、プロパガンダに惑わされることなく、傲慢で頑迷な姿勢を正し、謙虚に、そして希望を持って中国を、そしてアジアを見つめていくべきなのだ。

はじめに

冷戦が終わり、四半世紀近くが過ぎたいま、西側の民主諸国はグローバル化された世界で初となる真の経済危機に直面し、それに対処しようと苦闘している。その一方で、共産主義・中国は危機的事態の影響を最小限に食い止めたのみならず、縮小する世界需要を逆手にとって、まさに革命的な社会・経済改革に着手した。労働者の権利保護の強化[1]、そしておそらくは自国通貨に連動させた形での、新しい国際金融システムの設計なども改革案には含まれている。

金融市場を見舞った一連の大変動によって世界のマクロ経済構造が変化したため、経済的に安定しているという意味で、めざすべきモデルは中国に移った。世界を襲った最近の信用収縮と不況に乗じて、中国は一足飛びに世界最強の国家群に加わったのである。いまや中国版「ニューディール」は、世界不況という前代未聞の嵐のなか、この惑星を支える大黒柱となり、大恐慌の再現を防ぎ止めようとしている。こうした変化を通じてアメリカの経済優位は終焉を迎えるだろう、と多くの人々は考えている。

中国は大きく変化した。それは自由貿易の原則にしたがい、国を挙げて推進してきた経済再建にとどまるものではない。国内総生産（ＧＤＰ）が成長したのは、毛沢東の時代には考えられなかったような社会・政治改革が並行して行なわれたからだ。共産主義国ではあまり見られない取り合わせである。いま中国は、世界貿易機構（ＷＴＯ）のルールを尊重し、参加型民主主義を志向しながら、人権の擁護から再生可能エネルギーの開発にいたるまで、さまざまな取り組みを行なっている。そこには社会の新しいモデルづくりに全力を尽くす国の姿がある。現時点で中国は西側スタイルの民主主義をめざしているわけではないかもしれないが、この一〇年を通して、中国が戦後の全体主義から距離を置こうとし、経済の明るい未来だけを見つめてきたことは事実である。中国がなし遂げた共産主義と資本主義の合体、すなわち、「資本共産主義」についてなにを語ることができるだろうか？　これこそ二一世紀のモデルとなるにふさわしい政治と経済のハイブリッドなのではないだろうか？

上海や北京を訪れれば、未来都市がどのようなものであるのかも、中国の新しい近代化がなにを意味するのかもわかるはずだ。こうした都市のダイナミズムは、麻薬さながらに、外国人をはじめあらゆる人々を魅了してやまない。何千という西側の若者たちが上海に移り住むのは、これからはじまる新しい世界の一端を体感できるからなのだろう。何年かでも中国で暮らしたことのある人間は、すぐそこまで来ている未来の創造に自分たちも参加していることを実感しているはずだ。こうした人々は社会・経済の変革と政治思考をつちかう場として、中国を見ている。

いまなおポストモダニズムにどっぷり浸かった西側諸国の主要都市は、上海や北京とはまったく趣を異にしている。退廃的な気運が満ち、政治機構は歳月の経過と規制緩和の影響で機能不全に陥ってしまった。混雑するばかりで効率の悪い交通システムを利用して毎日通勤する人々は、わが身の老いを痛感しているかのような表情をしている。安定した仕事に就けない、あるいは、失業した若者たちも、自分たちはもう若くないとこぼさずにはいられない。老いを深めたヨーロッパが今後も持ち続けられる財産といえば、この大陸に受け継がれる歴史と文化遺産ぐらいになってしまうことだろう。そしてヨーロッパは世界最大の博物館と化すのだ。

西側諸国の経済も老いが目立つ。また、民主主義にさえも痴呆の症状があらわれている。たとえ西側の若者が仕事にありつけたとしても、生活コストに比べて給料が低すぎる。そのせいで、ベビーブームの全盛期世代である彼らの両親は子供たちを援助し続けるしかない。肉体労働の大半をになう出稼ぎ労働者に対する差別も相変わらず続いている。西側諸国の政治家階級の失政によるつけを日々払わされているのだ。政治家階級はもはや国民の意思を体現しようともせず、ただ権力の座に居座るためだけに仕事をしている。これまで自由を求める大勢の人々が命を賭け、数多くの闘争を繰り広げてきたというのに、メディアはせっかく手にした自由を行使することができないでいる。

こうした状況をつぶさに見ていくとき、西側諸国が老醜をさらすきっかけになったのも、中国の社会や経済が再生される契機になったのも、同じひとつの出来事だったことに気づかされる。ベルリンの壁の崩壊だ。

では真の意味で冷戦に勝利したのはだれだったのだろうか?

西側のピュロス王的勝利

さて、ここで運命の年となった一九八九年に戻ってみよう。表面的には対極に思えるふたつの出来事——天安門における民主化運動の武力鎮圧、そしてベルリンの壁の崩壊——はともにグローバリゼーションをうながし、その後の世界経済政策に影響をおよぼした。西側諸国では左派が失脚し、ネオリベラル主義が勝利をおさめ、世界全体の社会・経済と政治のモデルとなった。西側の人々はネオリベラル主義の勝利に有頂天になり、グローバリゼーションが西側経済優位の終わりを意味するのではないか、などと疑う者はほとんどいなかった。ところがそれから二〇年が経ち、世界の地政学的構図が共産主義・中国に有利な状況へと変わったいまとなっては、西側の勝利をピュロス王的（損害が大きく得るものが少ない、の意味。古代ギリシャのエピロス、およびマケドニア王だった戦術の天才ピュロスの故事にちなむ）であると見なす向きは多い。こうした変化をもたらしたのは中国の画期的な改革であり、それをうながしたのが一九八九年のふたつの出来事であったのだ。ただし二〇年前の当時は、これらの衝撃的な出来事に対する期待も、公式的な解釈も、今日とは大きく異なっていた。

　中国政府が天安門広場での民主化要求を武力で押さえつけた行為は、西側諸国ではいまも民主主義の弾圧と見なされている。他方、ベルリンの壁の崩壊は、共産主義世界に対する西側の勝利ととらえられてきた。西側はいまなお、冷戦は民主主義システムの明らかな勝利で終わったと主張している。民主主義を受け入れた旧ソ連諸国は幸運だったが、共産主義を維持する中国は不運そのものだという見方を押し通してきたのだ。このシナリオにのっとって、中国は大いなる敵ソ連に代わる存在と位置づけられた。中国は人権を重んじない独裁体制であり、経済データを偽り、労働者を搾取する邪悪な偽善者だというのに、グローバル化された世界の超大国になろうと考えるなぞけしからん、というわけだ。民主主義体制ではないというだけで、中国はこれだけ非難される。民主主義国家でなければ、国民は幸福になれないばかりか、国としても進歩するはずがない、という思考がそこにあるからだ。

　しかしこうした西側の論理はまったく根拠がないとは言えないまでも、やはり間違っている。

　過去二〇年の間に中国が達成してきた数々の経済目標を考えれば、中国は西側民主諸国よりずっとうまくグローバリゼーションに対応したといえる。一九八九年当時と比較して、中国の平均的な生活水準は劇的に改善されたが、東ヨーロッパやかつてのソ連圏内など西側式の民主主義を受け入れた国々では、ふたたび貧困や非識字率が増大している。武力によって民主化されたイラクやアフガニスタンにいたっては、内戦が勃発する事態に陥った。

一九八九年当時、冷戦に「敗れ」た側にいたはずの大国・中国はいま、グローバル化された世界経済のリーダーに名乗りを上げようとしている。おかしいのではないかって？　とんでもない。近視眼的な政治観、さらには思い上がりから、西側は解釈を誤ったのだ。西側は共産主義をみずからの対極にあるシステムと見なし、共産諸国内で意見の相違が生じると、民主主義の社会モデルを採り入れたいとの意思の現れだと解釈した。その結果、二〇年後の今日、みずからがおかした過ちの訂正を迫られているのである。

民主主義が持つ多様な意味

ベルリンで、そして天安門で「民主化」を叫んだ人々は、決して西側諸国と同じような政府を望んでいたわけではなかった。彼らが求めていたのは政治体制というより、むしろ西側と同じ生活水準だった。一九八九年当時、中国でも、鉄のカーテンの背後でとらわれの身となっていた国々でも、西側式の民主主義についてはほとんどなにも知られていなかったといっていい。人々は一様に美化されたイメージを抱いていたが、それは西側と共産主義の両プロパガンダに影響されての、現実とはほど遠い、ゆがんだものでしかなかった。中国や東欧諸国の人々は、経済状態の目に見える形での変化を強く望んでいた。そして豊かな生活をする西側民主諸国を見て、政治的パラダイムが変われば、同じような暮らしが手に入ると錯覚したのだ。その結果、豊かになるためには民主主義を受け入れるべきだ、という考え方が世界各地へと広く波及していった。

「人々が夢見ていたのは選挙ではなく経済的な自由だった」。一九八一年当時の勤め先だったハンガリー国立銀行で、上司はことあるごとに繰り返していた。「共産主義者の尺度にしたがえば、私有財産は選挙権よりも価値がある」。経済的な勝利をおさめるためなら、人々はどんなことでもやる気でいたのだ。

共産圏に欠けていたのは投票箱ではなく、利益追求をうながす動機だった。カール・マルクスはこの動機こそが資本主義システム全体の支柱と考えており、西側諸国に住む者ならだれもが知っているように、民主的な政府のもとではそれがうまく機能してきた。しかし共産主義諸国は、中国を除けばその威力や必要性を理解していなかったのである。

過去二〇年を検証してみると、驚くべき事実が浮き彫りになる。ベルリンの壁が崩壊したのは、西側諸国お気に入りの政府モデルが冷戦に勝利したからではなく、いわゆる現実社会主義（旧ソ連や東ヨーロッパで生まれた現実の社会主義体制）がマルクス理論をきちんと理解せずに推進されたためだったのである。ソ連の過ちは、経済から利益を切り離したことにあった。経済から利益追求の視点を取り除くだけで、プロレタリア独裁に生命を吹き込むことができると考えたのだ。ただしマルクスはこの部分についてのみ、分析を事実の観察ではなく、いくつかの仮定にもとづいて行なっていた。資本主義の利益分析にかけてマルクスをしのぐものはほかにないことを考えると、ソ連のような誤った解釈が生じたのは皮肉としかいいようがない。マルクス理論を研究する者なら、生産システムの柱を除外するなどと、彼が考えるはずなど決してないことを知っている。それどころかマルクスは、経済活動によって生み出された利益や特典を、余剰価値などであらわされる貢献の度合いに応じて、労働者階級みずからが獲得できるようにすることをめざしていた。

マルクス理論は根本的には経済理論であって、政府の形態を論じたものではない。ところがまずソ連が、ついでアメリカが、これを民主主義のアンチテーゼに変えてしまった。マルクス理論はレーニン主義的政治イデオロギーによって歪曲され、スターリンによって抑圧的な独裁主義へと変化させられ、最終的には冷戦時代の敵対関係のなかでバランスを欠いたいびつな思想へと変質してしまった。つまりソ連のマルクス主義は本来の姿からはほど遠い、まったくの別物になってしまっていたということだ。その結果、ソ連の全体主義体制が、資本主義のアンチテーゼとしての共産主義だと理解されるようになってしまった。成長をうながす原動力である利益の要素を無視した解釈が適用された結果、国の経済が荒廃したとして、そこになんの不思議があるだろうか?

二〇年後のいまも西側では相変わらず、民主主義的な西側が全体主義的な東側に勝利したという見方がまかり通っているが、ソ連経済の試みは西側とはなんの関係もないところで勝手に破綻したというのが本当のところなのだ。後述するように、ネオリベラル主義という基盤も、西側を取り巻く民主主義的な枠組みも、ベルリンの壁の崩壊が民主主義の力によるものであるかのように説いたレーガンやサッチャーのイデオロギー的レトリックも、一九八九年の出来事とはまったくなんの関係もない。しかし西側プロパガンダがつくり出した図式、ソ連の崩壊＝民主主義の勝利という見方はいまなお強い影響力を持つ。

この見解がたしかなものであると思えばこそ、大衆の心には西側政治に対する深い安心感が芽生えた。だからこそ西側の人々は、「私たちの民主主義」がソ連の全体主義と同一視されたマルクス主義、ひいてはいまの中国の共産主義に勝ったと信じたのだ。ところがその中国が成功をおさめたことで、過ちをおかしたのはマルクスではなかったという事実が歴史的にも証明された。ソ連と違い、中国は経済的にもうまく機能し、発展していけるような共産主義の形を生み出した。中国型共産主義がほかのシステムをしのぐ発展と福利を保障してくれるものであることは、驚くべき経済データの数々を見れば明らかである。たとえば二〇〇九年から二〇一〇年にかけて、西側民主諸国では失業率が高水準で推移し、経済もゼロ成長と低迷していたが、中国ではひとり当たり平均所得は実質的に増加し、ＧＤＰは九パーセントも上昇した。

評論家たちは、中国は人権を軽視する腐敗した独裁主義体制だから、といったイデオロギー上の理由でこのデータに疑義をさしはさもうとする。しかしこうした批判はもはや時代遅れで陳腐ですらある。評論家が論じているのはいまの中国ではなく、彼らの批判は一部分を除いては正しいとは言えないからだ。たとえば人権に関しても、中国は個人を尊重する方向へといまだかつてないほど大きく前進した。だれもがめざすべき最終ゴール地点がまだまだずっと先にあるのは事実だが、国連も世界銀行も、各界からもっとも高く評価されている非政府系組織（ＮＧＯ）も、中国が正しい路線を進もうとしていることは否定しないだろう。

対照的なのが西側だ。こちらは偽善に彩られた道を中国とは逆方向に進んでいるかに見える。B－52戦略爆撃機を使って思想を輸出し、犯罪組織と日々取り引きしているとはいえ、西側諸国はあくまで世界の正義を守ろうとしてきたはずである。それなのに誤った情報にもとづいてイラクに介入したことをどう説明できると言うのだろうか？　ブッシュ政権が容認し、イギリスもまた利用した「特例拘置引きわたし」制度の名のもと、不法に行なわれた捕虜やテロ容疑者の拷問や拘禁・移送、そしてグアンタナモ湾収容キャンプについては、どう説明するのか？　これらの制度や施設は明らかに世界人権宣言とジュネーブ条約に違反している。

悲しいことに、西側諸国では日々人権侵害が繰り返されている。同様に、世界各地で横行する腐敗や欺瞞も枚挙にいとまがない。ウォール街を舞台にしたバーナード・マドフ（元ナスダック会長。史上最大級の巨額詐欺事件の犯人）による巨額詐欺事件、アフガニスタンで武装勢力の指導者とのコンタクトを維持するためハーミド・カルザイ（アフガニスタン・イスラム共和国初代大統領）の兄弟に金を払っていた中央情報局（ＣＩＡ）、イラクで買収事件に関与したといわれるアメリカの民間軍事会社ブラックウォーター、連日のように伝えられていたイタリアのベルルスコーニ政権をめぐるスキャンダル、イギリス議会議員による政府資金の横領、ロレアルの相続人から巨額の選挙資金を受けとっていたとされるフランスのサルコジ前大統領……。痴呆を発症した老人たちと同じように、西側諸国の人々はかつて愛していたもの、そして何世紀もの長きにわたって社会闘争を展開し手にした価値あるものの記憶を失いつつ、退歩しているのである。

対照的に、中国は日々、向上しながら前進している。しかし西側の基準に照らし合わせるならば、民主主義国家でない中国が上げる成果には意味がないことになってしまう。ここに問題の核心がある。中国の人々には政治的自由がないという見方そのものが、そもそも間違っているのだ。一九八九年、毛沢東の巨大な肖像が掲げられた天安門広場に集結した大衆にとって、民主化とは経済的な平等を、躍進を遂げる平等なチャンスを意味していた。そして事件後二〇年の間に、中国では大勢の人々がその願いをかなえている。

旧ソ連の人々とは違い、中国の大衆にとって「民主主義」は耳新しい言葉でもなければ、選挙制度などのように「輸入された」政治概念でもなかった。政府というものは人々の利益をはかるために存在するとの演説を行なった際、毛沢東は民主主義という言葉をいく度となく用いている。そうやって、一九四九年の共産革命以前に中国の人々を抑圧してきた西側諸国の植民地主義者をはじめとする「ほかの」

リーダーとは違うことをはっきりと示したのだ。国家が「人民に奉仕する」という思想はいまも中国社会に深く根づいている。連日のように政治スキャンダルに揺るがされる西側民主諸国はどうだろう？　中国と同じだと言えるだろうか？

もうひとつ忘れてはならない重要な要素は、中国人にとって民主主義が選挙ではなく革命だった、ということだ。波乱に満ちた中国の歴史を生き抜いてきた一〇三歳の周有光（一九〇六年生。金融の専門家、言語学者）[2]によると、中国共産党は民主的な政党であると、周恩来はことあるごとに言っていたという。中国の人々にとって、悪政者を転覆した革命以上に民主的なものはない。そして大衆にとって、政府が怠慢であるかどうかを判断する目安となるのは、基本的に経済状態なのである。王朝から王朝へと移り変わる五〇〇〇年の歳月のなかで、中国の人々はこの原則にしたがって生きてきた。

二〇年前と同様にいまも民主主義は党のなかに息づいている。民主主義は中国共産党の埒外にあるわけでも、党是と対立する思想でもない。民主主義は党のなかに存在しているのだ。一九八九年の天安門事件を検証した『毛沢東は生きている』[3]（フィリップ・P・パン著、鳥賀陽正弘訳、二〇〇九年、PHP研究所）のなかで、当時この民主化運動に参加していた弁護士の浦志強《プージーチュアン》は、学生たちがこの運動を推進した理由について、「我々は政府と党がおかした過ちをみずから正せるよう支援したかっただけだ」と述べている。つまり政府を転覆させるつもりも、別の政治システムに置き換えるつもりもなかった、ということだ。天安門に集まった学生や労働者は生活水準の向上を実現すべく、システム全体を開放せよと求めていたのだった。「民主主義」というのは、中国の人々が当然与えられるべきチャンスを保障する道具であり、その別称にすぎなかった。

ベルリンの壁の崩壊と天安門事件の重要性は、政治的にかたよった解釈がなされたために失われてしまったのだろうか？　その答えはこれ以上ないほどにシンプルだ。ソ連や中国の人々は、実際には西側諸国の政府がとっている形態についてほとんどなにも知らなかった。一方の西側諸国も、共産主義にさまざまな異なる解釈があるなどとは思ってもいなかったのだ。西側の人々から見れば、民主主義というのは定期的な政権の変化を食べて成長する政治的な生き物のようなものだ。別の言葉で表現するとしたら、西側の大衆は「普通選挙権」とでも言うのだろうが、中国人なら「資本主義」と呼ぶだろう。

ここでちょっと立ち止まって思い出してほしいのは、西側の政治文化では、経済と福利は、政府のシステムとはなんら関係がないものだと考えられているということだ。奴隷たちが経済をつかさどるアテナイ社会で誕生した民主主義は、自由市民のものだったといっていい。そこでは、商業や農業の実情とは関係のない、政治や哲学的価値といったテーマをめぐる自由な討論が民主主義のよりどころとなっていた。経済規模の拡大のため、軍事侵略が必要になると、アテナイの人々はイデオロギーによってそれを正当化しようとした。マグナグラエキア（イタリア南部にあった古代ギリシャの植民都市群）の植民地化は寛大さの象徴であり、アテナイの自由と正義というモデルをいわば輸出する行為だった、という説明はそのあらわれだ。イラク侵略のことを、軍事行動という包装紙にくるまれた西側式民主主義からの寛大な贈り物と説明する現代の民主主義諸国は、いまだに同じレトリックを用いているわけだ。

西側世界の人々は、経済的な繁栄と民主主義とを結びつけようなどとは思いもしない。破滅的な危機によってシステムが揺るがされるようなことになっても、だれも支配階級を倒そうとも思わず、彼らが問題の一因であることを認めようとさえしないのだ。この二〇年間、西側諸国の生活水準が悪化していることはだれもが知っていても、政府に対して具体的な政策を打ち出せと要求するどころか、もっともうまい説明のしかたを身につけたらどうだ、と言う。歴史的に見て、ヨーロッパでもアメリカでも、富は自由貿易の産物であって、選挙で選ばれた代表者が率いる政府によってもたらされたものではない。建国の父たち自身も自由貿易の熱心な推進者であり、自由市場と商業への国家の不介入を説いた。

ヨーロッパでは第二次世界大戦後、マーシャル・プランによる基金を活用し、民主主義モデルにのっとって復興が進められ、奇跡の経済成長が実現された。大陸が復興されていく過程のなかで、繁栄イコール民主主義という図式が生まれたのである。実際には、自由貿易と復興によって繁栄がもたらされたのだが、西側プロパガンダによる冷戦の筋書きにしたがって、西側の人々は民主主義こそが経済成長を生み出したと思うようになった。

「民主主義」や「繁栄」の本来の意味は、東西両陣営それぞれの政治解釈がそこに加わる過程で失われていった。史実には反していても、西側はあくまで「民主主義」を良好な統治ととらえ、東側は民主主義と繁栄を同一現象として理解した。

幸福で不幸なカップル

しかし地球村に誕生した民主主義と繁栄のカップルは、不幸な結婚生活を送ることになった。ウィンストン・チャーチルが「これまでに試されたほかのあらゆる形態を除けば、政府としては最悪の形」と呼んだ限界がここにある。ただしチャーチルの言葉は、独裁主義体制の餌食となり、第二次世界大戦と冷戦によって引き裂かれたヨーロッパの国に当てはめることはできても、経済がグローバル化し、中国が台頭する現代にはそぐわない感じがする。政治家を後ろ盾に世界の命運を決定するひと握りの金融エリートが、その決定によってもたらされた富の大半を仲間うちで山分けするようなシステムのなかで、民主主義とは一体なにを意味するのだろうか？

ヨーロッパにあふれる腐敗や、西側諸国の政治家を巻き込むスキャンダルは、西側政府の形態がいまや時代遅れになったことが原因なのではないだろうか？　過去二〇年間で民主主義は進化することもなく、その一方で経済にはかかわらずに済むよう安全な距離を保ってきた。アテナイの人々は経済をことのほか重視していたが、プラトンは『国家』のなかでそれを手厳しく批判している。ベルリンの壁の崩壊後、市場は政府よりうまく経済を規制できる、とマントラのように唱えるネオリベラル主義理論が、政治を経済に近づけまいとしてきた。経済上の転換や変革がいまなお国家によって導かれる中国を、グローバリゼーションが利する結果となったのも不思議ではない。対照的に、しばしば腐敗の温床ともなる市場が経済を導く西側では損失が生じた。グローバル資本主義を襲った最新の危機は、少なくともいまの進化段階ではやはり強い国家が必要とされていることを示唆しているのではないか、と思われる。中国の経験から、エリートではなくむしろ国民の利益を代表する人々がかじ取りをしたほうが、経済はうまく機能することがわかる。「共産主義」はソ連共産党の最高政策決定機関ポリトビューロー（政治局）の代名詞ではない。国民の利益を保証すべく経済に目を光らせる国家を意味しているのだ。

資本共産主義、すなわち資本主義と共産主義を融合させるという概念は、西側諸国の目にはばかげているとしか映らないかもしれないが、中国人にとってそれはまぎれもない現実だ。これはカール・マルクスの祝福を受けた、幸福な結びつきである。なぜそうなのか？　中国の指導者たちはマルクスの『資本論』を読み、その意図が資本主義の破壊ではなく、分析を目的としていたことを理解していたからだ。マルクスは既存の生産システムを打ち壊し、別のものに取って代えるべきだなどと説きはしなかった。工場を焼き払い、農業経済に戻るよう人々に勧めたこともなければ、保護主義の導入や国際貿易の停止を推進したこともなかった。マルクスは、プロレタリア独裁が資本主義を牽引してきたリーダーたちに取って代わることは、既存のシステムが無階級社会という頂点に向かう途上の、自然な進化のプロセスであると説いた。中国はまさにそこをめざして歩んでいこうとしているのである。

一九八九年当時から鄧小平は、天安門広場で民主化要求が繰り広げられた本当の理由を正しく理解していた。つきつめれば、問題は人々が資本主義と民主主義の真の意味を理解せず、混乱したとらえ方をしていたことにあったのである。鄧小平は、中国を経済的に開放して、人々が利益獲得をめざすことを可能にし、生産をうながすことでそれに応えた。「豊かになれ」との彼の言葉は、武力鎮圧で死傷者を出し、大きく揺るがせられた中国に、マントラのように響きわたった。本書でも紹介するように、食べていくのがやっとだった農民たちは、移動を許可され、生産した作物を販売する権利を認められた。農村で暮らしていても農業に従事していない人々は、出稼ぎ労働者になるチャンスを与えられ、数年のうちに故郷に戻って自分で事業をはじめられるだけの金を稼ぐようになった。こうした革命的な政治や社会の変化は、毛沢東の死去から数年後の一九七〇年代終わりごろにはすでにはじまっていた。一九八九年にいったん中断したものの、一九九二年に鄧が党内での闘いに勝利をおさめると、この試みが再開され、たちまち勢いを得て成果を上げていったのだった。

歴史は、資本主義が自然にグローバリゼーションへと進化していったと語る。新たな資源を搾取し続けることが成長をうながすエンジンの働きをしたからである。民主主義もまた、グローバリゼーションへと向かった。しかし過去数世紀に生じた悲惨な経済危機の数々に目を転じれば、グローバリゼーションのこの段階で、資本主義と民主主義の組み合わせが機能不全に陥ってしまっていることは明らかだ。対する資本共産主義は、グローバル化された経済が下降しても上昇してもうまく機能し、利益をもたらしてくれる。

そしていま、信用危機と不況の背後で、大規模な革命がゆっくりと進行している。西側式の民主主義はすぐれた社会・経済・政治システムを持つ、理想的な政府のあり方とされてきたのに、それがいま崩されつつある。それは近代化という考え方そのものをつくり変えてしまうほどの、時代を画する大変動である。

マルクスが冷戦に勝利したということなのだろうか？

ひとつ言えるのは、いま起こりつつある変化を理解するためには、中国の例をふまえてあらためてマルクス主義理論を読み直す必要がある、ということだ。いまのところ、西側社会のデカダンス、あるいは衰退する西側式の資本主義を分析する際、中国式モデルという観点は非常に有効である。中国式モデルを考察することを通して、西側諸国は過去二〇年におかした過ちを正すことができるのかもしれない。

序章　不況進行中

不況への不安は世界につきまとったまま離れようとはしない。とはいえ世界中どこもかしこも不景気というう
つ症状を呈しているわけではない。北京からケープタウン、シンガポールからリオデジャネイロにいたるまで、世界中の街が抗うつ薬を服用しているわけではないのだ。東側や赤道下に暮らす人々は、もう少し幸せであるか、少なくとも生活にもっと満足している。支出の少ない彼らは貯金をしながら、人生を楽しんでいる。他方、西側の人々はふさぎ込んでいる。明日への不安は資本主義・民主諸国をさいなみ、経済危機に見舞われたあらゆる大陸は、さながらサナトリウムのように不安におびえる人々にあふれている。うつに苦しむのはおもに一八歳から三五歳までの世代である。望みの持てない現実が続くなかで、将来の見通しまでもが暗くなってしまったのだ。

それとは対照的なのが、高い成長率を示す中国であり、人々が幸せを感じる度合いも他地域よりも高い。

東側と西側がグローバリゼーションに対して異なる反応を見せるのはなぜなのだろうか？　心理的にも経済的にも両者が大きく異なるのは、将来への期待も過去の出来事からもたらされる影響も違うからなのだろう。

西側諸国に生きる人間は過去の記憶に圧倒されやすく、すぐに傷ついてしまいがちだ。夢を見てはそれに驚愕することを繰り返すうち、いまという瞬間を大切に生きることができなくなってしまっている。精神科医によれば、日常生活に向き合わずに済む一番よい方法は消費なのだという。要するに人々はセラピー代わりに買い物をしているのだ。

開発途上にある、世界の南側に生きる人々は、毎日を暮らしていくのに買い物の助けなど必要としない。今日を楽しむことをモットーに人生を送っているからだ。彼らにそんな魔法さながらの力をおよぼすのは、「今日」であり「いま」である。西側諸国の人々よりも豊かではない彼らのほうがはるかに幸せであるというだけではない。彼らが暮らす国々の経済も成長している。だが私たち西側経済は縮小の一途をたどっているのだ。

不景気とうつは相前後するように進行していく。奈落の底に落ち込むなどたやすいことだ。統計は西側が置かれた状況をはっきりと物語る。たとえば西側ではいま、一九八〇年代前半の第二次石油危機につづくスタグフレーション以来、ふたたび自殺者の数が増えはじめている。とはいえ、安定した評価基準、一縷の希望、そしてたとえば危機の終わりを示す明白な事実さえあれば、人々を安堵させることは簡単なのだ。

心理と市場、グローバリゼーションと不安は結びついているらしい。ジークムント・バウマンをはじめとする精神分析の理論家によれば、グローバル化された世界のなかで、個人は安定的なよりどころなしに生きていかなければならない。「リキッド・モダニティ」と呼ばれるこうした状況とは、言い換えるならば、個が多数のなかに呑み込まれたり、グループのやり方に適応したりしながら、延々とサバイバルをはかる辺獄（ローマ・カトリックにおいて未洗礼の死者が行くとした天国と地獄の中間的な場所）である。道理でだれもが日々の現実を直視するのをおそれるわけだ。

あいにく「リキッド・モダニティ」は大衆市場から生まれた消費主義の本質でもある。まるで肥沃な土壌のように、ひっきりなしにさまざまな国や企業の宣伝キャンペーンが生み出されては、消費者めがけて降り注ぐ。そうしたなかで最大の成功をおさめるのは、心理と経済が完璧なまでに合致した場合である。すると群集の行動をコントロールするための正しいボタンを押すに等しい効果が生じる。人々の腕は自動的に伸び、スーパーマーケットの陳列棚から特定の製品を手に取る。しかもその両脇の製品には目もくれなくなるのである。

多くの精神分析学者たちは、消費主義こそが世界の富裕な地域に見られるおもな病状のひとつだと指摘する。だれもが日々の消費活動のなかで悪戦苦闘しており、そのせいで際限ないストレスがもたらされているというのだ。要するに、犬が自分のしっぽに噛みついているようなものだ。この悪循環に陥った人々は、日常の現実というストレスから逃れようとしてさらに消費をするわけだが、消費自体が絶え間ないストレスの原因になっているのである。解決策はあるだろうか？　抗うつ薬プロザックの服用だ。

一九八八年にイーライリリーがプロザックを発売してからというもの、四〇〇〇万人以上の人々がこの抗うつ薬を利用してきた。しかしその効果はどうかといえば、大したことはなかった。二〇〇八年にハル大学心理学部のアービング・カーシュ教授がアメリカやカナダの心理学者たちとともに科学公共図書館ジャーナル誌に発表した研究によれば、プロザックを服用している患者はプラシーボ（擬薬）を処方された人々と幸福感において大差がない。[1]　つまり、プロザックが効かなければパキシルもゾロフトも効かないということになる。西側をむしばむ症状の根本原因は抗うつ薬で治療できるようなたぐいのものではない。むしろ人々のライフスタイルに問題があるのだろう。

世界保健機構（WHO）によれば、一九九〇年代の初めから、負債がとてつもなく膨れ上がった富裕な国々でうつをわずらう人々の数が増加したという。この傾向は平均的な個人の借金の増加率にほぼ比例している。つまりうつとデフォルトは、世界でもっとも豊かで民主的な国アメリカを筆頭に、富と民主主義が繁栄する場所で急増していることになる。その影響は地球村の株式市場にも波及する。その一方で西側の人々はいつになったら、どうすれば国内総生産（GDP）や雇用は回復するのかと執拗にエコノミストたちに問いただす。しかし精神分析も経済学も正確に言えば科学ではなく、たしかなものを与えてくれはしない。

西側の人々は精神的にも経済的にも危機的状況に陥るという手痛い経験を通して、抑えのきかない消費は成長のエンジンとなるどころか不況の原因となり、分不相応な生活をしようと個人や銀行を借金に走らせる事実を学んだのである。要するに、西側の人々は融資を富と取り違えるような妄想のなかに生きているのだ。活況を呈した一九九〇年代にアメリカ中のビジネスクールで一斉に唱えられた「自分には借りられるだけの価値がある」というマントラは、グローバリゼーション賛歌となった。西側の人々が奉じてきたこれらの行動規範はばかげているとしかいいようのない代物だった。金融リスクの評価を偽る結果にしか終わらなかったのだから。

しかし西側の政府はいまも、クレジットカードを危機前と変わらず好き放題に使うようううながす。消費支出は西側経済の活力源であり、消費支出なくして経済が順調に動き出すことはあり得ない、というメッセージを発信しているのである。市民を助けてくれるはずの政府が、市民をさらに悪い状況に陥れようとしているのだろうか？　これが現代経済の矛盾なのだろうか？　どうやらそのようだ。

しかし経済学と心理学との間には大きな違いがある。後者は原因を明らかにすることで、治療を行ない、不安を回避させようとするが、前者はこの二〇年間でこれまでになく頻発する金融危機を防止することができずにいる。実のところ、グローバリゼーションは金融危機と密接につながっているらしい。なぜだろうか？

　経済学とは対照的に、人間の精神についての研究は時代とともに進化し、近代性を積極的にとり入れた。この五〇年、精神分析の領域では古典的なフロイト理論が激しい批判にさらされてきた。いまやウディ・アレン（アメリカの映画監督・俳優）の映画の世界でもなければ、カウチに横たわって自分のトラウマや子供時代の性的幻想について語る姿を見ることはかなわなくなっている。今日、精神分析医はプロザックに加えてありとあらゆるアプローチをとり入れている。古典的な精神療法のみならず、ヨーガ、必要とあらばビデオゲームまで組み合わせているのである。

　精神分析医たちは、無意識をあつかったフロイト理論という檻さながらの枠組みから抜け出すことに成功した。それができたのはカール・グスタフ・ユングの研究に負うところが大きい。一方、経済学者たちはいまだに古典派経済学の父アダム・スミスに縛られている。ただしアダム・スミスが経済モデルを提唱する際に基盤とした現実はもはや存在しない。多数の人間の利己的なふるまいが、国富を生み出すなどと信じる者は、いまではほとんどいないだろう。国際的な金融機関が支給する何十億ドルというボーナスと、GDP成長率との間につながりを見出すことはむずかしい。現実はその逆だからだ。それでいて一九八九年以降、金融危機がはじまるまで、新たに民主主義体制となった多くの国々とともに、あらゆる西側民主諸国は市場というイデオロギーを全面的に受け入れ、応用した。その結果、所得の深刻な格差や社会的不平等、権利の濫用、とてつもない欺瞞などがもたらされようが、「見えざる手」の卓越した力をだれひとりとして疑おうとはしなかったのだ。

今日、政治家の大半は自分が所有してもいない金を使うようにと奨励する。もはや時代遅れとなってしまった消費志向型モデルに代わる施策を知る者は、彼らのなかにはひとりもいない。ベルリンの壁が崩壊してから、経済はネオリベラル主義一辺倒となった。アダム・スミスの時代以来最大の経済革命であるグローバリゼーションが起きているにもかかわらず、西側社会はネオリベラル主義に縛られたままなのである。

本来なら、絶えず変化する現代のニーズに合わせて、資本主義経済をより柔軟に適応させるよう変えていくべきだろう。しかし現実には金融緩和が行なわれたことで、市場主義経済のシステムが悪用される危険性はいっそう高まった。この二〇年、だれも新しいモデルを研究し、生み出そうとはしてこなかったのである。現在のモデルを批判する者もいない。共産主義に対して勝利したと有頂天になるあまり、西側は欠陥ある経済システムを完璧だなどと考えるようになってしまったのはどういうわけだろうか？西側社会はネオリベラル主義が冷戦に勝利したというだけで、時代が変わろうと「解決策」はつねに妥当であると思い込んでしまったのだ。しかしちょうどそのタイミングで、フランシス・フクヤマ流に表現するならば、経済学は最終段階に達して行き詰まり、急激に悪用されるようになっていった。[2]

このように、西側諸国は産業革命から生まれた経済理論にいまもとらわれ続けている。西側の人々は今日も過ぎし日の夢、無意識という錯覚、そして、心理的な抑圧の囚人なのだ。人間の心理と同じように、西側経済も未来への期待と過去のドグマという呪縛から逃れられない。この二〇年、アメリカ連邦準備制度理事会のデフレ政策は、金融版プロザックのような役割を果たしてきた。デフレ政策のおかげで西側はうつのきざしはあってもその症状を抑え、経済危機を無視し続けることができたのである。抗うつ剤は景気後退や不況などの症状に作用しはしても、問題の根源を取り除くことも、治療することもない。その結果、いまや薬さえも効かない状況になってしまった。

しかしデフレ政策にとって代わり得るものはあるのだろうか？　精神分析におけるユングのように、アダム・スミスの古典的リベラル主義のドグマをくつがえし、経済学を檻のなかから解放できるほどの人物は、経済の分野にはいなかったのか？

実は、いたのである。その人物の名はカール・マルクスという。

マルクス主義はユングの理論と同様、経験を重視する観察のなかから生まれた。彼が研究対象としたのは生産システムであり、労働力であり、そしてエリートの手に資本が集中することであり、市民社会を危うくする堕落であった。ユングと同じく、マルクスも当時支配的だった解釈からみずからを遠ざけた。マルクスの批判的なアプローチが形成される過程は、「経済学のユング」と呼んでもいいほどに、ユングによく似ている。マルクスの分析は伝統的な手法とは一線を画す、むしろ正反対のやり方にもとづいていたが、経済学を異なる観点から理解する方法を示してくれた。ただしそれは資本主義の発展の最良の可能性について論じたものであって、その終わりについて説いたものではない。

精神分析の近代化は、その創設者であるフロイトとユングの相違から生じた。ふたりの間には時代を経てなおも消えることのない緊張関係がある。他方、経済学の論理は歴史のなかで変化した。マルクスはスミスと同様、経済学の父のひとりである。しかしリベラル資本主義モデルに建設的な批判を加えた理論というよりむしろ過激な代替物と見なされたせいで、マルクス主義理論は西側の経済思想に影響を与えることはなかった。

したがって今日の世界には、ジョン・メイナード・ケインズのような、活力にあふれた建設的論理のなかで形成された思想を持つ経済学者はもはや存在しない。ケンブリッジでケインズがマルクス主義者たちと交わした論争は、傑作『雇用、利子および貨幣の一般理論』が誕生する基盤をつくった。ブレトンウッズ協定や戦後の奇跡の経済成長を生んだ経済・金融システムは、「見えざる手」を論じたアダム・スミスと同様、マルクスとその資本主義についての評論に負うところが大きい。しかしベルリンの壁の崩壊後、ソ連体制や真の社会主義とともにマルクスも省みられなくなり、彼の著書は図書館でほこりをかぶったまま読む人もいなくなった。古典的なリベラル主義とマルクス主義のダイナミックな関係は悪化し、それとともに経済の近代性も失われた。なぜ西側経済が単一モデルだけを賞賛するようになったかもこれで説明がつく。

しかし東側の状況は異なる。

一九八九年以降は、中国だけが、ほかのあらゆる経済理論とともにマルクス主義を引き続き研究した。そして新たに近代的でもっとも厳格な現実主義に則したモデルが誕生したのである。今日の精神分析がそうであるように、「メイド・イン・チャイナ」式資本主義も、実効を生むものなら（民間企業から資本コントロールまで）なんでも利用した。そのため西側版よりも柔軟性に富み、時勢に遅れることもない。中国式モデルはグローバリゼーションのような突然の、きわめて大きな変化にも、経済を適応させることができる。その柔軟性ゆえに、中国は地球村の超大国となり、近代性の意味を根底から変えてしまったのだった。

中国の奇跡は、西側式資本主義理論のくずの山から誕生した。なぜそんなことが起こり得たのだろうか？　本書の核となるのは、国際社会で頭角をあらわす中国である。そのめざましい台頭ぶりに西側社会は驚愕せずにはいられない。単に実情を知らないせいで、あるいは時代遅れのイデオロギーに邪魔されているせいで、西側は中国のことをいまなお誤解している。システムが異なるこの国を、西側社会はおそれているのだ。しかし、このまま疲弊しきった西側の経済や政治モデルに固執していては、システムの大崩壊は避けられない。本書を書いた目的は、まさに西側社会に対して警鐘を鳴らすことにある。とはいえ解決策はある。西側に蔓延する経済に対する不信の念、疑心暗鬼にもきっと効くはずだ。それを中国式資本主義と呼ぼうが、中国式医学と呼ぼうが、大した問題ではない。肝心なのは、この解決策を西側民主主義の実情に合わせて、応用する心積もりがあるかどうかなのである。

第1部

グローバリゼーションと共産主義

第1章 搾取工場

工場内のそこここに、労働者たちの焼け焦げた遺体が倒れていた。鍵のかかった四カ所の非常口では、閉じたままの扉に体をもたせかけるようにして犠牲者たちが折り重なっている。炎に舐められて溶けた金属製の梯子の上で息絶えていた人もいた。組み立てライン沿いでも犠牲者が見つかった。なんとか難を逃れようと必死だったのだろう、二階のトイレでも数人が亡くなっていた。一九九三年一一月一九日の午後、出火してから工場が炎に包まれるまで、わずか数分のあっという間の出来事だった。(1) クリスマス向けに受注した製品の生産に追われる労働者一三五人の大半が、工場内で生きながらに炎に焼かれて死んだ。

火災で工場内の機械から原料まで、ありとあらゆるものが燃え尽くされた。倉庫がないこの工場では、原料をすべて非常口の前に積み重ねていた。漏電が起き、発火して積んであった原料が燃えはじめると、やがて爆発が起きて火の粉があちこちに飛び散った。わずか数分で組み立てラインはすっぽりと炎に包まれた。一階にいた人々はあわてて工場内にたったひとつしかない非常口をめざして突進した。だが出口のない二階にいた人々は、燃えさかる炎のなかで焼け死んだ。

窓を開けて逃げようとしたのか、窓のすぐ下にも数人の遺体があった。皮肉にも現場で無傷のまま残っていたのは、この窓の鉄格子だけだった。

西側資本主義、中国社会主義に出会う

中国の最重点経済特区、広東省深圳《しんせん》で一九九〇年代に起きたこの悲劇から、旅をはじめることにしよう。香港に近いこの特区は、「共産主義・中国の資本主義実験室」と呼ばれてきた。なるほど、この国の試みの特徴をうまくとらえた名称だ。鄧小平の「改革開放」政策にしたがい、資本主義に門戸を開いた中国にとって、新しい国づくりの成果があらわれはじめた一九九〇年代というのは特異な時期だった。とてつもなく大きな変化がいく年にもわたって続き、経済がめざましく成長する一方で、犠牲も大きかった。だが近代国家に生まれ変わろうとする中国は、粘り強くその仕組みづくりを進めていった。

ここで先ほどの工場火災の事例に戻ることにしよう。香港資本による玩具工場・致麗だ。火災が起きて数時間後、現場にやってきた公安（日本の国家公安委員会と警察庁に相当する中国の国家組織）の係官と中国人ジャーナリストたちを待ち受けていたのは、黙示録の説く世の終末を思わせる凄惨きわまりない光景だった。これほど多くの犠牲者が出るのはおかしい、とだれもが思ったにちがいない。案の定、香港出身の経営者は、中国の法律に明記されたあらゆる安全規定に違反していた。まずエレベーター乗り場には防火設備がなかった。これがあれば、労働者は二階に閉じ込められたまま焼死せずに済んだはずだった。しかも出入り口はたったひとつしかなかった。八メートルの廊下は幅がわずか八〇センチメートルとおそろしく狭く、一度にひとりが通るのがやっとのありさまだった。窓には鉄格子ががっちりはめ込まれ、火災の際の避難方法についてもまったく対策は講じられていなかった。組み立てラインのある建物とは別の棟にいた管理責任

者たちは、出火に気づいても労働者を助けに行こうともせず、安全な場所にとどまったまま、彼らが生きながらに炎にあぶられ、焼け死ぬ様子を眺めていた。

労働者の安全など考慮にさえ入れていない致麗のような外国資本の工場が、深圳ではほかにいくらでもあることは、公安の係官にも記者にもよくわかっていた。悲しいかな、この一帯では工場施設はみんな似たり寄ったりの状況だったのである。この火事の数カ月前に行なわれた検査官による調査では、八五カ所の工業施設が不適格であることが判明している。致麗やその周辺で操業する一四社もそのなかに含まれていた。報告書は、中国の労働関連法の安全に関する規定を守っていない全工場で火災が起きる危険性があると警告していた。(2)

一九九〇年代にはこうした安全設備の不備が日常的に指摘されていた。とはいえ安全策には金がかかる。一旗揚げようと海外から中国大陸にやってきた第一波の企業家たちは、自国ではやむなく安全規定にしたがいはしても、中国人労働者を守ることなどに金を使いたくないという考えだった。そもそも労働力コストを下げたいからこそ、中国でビジネスをはじめたのだ。中国の地元メディアは、海外資本による労働者の不当なあつかいや、地元役人たちの腐敗ぶりを批判するキャンペーンをたびたび展開した。だが報道にショックを受けはしても、抗議の声を上げる中国人はほとんどいなかった。海外資本には手出しできなかった。なぜか？　当時の中国はのどから手が出るほど海外投資を必要としていたからだ。

「利益はそれを生産する労働者よりも大切である」。産業革命時代のイギリスの工場でにらみをきかせていた無慈悲な「親方」を思わせる文句だが、一九八〇年代と九〇年代の中国に進出した草分け的な経営者たちもまた、この言葉をマントラのように口にした。しかし私たちは一八世紀終わりのイングランド中部地方にいるわけではなく、階級意識の欠けたプロレタリアートはみずからの力を知らないなどとマルクスが『資本論』で説いたような状態に置かれているわけでもない。また中国共産党を、工場内での実態はおろか、産業革命の影響についてすらはっきりとは把握できなかった一八世紀のイギリス議会になぞらえることもできない。

中国人労働者も政治家も、海外の企業家たちが地元労働者を搾取していることはよくわかっていた。だがそれ以上に、近代化の第一歩を踏み出した中国は、それを避けがたく、また必要なプロセスでもあると強く感じていたのである。目標を達成するためには、たとえ工場で人命が危険にさらされようが、彼らはどんなことでもやる覚悟でいた。

産業革命から一世紀以上が過ぎたいまになって、当時を思わせる労働者の搾取が中国で再現されているのは事実だが、現代と当時とでは根本的な違いがあったことも指摘しておくべきだろう。しかも、本書でこれから述べるように、そうした違いこそが中国の近代化プロセスのユニークたるゆえんなのだ。

鄧小平のジェニー紡績機

毛沢東が統治していた二〇年間に、中国は年率四・四パーセントの成長を続け、国内総生産(GDP)は四倍になったが[3]、一九七〇年代が終わるころには、この国の経済はすっかり混乱しきっていた。毎年何百万という若者たちが職を求めて新たに労働市場に参入しても、国営企業は彼らを吸収しきれなくなっていた。農業部門は人々の腹を満たそうと悪戦苦闘していた。人口がおそらくは多すぎたために、貧困や飢えが広がり、その圧力で社会主義は爆発寸前にまで追い詰められていた。こうした現象は毛沢東の遺した矛盾でもあった。経済成長は十分とは言えなかった[4]。このまま近代化しなければ、マルクス主義経済モデルの存続すらが危ぶまれた。

東側陣営では、本物の社会主義が苦闘していた。そこで中国も東側の国々も、戦後の奇跡の経済成長を経て、平和と繁栄を手にした西側諸国に倣うことにした。だがやがて、ロシアの共産主義が一度として見せたことのなかったダイナミズムが、中国の共産主義にそなわっていたことが明らかになる。

毛沢東亡き後の中国を掌握した鄧小平は、抜け目のない、現実的な政治家だった。彼は中国型社会主義を存続させるには、海外資本に頼るしかないと感じていた。海外資本を誘致するためには安い中国人労働力を利用するしかない。マルクス主義モデルを近代化するには、その宿敵である西側資本主義に登場してもらうよりほかないことを、鄧は確信していたのだった。

「経済改革は一党体制の強化につながった」と述べて、「改革開放」政策の目的を表現したのは、一九八七年から八九年まで中国共産党の中央委員会総書記を務めた趙紫陽である[5]（『趙紫陽極秘回想録』趙紫陽著、河野純治訳、二〇一〇年、光文社）。一見、この戦略はばかげているとしか思えないかもしれない。社会主義システムを守るために、海外の企業家による中国人労働者の搾取という状況をみずからつくり出したのだから。とはいえ、経済史には矛盾があふれている。しかも矛盾しているように思える戦略がうまくいったりするものなのだ。

鄧の政策が成果を上げたのは、デローカリゼーションのたまものだった。デローカリゼーションとは、地元のやり方に合わせるローカル化の逆、要するに、外部のやり方に合わせる非ローカル化である。海外から工場を中国に移転すれば、労働コストが下がり、製造コストが下がれば、企業収益は増える。海外資本を誘致するのに、これにまさるフォーミュラはない。西側の企業は先を争うようにして中国に進出しはじめた。

グローバリゼーションという流れのなかでの非ローカル化は、産業革命当時のジェニー紡績機のような効果をもたらした。この紡績機の登場で生産性が飛躍的に高まり、だれもが買えるような値段で綿織物が生産できるようになると、世界の繊維市場には革命的な変化が起き、イングランドはその新しい中心地となる。あっという間に、あつかいやすく、肌ざわりのいい木綿をだれもが買えるようになった。

一九九〇年代、非ローカル化によって、沈滞していた中国の社会主義経済はたちまち世界中に製品を供給する組み立てラインに生まれ変わった。中国であればとびきり安い価格で、ありとあらゆる製品を生産することができたからだ。西側諸国は大衆市場向けに提供するにしては値段の高かった製品を中国で生産し、その結果、世界中の人々が「メイド・イン・チャイナ」製品を手にすることになった。

中国への生産拠点の移転によって最大の勝者となったのは海外資本である。一九九五年から二〇〇三年までに、中国の輸出額は一二一〇億ドルから三六五〇億ドルへと増加したが、うち六五パーセントは海外企業の中国子会社が稼ぎ出している。「メイド・イン・チャイナ」製品が激増したのは、海外企業が中国の労働力を活用したからだ。そして中国に進出した海外企業の収益が増えるにつれて富裕な国々のGDPも膨張していった[6]。

一八世紀、一九世紀に貿易収支が新しい局面を迎えた背景には、いくつかの要因があった。当時はちょうどジェニー紡績機だけでなく、蒸気エンジンが発明されたころで、囲い込み条例が発令され、何千という農民たちが農地を捨て、工場で働くようになっていた。同様に二〇世紀の終わりにも途方もない大きな出来事がいくつか重なり、世界の製造システムが革命的な変化を遂げた。まず戸籍にもとづく土地利用制度がわざわいして中国経済が立ち行かなくなり、政府が国内での労働力の移動を認めるようになると、大規模な人口移動が起きた。一方、ベルリンの壁崩壊後の世界市場では規制がさらに緩和され、開放が進んだ。また、石油価格の低迷で、一九九〇年代には製品の輸送コストが大幅に下がった。ここで私たちが注目するのは最初に挙げた現象である。
イギリスの囲い込み条例のケースと同じく、中国国内で人口の大移動が起きたことは、改革開放政策のなかで想定されていたわけではなく、その後の世界的な生産システムの変化とはなんら関係ない。「一九五八年に中国政府が厳しい戸籍制度を実施したことで、農村部と都市部の住民は区分されました。この区分は個人に生涯ついてまわります。つまり農村から都市部へ、あるいは都市部から農村部へ労働者が移動することは禁じられているのです」と語るのは、深圳当代社会観察研究所の劉開明《リユウカイミン》所長だ。[7] 戸籍による区分はそのまま経済秩序にも反映された。そのためこの国の生産活動は、農村部では集団農場を中心に、都市部では国営産業を中心に行なわれてきた。中国の人々は列強に支配されていた一九世紀にいっそう貧しくなったこの国を、マルクス・レーニン路線にしたがって再建しようとしていた。「革命前にこの国がどんなに貧しかったかを、欧米諸国の人々は見過ごしています」と述べるのは、フランス向けに衣料品を輸出するオハナシア社の経営者モーリス・オハナである。[8]
ここでオハナの指摘について少し考えてみよう。毛沢東が指導者になるまでの一世紀ほど、中国経済はマイナス成長を続けていた。一八二〇年のひとり当たりのGDPはおよそ六〇〇ドルだったのに、一八七〇年には五三〇ドル、共産革命から一年後の一九五〇年には四三九ドルと、一八二〇年当時の七〇パーセントにまで減っている。革命前の一二〇年が「屈辱の世紀」[9]と呼ばれているのも不思議はない。毛沢東が進めた経済政策によってGDPのさらなる下落は食い止められたものの、必要最低限の物やサービスしか生み出さない自給自足経済から抜け出せなくなっていたこの国を再建し、大きく飛躍させるだけの施策が打ち出されることはなかった。一九七〇年代が終わろうとする時点での農業・工業生産は、国家経済がかろうじて維持できる程度にとどまっていた。

移動労働力革命

毛沢東が死去した後、鄧小平は改革に乗り出し、経済の行き詰まりを打開すべく、成長をうながす一連の政策を導入した。真っ先に取り組んだのは人民公社の近代化だった。これまで農民たちは、収穫した農作物をすべて政府の倉庫に納めなければならなかったのだが、一部は自由に売っていいことになったのである。中国はこうして私有財産制に向けての第一歩をおそるおそる踏み出したわけだが、その効果はてきめんで、農業生産が増え、おおやけの市場でも農産物が手に入るようになった。同じころ、労働力の移動もはじまった。農民たちは小規模の都市の間を移動して、自分がつくった農産物を売ることができるようになった。ほどなくして、戸籍を登録した地域以外でも働くことが許可された。運悪く農村に生まれた人々も「盲流」と呼ばれる出稼ぎ労働者のひとりとなり、働き口を求めて都市部に移動できるようになるなど、次々に新しいチャンスが開けていった。農村から出稼ぎに出た男性のひとりは次のように述べている。

> だれが田舎にくすぶっていたいものか。俺たちが出稼ぎ労働者になったのは、なにもかもが不公平だからさ。こっちだって農村に生んでくれと頼んだわけじゃない。それが、出ていくかどうかを自分で選べるようになったんだ。

出稼ぎ労働者たちは中国の未来を変えてしまった。(10) 何世紀も前、囲い込みによってイングランドは変化したが、中国では大昔の伝統が復活することになったのである。先ほどの男性は続けてこう語っている。

中国の王朝を築いた皇帝たちも、もとはといえば各地を渡り歩く出稼ぎ労働者だった。毛沢東主席だって、「盲流」のひとりだったじゃないか。毛沢東が湖南から北京に初めてやってきたとき、すでに有名な教授だった陳独秀（中国共産党の設立者のひとり）や楊開慧（毛沢東の最初の妻となった女性）の父親は、毎月何百元も稼いでいた。ところが毛沢東ときたらまともな職にもありつけず、結局、一カ月八元で北京大学の図書館に雇われたんだ。みんなから田舎者あつかいされ、なまりがあるといってはばかにされていたが、後で主席になったのは彼だったんだ。[11]

一九七八年、鄧小平は海外投資を誘致しようと、深圳に最初の経済特区をつくった。共産主義体制下でこの国が定めた生産関連の法律や国営企業は、このときを境に少しずつ姿を消していった。それに代わり、外国企業に対してかなりの優遇措置を与えることではぐくまれていったのが、資本主義スタイルの産業システムだった。

「中国政府は、深圳では市場が発展するにまかせました。市場原理が発展を導いたということです。奇跡をもたらしたのはこの国の経済そのものでした」と、北京・清華大学で経済学を教えるパトリック・ホバネツは語る。[12]市場を支えたのは農村部からやってきた労働力だった。労働力の移動がはじまると、社会や経済に大きな変化が生じたが、政府の施策は少しずつ段階を追って導入されたので、経済格差が生じることはなかった。「開放改革」政策はゆっくりと徐々に実行されていった。ショック療法はそれがどんなものであれ体制には有害だ、とにらんでいた鄧の判断は正しかった。

当初、農村部から都市部への移動は厳しく制限されていた。一九八〇年代初頭は、経済特区でひと儲けしたいと思っても、まずは地元で目的地を明確に示したうえで申請を行なわなければならなかった。「中国では臨時身分証がなければ、往来が厳しく管理されていた経済特区にはまず入ることができませんでした」と劉開明も述べている。

状況が変わり、移動の許可を得るのがずっと楽になったのは一九八〇年代の後半になってからだった。すると人口移動は新たな段階に入った。一九九〇年代にはすでに、出稼ぎ労働者の数は六〇〇〇万人に上っていたが、二〇〇三年に政府が臨時身分証を廃止すると、その数はさらに膨れ上がり、二〇〇八年には二億人に達した。これは人口移動としては人類史上最大の規模である(13)。

ではこの状況で一番得をするのはだれなのか？　もちろん海外の企業家である。

中国人ディアスポラの帰郷

一九七〇年代の終わりごろ、鄧小平は海外資本の誘致に苦労していた。毛沢東の影響力はなおもあらゆる経済部門におよんでおり、文化大革命の傷痕もまだなまなましかった。おまけに冷戦時代という二極構造のなかにあって、西側諸国は中国という謎めいた国を、どこにどう位置づけたらいいのかわからないでいた。一九七二年にニクソンとキッシンジャーが外交を通じて中国との交流の道を開いてはいたものの、西側諸国の人々は中国をなおもおそれており、毛沢東主義者とのビジネスには後ろ向きだった。

結局、経済特区に最初に乗り込んでいったのは、台湾や香港、韓国の投資家たちだった。彼らは外国人でもあると同時に中国人でもあった。中国を逃れ、海外に移住したいわば中国版ディアスポラ（母国や民族の居住地を離れて暮らす国民や民族の集団のこと）だったからだ。彼らは共産主義者でもなければ、中国の労働者たちとはこれまでの経験も違う。そして資本主義システムや西側市場でどんな製品が好まれるかも知っていた。彼らから見て、国際貿易における中国の役割とは、西側の消費者が買う日用品を、最低のコストで生産することだった。彼らは「雇用」する中国の労働者たちを、マルクスの言うプロレタリアートにわずかばかり修正を施しただけの、名前もなければアイデンティティもない、生産のためのただの道具としてあつかった。しかも中国の労働者たちもそれを承知していた。

一九九〇年代の初め、出稼ぎ労働者になりすました中国学者の潘毅《プンンガイ》に対して、メテオールの工場(14)で働いていた労働者は次のように語っている。

俺たちが人間としてあつかわれていないって、わかるだろう？　犬と同じで、絶対、辞めないからな。監督になにかやれって命令されたら、その通りにしなきゃならない。俺たちがどこでなにをしていようが、そんなことはおかまいなしなのさ……だれも俺たちのことなんか考えちゃいない。俺たちは人間じゃなくてただの商品なんだ(15)。

中国人ディアスポラとして各地に離散し、いま企業経営者として故国に戻ってきた人々は、資本主義を受け入れようとする鄧小平の政策を共産主義の敗北と見なしていたので、当局に対しても労働者に対しても横柄な態度をとった。「共産主義者たちは自国の経済をだめにしておいて、今度は我々に助けを求めている。だから我々の言うことをよく聞いたほうがいい」と語ったのは、一九九〇年代初めに深圳にいたことのある台湾人企業家である。[16] 企業家たちがあつかましくも平然と労働法違反をおかしたのは、経済をやりくりできないようでは中国の共産主義が長くもつはずはない、と確信していたからだった。当時、共産主義と資本主義のカップリングをあざける風潮があったのも納得がいく。

そのためこうした企業家たちは、産業革命期の残虐さを思わせる、母国なら決して許されないような荒っぽい資本主義を説き、なおかつ実践した。一九八〇年代や九〇年代に深圳を訪れてみれば、まるでタイムトラベルをしたか、デジャヴではないかと錯覚するほど、はるか昔の経済活動がそこで展開されていることに気づいただろう。当時、南国・広東省の珠江デルタ地帯はどんよりしたスモッグにおおわれていたが、それは一帯で操業する工場が、昼となく夜となく有毒ガスをまき散らしていたからだ。かつてのイングランドに押し寄せた農民たちのように、何億という中国の農民が次々と海外資本の工場であてがわれた宿舎へと吸い込まれていった。労働者は衛生状態がひどいことも珍しくない宿舎に寝泊まりしながら、一日平均一二時間も働いていたのだ。

「一二人の労働者が、便所のすぐ脇にある一室に並べられた二段ベッドで寝起きしているのよ。部屋は汚いし、悪臭がしたわ」と述べたのは、一九九〇年代の初めに深圳にあるカリン・エレクトロニクスの工場で働いていたリュウ・チャンミンだ。カリン・エレクトロニクスは香港系企業で、目覚まし時計や計算機、世界の各都市の時刻が表示される電子カレンダーを製造していた。[17] リュウはその工場で、「朝は八時から夜中まで、二度の食事休憩以外は、一日一三時間、一週間に七日間ぶっとおしで働いた」という。およそ二世紀前のイングランドでも、児童労働調査委員会に似たような証言が寄せられている。

「この若い女性は……数年にわたってファッション産業で働いていました……冬季は朝八時から夜の一一時まで、夏季は朝六時か六時半から夜中まで働きどおしだったのです[18]」。

勤務中であろうが、自由時間であろうが、労働者は雇い主に対して絶対服従を強いられた。一九九〇年代のカリン社では、トイレに行くためにわずか一〇分間持ち場を離れるにも、事前に書面による許可をもらわなければならなかった。無駄話をとがめられれば、罰金として五元が科された。一カ月の給料が三〇〇元しかない労働者にとっては大金だ。もちろん侮辱されることも日常茶飯事だった。一九九五年三月、中国の新聞は、韓国系の珠海瑞進電子有限公司で、韓国人らしき経営者が、一二〇人の労働者に地べたにひざまずくよう強制したと報じた。一〇分間の休憩で職場を出る際に、四人一組になって出かけるという規則にしたがわなかったからだという。[19]

一九六〇年代、七〇年代の韓国や香港、台湾の工場で横行し、やがて各国の労働法で禁じられるようになった非人間的な管理手法が、非ローカル化によって中国に場所を移し、二〇年にわたって幅をきかせた。その後二〇〇〇年代に入っても、今度はいっそう安い労働賃金と寛大な法規制が魅力で新たに工業生産の拠点となったベトナムやインドネシアなどで、グローバル化した資本主義の非ローカル化によって同様の手法が続けられているのである。

むしばまれる環境

一九九七年、広東省の最有力紙のひとつ、羊城晩報の記者二名は、取材目的で台湾資本の恰心《イシン》靴製造工場に労働者として潜入した。記者がそこで目撃したのは、台湾人管理責任者の労働者に対する苛烈なあつかいだった。労働者がわずかでも反抗的な態度を見せると、親方は「立てなくなるまでこうしてやる」と叫びながら、ゴム製のこん棒で相手が血まみれになるまで殴り続けた。[20] つまり非ローカル化によって、外国人経営者は中国人労働者を搾取したのみならず、自国ならば犯罪として禁じられている非人道的な行為をすることもできたということだ。もちろんそこには環境汚染も含まれていた。

象徴的なのが深圳の福田区のケースだ。世界最大の規模を誇る台湾の製靴産業は一九八〇年代、一大投資プロジェクトの一環で全製造部門を深圳に移転する。わずか数年で深圳各地に工場が建設され、一九八〇年代の終わりまでにその数は一五〇カ所以上に上った。年間一億足という驚異的な生産量を誇り、収益も三五億元（八億五〇〇〇万ドル相当）と、天文学的なレベルに達した。資本投資に対して五〇パーセントのリターンがもたらされたことになる。国際的なブランドを含む靴や皮革製品を国際市場で販売する企業家たちにとって、労働資源が豊富な深圳はまさに理想の土地だった。七万人に上る深圳の若き労働者の賃金は、一日に最低一〇時間、一カ月働いても三〇〇元から四〇〇元と、とんでもなく安かった。これではニューヨークやミラノのおしゃれな店で売っているナイキやアディダスなどのブランド靴は一足も買えないだろう。

ほかにも問題はあった。福田区の労働者はつねにベンゼンやトルエン、キシレンなど有害な気体の入り混じった空気を吸っていた。西側諸国であれば、こうした化学物質を使用するには、労働者の健康におよぼす悪影響を軽減するため、特別な浄化装置を設置しなければならない。中国にも似たような法律はあったが、一九九〇年代にそれを守ろうとする者はだれもいなかった。ベンゼンやトルエン、キシレンなどの有毒排出物は、血球生成や中枢神経系に恒久的なダメージをもたらすなど、健康にとり返しのつかない害をおよぼす危険性がある。二五〇〇トンもの一酸化炭素が労働者や経済特区の住民の肺に吸い込まれないようにするためには、収益の一パーセントばかりを投資して、浄化装置を工場に設置すれば済むのだが、そんなことをする人間はひとりもいなかったのである。

労働力には事欠かないので、労働者が健康を害して辞めても、代わりの働き手を探すのになんの苦労もなかった。空席になったひとりのポジションに対して、少なくとも一〇人の若い労働者が応募してきたからだ。中国のメディアが不当な労働環境を非難し、組合から圧力がかかっても、一九九〇年代の初めごろまでに浄化システムを設置したのは、福田区では四工場のみだった。

つまり非ローカル化によってビジネスをなり立たせるためには、産業革命以来、西側の労働者が闘争を通じて勝ちとったあらゆる権利を帳消しにして、二世紀も前の搾取的なやり方を再現しなければならないということだ。このようなやり方をしなければ、外国資本と中国共産主義の真に実りある結びつきも実現しない。西側諸国のブランドは、いわばその介添え役だった。

致麗工場での悲劇から一年後、六人の管理責任者と地元の役人数人が火事の責任を問われて有罪となった。懲役二年の判決を言い渡された香港出身のオーナーは、数カ月後には出所し、仮出所の身で香港に戻った。致麗工場は火事で死亡した労働者一人ひとりの遺族に対し、五〇〇〇ドルを支払うよう命じられた。命を落としはしないまでも、重傷を負った被害者に対しても同額が支払われることになった。これが資本主義への道を歩み出したばかりの中国での命の値段だった。ところが司法の命令は出たのに、金は支払われなかった。そこで火事から生還した数人が労働裁判を手がける香港のNGOに支援を求めると、この団体は致麗のみならず、この工場に玩具の生産を発注した国際企業すべてに対してキャンペーンを展開した。そのひとつがキッコというベビー用品ブランドで知られるイタリアのアルツァーナ社である。(21)

アニタ・チャンの著書『襲われる中国の労働者たち(China's Workers Under Assault)』には、キッコは一九九七年に犠牲者に対して総額一八万ドルを支払うことに同意したと記されている。これはひとり当たりにしておよそ一〇〇〇ドル、中国の基準をもってしてもスズメの涙ほどの金額である。ところが一九九九年になって、その金すらも遺族の手に渡らなかったことが判明した。被害者遺族に金を分配する任務を負ったカリタス香港に、キッコが送金したことは確認されているが、なぜかその金が中国の別の慈善団体の金庫におさまっていたのだった。

第2章 底辺への競争

二〇世紀に中国に乗り出した海外のビジネスマンはまさしく、一〇〇年以上前にマルクスによって資本主義者というレッテルを貼られたたぐいの連中だった。一九九四年に中国政府が法律にもとづき、企業に対して従業員との雇用契約書のとり交わしを義務づけても、外国人経営者のほとんどはしたがおうとしなかった。二〇一〇年、台湾メーカー・フォックスコンの工場で従業員一四人が自殺したというニュースは世界中に衝撃を与えた。この工場ではデルやアップル、シスコ、インテルなどの委託製造を手がけていた。自殺したなかで一番若い従業員はわずか一七歳、最年長が二八歳だった。人生がまだはじまったばかりといっていい若者たちを死に駆り立てたのはなんだったのだろうか？　数人の証言によれば、労働者は工場内で強制労働収容所さながらの状態で働かされていたという。

できるだけ多くの海外資本を誘致しようとしていた当時の中国では、法律違反を日常的におかしている企業があっても、地元当局はほとんど取り締まろうとしなかった。

致麗工場での悲劇からさかのぼること数カ月前、広州にある香港系の衣料品メーカーでも火災が起き、七二人が死亡している。また致麗工場火災事故について捜査が行なわれていた最中にも、福州の台湾系企業で出火し、六〇人の従業員が焼死した。当局はどんな対応を見せただろうか？　顔色ひとつ変えなかったのである。腐敗や無知がはびこり、なにをしようとおかまいなしの役人たちがいるからこそ、海外の企業家たちは法律の干渉さえまぬがれることができたのだ。その結果、一九九〇年代は、工場火災が悲惨なまでに頻発することになった。

その間にも役人による汚職や収賄など、腐敗は広がっていった。致麗工場で火災が起きる数カ月前、施設の不備をとがめる深圳の調査官たちに、葵沖鎮（鎮は町に相当する中国の行政区）の長は工場の所有者を弁護する文書を提出していた。彼はその手紙のなかで、香港資本が経済特区の発展にいかに重要であるかを説き、次の検査までには安全防止策を改善すると請け合った。もちろんそんな約束が果たされるはずもなかった。手紙が投函された同じ日、致麗の経営者たちは調査官に贈る賄賂の一日当たりの金額を増やすことに決めた。賄賂を受けとったのはみな役人だった。致麗工場での悲劇を非難した中国人ジャーナリストも、記事のなかで「労働者たちは知る由もなかったが、国の経済発展という名のもとに取り引きが行なわれていた[1]」と記している。

我々の目には汚職にしか映らなくても、記事のなかで記者は汚職という言葉を使わなかった。影響を警戒して表現を控えたとも言い切れないなにかがそこにはあった。記事はまさに中国ではじまったばかりの新しい経済の実態、すなわち、共産主義システムと外国資本との互恵的な関係を的確に表現していたといえるだろう。ときに非人道的な労働搾取が行なわれようと、社会からすれば経済成長を実現するための、そして政治家から見れば社会主義を救済するための歓迎すべき代償として、この国はそれを受け入れたのであった。

中国人の階級意識

致麗工場での火災から一〇年以上が経過した二〇〇六年、イギリスの有力経済誌エコノミストの調査部門エコノミスト・インテリジェンス・ユニットは、建設業にたずさわる労働者の四〇パーセントが契約のないまま働いている実態を告発するレポートを発表した。工場内の状況は改善されても、雇用が安定しているとは相変わらず言いがたかった。二〇〇六年の時点で、中国国内では労働契約の六〇パーセントが期限つきであり、なんの保障もない、とレポートは指摘していた。[2] 後述するように、雇用の安定に向けた大きな変化が生じたのは、二〇〇七年末に中国政府が新しい労働法を導入し、また二〇〇九年に産業界のエネルギー構造転換という、野心的なプログラムを立ち上げて以後のことだった。

一九九〇年代、そして続く二〇〇〇年代の大半の期間、中国はグローバル資本にとってまさに「約束の地」であった。しかし海外資本を魅了したかの地では、西側の労働者たちがほぼ二世紀にわたって闘い抜いた末に獲得した権利は帳消しにされていた。とりわけ労働賃金はつねに低く抑えられていた。中国国内では出稼ぎ目的で人口が大規模に移動するため、実質的には無尽蔵とも言える労働力が絶えず供給されることになり、それが賃金の上昇を抑制していたのである。二〇〇四年、ニューヨーク・タイムズ紙は、中国人労働者の稼ぎは一九九三年と変わらないと報じたが、[3] その背景にはこうした事情があったのだった。

「底辺への競争」とは、賃金が最低水準に向かって下降していくさまをあらわすのにエコノミストたちが用いる表現だが、それに翻弄される世界の工場労働者たちは悲惨である。非ローカル化によって、世界のどこであれ最低賃金が引き下げられれば、それがいわば国際基準になってしまうからだ。モルガン・スタンレーのエコノミスト、ステファン・ローチは、このように企業がひとつの国から別の国へと、安い労働コストを求めて生産拠点を移動させていく現象を、「グローバル規模での安価な労働力のさや取引」と呼んだ。(4)

かくして二〇〇〇年代に、多くの企業は中国からベトナムやラオスなど、さらに賃金が安い国をめざして移動した。しかし中国の労働者たちがその間に専門技術を習得し、高い勤労意欲という得がたい資質を発揮していたことから、海外の企業家たちもすっかり手放してしまうのは惜しいと考えた。そこで、非ローカル化をさんざん推し進めてきた企業家たちは、中国の労働者をさらに搾取することにした。二〇〇〇年代後半に入ると、部品を中国周辺のコストの安い国々で生産し、組み立ては中国の工場で行なうようになったのである。こうして中国は世界の一大組み立てラインとなった。(5)海外の企業家の多くは中国でつちかわれた専門技術をアジアの各国市場にも輸出しはじめた。深圳に近い番禺《パンユー》出身の宝石はめ込み職人は、雇い主の指示でインド人数人に技術を仕込んだという。番禺には二〇年ほど前にインド系の宝石会社が香港から移転してきた。だが、中国での生産はコストがかさむようになったので、インド人が経営するこの会社は二〇〇九年に中国から撤退してインドに引き揚げたという。インド人労働者たちも雇用主のもとで働くために本国に帰っていった。(6)

この点に関して先のステファン・ローチは、底辺への競争を繰り広げるうち、地球上の反対側にいる労働者とコミュニティー同士が、知らない間に競い合うようになる、(7)と述べている。つまりここで欠けているのは、マルクスなら「グローバルな階級意識」とでも呼ぶものだ。

アメリカのような裕福な国々が新しい雇用を生み出そうにも、非ローカル化はそれを断固としてはばむ。中国やベトナムで生産したほうがコストは安いのに、なんでわざわざアリゾナでつくらなきゃならないんだ？　これがいまの企業家たちのロジックだ。だがその根底にはゆがんだメカニズムが働いている。ベルリンの壁がなくなり、経済のグローバル化がはじまるとともに、不条理な国際分業が常態化したのだ。西側企業が東側諸国に最低コストで生産させた製品を、西側市場が消費する仕組みになっている。(8)

賃金の底値をめざす競争、労働者を守るべき安全策や保障の欠如は、西側諸国の人々から見れば異常な事態だが、中国の人々はそうはとらえていない。農村部から深圳の工場に押し寄せる何百万という労働者にとって、こうした働き口は金を稼ぎ、故郷に戻ればもっといい暮らしができるという希望を与えてくれる、またとないチャンスなのだ。

中国人労働者も自分たちが搾取されていることはよくわかっている。そしてこの点こそがマルクスのイングランドと鄧小平の中国という、よく似たふたつの世界を隔てる基本的な違いなのである。だから中国では、快適な老後が悪夢に変わるリスクについて、だれも考えようとはしない。いまの中国の労働者は、一八世紀のイギリス人労働者と同様、そんな贅沢なことは言っていられないのである。こうした傾向は伝統のなかで男性にしたがうものとされてきた中国の女性にいたっては、さらに強い。工場で働くことは、従属的な立場から解放されるためには踏み出さざるを得ない一歩だからだ。

事実、致麗工場で亡くなった八七人の大半が女性だった。しかも犠牲者のほとんどは、自分たちがつくっていたおもちゃで遊んでいたとしてもおかしくないほど、年端のいかない少女たちだった。

一九八〇年代と九〇年代、深圳の労働力の七〇パーセントは女性が占めていた。(9)農村を離れ、運試しをしようと深圳の工場にやってきた出稼ぎ女性は、中国では「打工仔《ダーゴンゼイ》」と呼ばれている。二五歳以下の一番若い年齢層は、おもに致麗工場のような軽工業部門で働く。致麗の工場は、最初に中国に進出した海外企業が建設したものだが、彼らのような企業家からすれば、女性労働者たちはよく働くうえ、自分たちの権利についてほとんどなにも知らないので好都合だったのだ。若い女性労働者が、軽工業部門の労働力の九〇パーセントを占めるようになるまでに、さほど時間はかからなかった。(10)

西側のあくどい良心

このように、中国の奇跡の経済成長は海外資本の主導によって広東省ではじまった。だが珠江デルタ地帯の経済を外国人がかき乱したのは、これが初めてではなかった。イギリスの商人たちが密輸したアヘンが珠江デルタ一帯に壊滅的な打撃を与えたのは一九世紀のことだ。一八三九年の夏、国内のアヘン取り引きを根絶するために特別に設けられた欽差大臣という役職に任じられた清王朝の林則徐は、今日の深圳に近い、東莞《とうかん》の虎門湾周辺のアヘン窟約二〇カ所の取り壊しを命じた。これが発端となって中国とイギリスとの間に第一次アヘン戦争が勃発した。おもに広東省で繰り広げられたこの戦争の間、イギリス海軍は無差別爆撃も辞さなかった。

一八四二年八月二九日の南京条約締結によって戦争は終わったが、中国は香港湾をイギリス国王に割譲し、イギリス船をはじめ海外諸国との貿易に自国の港を開くことを余儀なくされた。こうして海外列強による中国支配がはじまった。やがて清王朝が倒され、内戦、さらには日本による侵略を経て、共産主義者が勝利する一九四九年まで、大いなる屈辱の時代は続く。

中国の「屈辱の世紀」を特徴づけるのは移民である。戦火に見舞われた珠江デルタ地帯の村を後にした労働者たちは、アメリカ西部をめざした。当時、アメリカ大陸では東西両岸を鉄道で結ぶ壮大なプロジェクトが進行しており、中国からの移民はプロジェクトにかかわる鉄道産業などにおもに吸収されていった。今日伝えられるアメリカの極西部地方（大平原の西方の地域）にまつわる話にも、中国人労働者が鉄道を建設したことはほとんど出てこない。労働者たちに対するあつかいは残酷きわまりないもので、死亡事故も絶えなかった。ロッキー山脈を抜けるもっとも困難なルートの敷設工事では、一マイル当たり一〇〇人に上る中国人労働者が犠牲になったと伝えられている。生き残った人々は転落して亡くなった仲間たちが忘れ去られることのないよう、単線軌道の脇で白い紙切れに彼らの名前を書き記した。祖先をうやまう中国の人々は、故郷から何千キロも離れた異国の地に埋葬されることを、大変な苦痛に感じていた。彼らは自分たちが忘れ去られてしまうことをなによりもおそれていたのだ。

当時、中国人労働者はすでに引く手あまただった。万里の長城を築いた実績は、経歴としては完璧で、彼ら以上の働き手はこの地球上にはいなかったのである。アメリカの鉄道会社は労働者を集めようと、中国に特使まで派遣した。農民や漁民は一日わずか一ドルの賃金を目当てに、船倉に商品のようにぎっしり詰め込まれて太平洋を渡った。アメリカで鉄道を建設し終えると、次はカナダに移動し、バンクーバーを皮切りに、働きながら東上していった。[11]

中国人に対する非人間的な搾取が行なわれていた昔のヨーロッパを思い起こすと、現代もかつての時代とそう変わらないことに気づかされる。しかしそれを西側諸国の人々がまったくと言ってよいほど知らないのは、移民の多くが密航者だからだ。「不法滞在している中国人労働者の姿を我々が目にすることはありません。彼らはいつもひっそりと陰に隠れるように暮らしているからです」と述べるのは、イタリア、ナポリ検察庁の地区検事であり、国家反マフィア局次長を兼任するファウスト・ザッカレッリである。[12]

二〇〇九年にミラノで、中国人不法労働者がよく訪れていたビルの地下にある宿が摘発された。労働者たちはマンホールから宿に出入りしていた。経営者のイタリア女性は、わずかなスペースに六〇枚のマットレスを敷き、トイレを二カ所、それに四つの液体ガスボンベのある小さな台所を設置していた。人目を避けて暮らす不法労働者たちは、電線がむき出しになった不衛生な場所に寝泊まりしていることが多い。「なにかに引火しただけで、皆殺しになってしまう」と、ある係官は語っている。[13]

西側による東側の労働者の搾取は全世界で絶え間なく行なわれている。しかし国際世論は、現実とは逆に、搾取する人間は東側からやってくるものと思い込んでいる。西側世界が思い描く中国とは、残酷な独裁体制が国民につけ込み、奴隷のようにあつかう共産主義国だ。中国と北朝鮮の体制を区別する人などほとんどいない。西側の人々にとって共産主義などどれも同じでしかなく、しかも見るだけで不快の念をもよおさせるものなのである。

冷戦時代は、こうしたイデオロギー神話を広めることが西側のマスコミや政治家たちの任務だった。彼らは善と悪という二極構造、要するに西側の民主主義はすばらしいが、それ以外はすべて中傷に値するとのイメージを維持しようと腐心してきたのである。その結果、搾取する側は西側諸国ではなく、共産主義・中国の企業家だ、ということになった。

冷戦が終わってからすでに二〇年以上が過ぎたいまでも、一般の人々は中国についてあまりよく知らない。それもあっていまもこうした単純にすぎる見方がまかり通っている。

「西側諸国には、中国人はいまだにおそろいの人民服を着て、赤い手帳（『毛沢東語録』のこと）を掲げているという見方があるかと思えば、人々を搾取する途方もない大金持ちのいる国、というイメージもあるので

す」と指摘するのは、北京を拠点とする経済調査会社ドラゴノミクスの代表取締役アーサー・クローバーである。(14)

ベルリンの壁の崩壊後、西側諸国で権力の座に就いた政治家たちも、中国に対するこうしたマンガのようなイメージを否定しようとはしなかった。むしろ新たな神話をつくり出しては、偏った中国観をさらに助長しているといってもいいかもしれない。オバマ政権下でアメリカ財務長官に任命されたティモシー・ガイトナーは、自国通貨を見直そうとしないのは、中国製品の高い競争力を維持するための政策にほかならないと、中国を非難した。このプロパガンダは功を奏し、大衆の関心を信用危機や不況からそらすことができたのである。しかしそもそもこの不況はウォール街に端を発したものであり、そこで金融市場を動かしていた人々はアメリカ大統領のアドバイザーを務めている。中国製品が国際市場を支配していると非難するのであれば、ここ数年で一番稼いだのはだれなのか、自分自身によく問いただしてみるべきだ。最大の利益を手にしたのは中国で安価な製品を生産した外国企業なのであって、組み立てラインで生産にたずさわった中国人労働者でないことはたしかだ。

きわめて不都合な真実

西側の人間にとって真実を受け入れることはとてつもなく困難である。中国を近代化しようとして、鄧小平が中国人労働力を搾取させるようなシステムの基礎を築いたことはたしかだが、中国で産業革命時代を彷彿させる、人道にもとる状況を再現してみせたのは、西側民主諸国出身の企業家たちであった。しかもその証拠は、ヨーロッパの工場というごく身近な場所に見出すことができる。そうした事例のひとつは高級ファッション部門だ。国際労働機関（ＩＬＯ）によれば、中国から来た不法労働者はそこで、食料すら満足に買えないほどの低賃金で日夜働いているという(15)。

真実を知ることは危険でもある。世界で西側の大企業が果たす役割や、消費者である自分自身の役割についてもいやおうなしに考えさせられるからだ。しかし中国人労働者を苦しめる企業の製品をボイコットするシナリオは、実現しそうにない。もし仮に実現するとして、では本当に大衆にはそれだけの勇気があるのだろうか？　現実はともかく、体制側はそう見ている。だからこそ新聞は、莫大な広告料を払ってくれる企業を非難するような記事は掲載したがらないのだ。

真実は非常に複雑でもある。中国人労働者の搾取はたしかに非人道的かもしれないが、中国に富をもたらしてはくれる。一九八〇年代と九〇年代に、海外企業家たちが非ローカル化の多大な恩恵を受けたことは動かしがたい事実だ。一方、非ローカル化のおかげで過去三〇年間のうちに、中国の人々の生活水準が大幅に向上したことも本当である。

宣教師として広東に四〇年滞在したマリオ・マラッツィ神父は、中国はようやく貧困から抜け出したと語る。この見方は国際通貨基金（ＩＭＦ）が二〇〇九年一二月に発表した最新のレポートによっても裏づけられる。ひとり当たりの国民所得が最低だった一九五〇年以降、中国経済はめざましい進歩を遂げ、二〇〇九年には世界経済の一三パーセントを占めるようになった。一九七〇年代の終わりに鄧小平が掲げた近代化という目標の達成に、中国は日一日と近づいている。おそらく西側の人間にとって一番受け入れがたいのは、二世紀前のイングランドで資本主義がなし遂げたのと同じことを、共産主義体制の中国がやってのけたという事実なのだろう。さらには、マルクスと鄧に象徴される、ふたつの世界がわずか二世紀の隔たりを経て同じ道をたどり、しかもそのなかでの「悪者」はどちらも西側の企業家だ、という事実なのだろう。しかし、実態はそうなのだろうか？

産業革命が想起させる神話めいた概念の存在も忘れてはならない。当時のイデオロギー闘争に根ざした産業革命神話があるために、西側諸国は社会的な見地から、今日の中国での現象を人類の進歩に必要なステップではなく、例外的な出来事としてとらえようとする。経済学における善と悪という発想もこの神話から生まれた。チャールズ・ディケンズをはじめとする作家たちも、善と悪に分かれた世界を描き出し、神話を生み出すのに一役買った。当時の社会に生じた劇的な変化を読者に伝えようとした作家たちにとって、このマニ教的世界観は、小説の骨子となるプロットにうってつけだったのだ。

ディケンズは記者でもなければアナリストでもなく、語り部であった。敢えて言うならば、彼の作品は一九世紀のパルプフィクション（安物の紙に印刷された読み捨ての三文小説）だった。大きく変わりつつある社会を舞台に、できるだけ単純明快に、そしてできるだけ説得力のある筆致で、人々が読んでみたいと思うものを読者に提供した。工業化プロセスが進みつつある社会が女性や子供を搾取しているというのが、ディケンズがプロットで用いたフォーミュラだった。この時期に生じたさまざまな懸念に形を与えた彼の小説は不朽の名作ではあるが、そこに描かれたものが現実のすべてを映し出していたわけではない。『ハード・タイムズ』（山村元彦他訳、二〇〇〇年、英宝社）は産業革命のおそろしい顛末を描いた傑作とされてはいるが、工場労働者となったかつての農民の視点から変わりゆく世界を見つめたというより、むしろ資本主義者の搾取に対する非難に終始している。

しかしイングランドでは、産業革命によって生じた分業と技術革新によって、貧しい人々の生活が改善されたことは事実である。

W・H・ハット（イギリスのエコノミスト）は一九二五年のエッセイ「一九世紀初めの工場システム（The Factory

System of the Early Nineteenth Century)」で次のように記している。

工場労働者と比べれば、農業労働者はみじめな貧困のなかで暮らしており、農村の子供たちに課される労働は、工場内での労働よりはるかに骨の折れるものだった。[16]

　ハットがエッセイのなかで引用したT・S・アシュトン（イギリスの経済史学者）の研究によれば、一八三一年のイギリスでは、貧しい人々の標準的な食費が一七九一年とほぼ同じ水準だったという。しかし工場内で働けば賃金がもらえるので、もっと多くの食べ物を手に入れることができた。これと同じことが中国の工業化についても言えるかもしれない。一九五〇年代と六〇年代には、餓死する農民は大勢いた。しかし出稼ぎ労働者となって地元を離れるという選択肢ができてからは、それ以前よりは空腹を満たすことも楽になっていたはずだ。

　数世紀前の農奴や奴隷に比べれば、ディケンズの『ハード・タイムズ』に描かれた労働者たちは恵まれていた。そして現在、西側諸国で働く中国の人々の未来は、西側の植民地だった時代に生きた彼らの祖父母や曽祖父に比べれば、はるかに希望がある。イタリア、トスカーナ州の町で溶接工として不法に働いていた四〇歳の中国人男性など、資本主義による搾取の知られざる一面を物語る好例だ。[17]彼の稼ぎは一カ月に七〇〇ユーロから八〇〇ユーロと、西側の基準からすればごくわずかな金額にすぎない。しかし勤めた工場はどこも宿舎を提供してくれたので、毎月六〇〇ユーロを故郷に送金することができた。そしてイタリアに渡るために前借りした旅費を完済し、中国で家まで買ったのである。彼の夢は二〇万元か三〇万元（およそ二万から三万ユーロ）の金を稼いで中国に戻り、ふたりの息子のために家を買ってやり、おだやかな老後を暮らすことだという。いまの彼にとっては実現可能な目標だが、彼の両親の時代には夢のまた夢だった。彼の世代になってこの夢が手に届くようになったのは、ひとえに鄧小平の「改革開放」政策と、グローバリゼーションのおかげだ。

搾取される側から見た産業革命のメリットに、決して目を向けようとしなかったのはディケンズだけではない。経済学者トーマス・マルサスが、「諸国の富が増しても、貧しい人々の生活水準の改善にはほとんど、あるいはまったく寄与しない」と記したことはよく知られている。マルサスとは逆の立場に立ち、イデオロギー論争の的となったのが、初期資本主義の利己性のなかで、経済の聖なる力ともいうべき市場の「見えざる手」が働いていると唱えたアダム・スミスの主張である。ではこれらふたつの立場から等しく距離を置いているのはだれかというと、それこそがマルクスであった。

カール・マルクスは生産方式を批判したが、生産プロセス全体を拒絶したわけではなかった。工業化という問題の本質を知り抜いていた彼は、工業化のプロセスが進化の一部であり、唯物史観においては不可欠な段階であることに気づいていた。そして労働搾取はプロレタリア独裁、つまり労働者階級の権力掌握にいたるためには避けて通ることができない必要悪だと説いた。鄧小平が「改革開放」政策を打ち出したのも、まったく同じ考えからであった。鄧は二〇世紀終わりの中国に応用すべく、マルクスの理念を近代化したのである。

産業革命という過去は、西側諸国の大衆にとっていまなお神話であるわけだが、西側ブルジョアジーにとってこれは勝利を意味すると同時に恥でもある。多くの人々が苦しみはしたが、産業革命を通じて、人類史上初めて、経済を支配するかどうかは生まれながらの権利とはなんらかかわりがない、というあり方が出現した。これは偉大な成果だった。同じように、中国の資本主義はマルクス主義者たちにとっては勝利でもあり、恥でもある。彼らが恥じているのは、不正が蔓延し、個人の自由がなく、また長い間、貧しい状態が続いたことだろう。一方、社会主義を破壊することなく、だれもが富を手にできるようになったことは大いなる勝利といえる。

第3章
中国の新しい料理
マルクス主義のネオリベラル・ソース添え

「西側諸国の民主主義というのは、顧客が料理ではなくシェフを選ぶビュッフェのようなものだ。中国では逆に、いつも同じ人間が料理をし、顧客はその人物が提供する豊富なメニューのなかからなにを食べるのかを選ぶ」と述べて、ふたつの世界の違いを説明するのは中国の高名な政治学者・房寧《ファンニン》である。なかでももっとも名高い中国人シェフはもちろん鄧小平だ。マルクス主義というレシピを、食欲をそそるアラカルト・メニューへとつくりかえるすべを理解していた才気あふれるシェフだった。

一九七六年の毛沢東の死とともに、重要である一方で異論も多い中国史の一章が幕を閉じた。鄧小平までもが犠牲となった文化大革命は、歴史の記憶から西側にまつわるあらゆる痕跡を暴力によって消し去り、この国をふたたび過去の王朝の栄光と結びつけようとするプロセスであった(1)。毛沢東亡き後、古代王朝文化というはるかなる昔の黄金時代をルーツとし、確固たるアイデンティティをそなえた中国は、満を持して世界の檜舞台《ひのきぶたい》に登場した。この大国が共産主義を維持しながら、未来の世界リーダーの一員となるためには時流に追いつく必要があった。それはグローバリゼーションというプロセスにマルクス主義を馴染ませることを意味していた。つまり、中国のシェフたる人物は新しい料理法を習い覚えてこそ、その地位にとどまっていられるのである。

拡大する民主主義

現在の上海が新しいニューヨークさながらの、エネルギッシュで活気あふれる都会になっているとすれば、鄧小平の「改革開放」政策のおかげだろう。いまの中国は、たとえ見物人としてであれ自分たちが歴史の一部にかかわっている実感を味わえる、世界でも数少ない国のひとつとなっている。「社会主義的近代化」と鄧自身が表現した夢は実現した。[2] しかし西側でそれに気づいている人はどれぐらいいるだろうか？　メディアも西側諸国の政治家たちも、中国は独裁体制に抑圧された国だというレトリックを繰り返すばかりだ。社会の不平等はたしかにあるが、この国が近代化に向けてどれほど進歩してきたかを、彼らは語ろうとはしない。しかしいま中国人たちが誇りに感じているのも、この国が社会主義を維持しながら近代化をなし遂げたことにほかならない。一九八七年以来、中国に在住するフリー・ジャーナリスト、アーサー・クローバーはインタビューのなかで次のように述べている。

過去三〇年にわたり、豊かな創造性を発揮してとてつもなく困難な歴史的課題を克服してきたことは、中国政府と国民がなし遂げたもっともすぐれた成果といえるでしょう。だからこそ、社会や政治、経済をゆがめることなく、社会主義経済の大半を解体することができたのです。少なくとも国営企業に関してはそう言えると思います。一九九〇年代の終わりに国営企業の解体がはじまり、二〇〇五年の時点で、国営部門の労働者はわずか五〇〇〇万人になっていました。そのプロセスのなかで、これまであった社会保障の一部が受けられなくなってしまいました。社会主義システムのもとで保証されていた年金や健康保険などがなくなったのです。しかし政府はこの過渡期をうまく主導してきました。年金や健康保険などを失った代わりに人々は、たとえば自分たちが暮らしていた家などの所有権を獲得し、みずから雇用者になるチャンスを与えられたからです。つまり社会主義経済の解体と言っても、人間味のあるものだったということなのです。(3)

本章では、毛沢東による統治から今日の資本主義へと中国がどのように変化したのかを理解するために、その変遷をいくつかの側面から検討していく。同時に、この国に対する西側の固定観念にも疑問を投げかけてみたいと思う。

一九七〇年代の終わり、鄧は農業、工業、防衛、科学からなる、四つの近代化というフォーミュラを採用した。経済を海外市場に開放した中国にとって、最初のふたつは重要な意味を持っていた。すでに述べたように、共産党は一九七九年から一九八一年にかけて、毛沢東式マルクス主義の産物ともいえる人民公社を解体していた。農民は自宅で豚や鶏を飼育してもいいことになった。これは私有財産制への第一歩といっていい。農民たちはすぐに小さな土地を借り、市場で売る作物を栽培するようになった。(4)こうした変化によって、毛沢東時代の基盤であった人民公社は、わずか二年で解体されることになった。いったん解体されてしまえば、復活を願う者はだれもおらず、共産党内の超保守派でさえも、改革がもたらした成果に満足していた。趙紫陽は著書『趙紫陽極秘回想録』なかで次のように述べている。

集団による生産システムを解体したことで、この国のリーダーたちが頭を悩ませてきた一連の農業問題は解決された。これまで土壌に合わない作物を栽培していた土地では収穫も乏しく、生産性を欠いていた[5]。

山東省の北西部でも大きな変化が起きた。

一九八三年まで、この地域の人民公社は穀物をつくっていた。ひとつには中国が慢性的な穀物不足に見舞われていたからであり、食物の自給自足に毛沢東がかたくななまでにこだわっていたからでもあった[6]。長征の間、農村の貧しさを目の当たりにした毛沢東は、農作物を集団生産することで問題を解決しようとした。しかし山東省北西部の土壌は強いアルカリ性で、むしろ綿花の栽培に適していたのである。しかも国内では綿花の供給が不足していた。ところが国の農業計画では穀物生産が最優先課題とされていたため、中国政府は山東省の農民たちにも穀物生産を強制した。当然、収穫量は少なかった。鄧小平と趙紫陽は、自由市場の基本ともいうべき海外との取り引きを導入して、既存のシステムを大きく変えた。その結果、山東省は綿花を売って、穀物を購入できるようになった。

「農民たちは国（当時、中国は大量の綿花を輸入していた）に綿花を売り、国は彼らに穀物を提供した」と趙が回想録のなかで述べている[7]ように、デヴィッド・リカードの唱えた比較優位（自由貿易において各国が自身の得意分野に特化して生産し、貿易しあうことで互いに利益を得られるとする概念）の理論が機能したのである。綿花なら豊富な収穫が見込め、しかもそれと引き換えに穀物を買えるというのに、なぜ大した収穫が期待できない穀物を栽培しなければならないのか？

作付転換の試みが成功した山東省では、その後の二年間で、綿花生産は余剰分が出るほどの好成績を上げるようになり、綿花の種も堆肥として利用されるようになった。

人民公社が解体されたことで、国レベルでも、村などの地方自治体にも大きな変化が起きた。住民たちが村議会に当たる村民代表会議の代表者を選ぶようになったのである。一九九四年までには村民の過半数が投票に行くようになり、一九九八年にはすべての村民が投票するようになった。中国国内の最新情報はなかなか西側諸国までは届かない。西側のあずかり知らぬところでとてつもない変化が起きていたのだ。

　中国はようやく政策決定プロセスへの国民参加に向けて、小さな一歩を踏み出したにすぎない。実際には候補者は共産党の地方支部のなかから選ばれているのだが、それでもこれが民主主義化のひとつの成果であることには変わりない。中国は目標に向かって猪突猛進するのではなく、あくまでゆっくりと進んでいく。そのことを忘れてはならないのだ。

　鄧はつねづね「川を渡る際、我々は川床の岩の一つひとつに手をかけながら進んでいく。そうすれば流されずに済むからだ」と語っていた。一九九八年、四川省の歩雲という小さな郷もまた、国民参加による民主主義へとさらなる一歩を踏み出した。共産党員でなくても、だれでも立候補することができるようにしたのである。

　一九三〇年代に北京で誕生した外交部所属の中国共産党中央編訳局は、共産主義に関する指導機関だ。副局長を務める俞可平《ユークーピン》はインタビューのなかで、中国国内で起きているこうした変化を「漸進的民主主義の段階」と呼んだ。[8] 匿名を条件に取材に応じてくれた北京在住のある大学教授は「漸進的民主主義」がなにを意味するかを、次のように説明する。

　漸進的民主主義というのは、ゆっくりとした民主化を意味しています。つまり鄧の政治ビジョンにかなり近い現実的な考え方なのです。これは民主化のプロセスであって、革命とは違います。過去においては民主的なメカニズムをつくろうと、党や村落レベルでさまざまな試みが行なわれました。中国共産党の伝統的なやり方と民主的な思想とが相容れないために、一種の緊張状態が生じ、それがこの国で民主的な改革を進めるうえでの現実的な妨げとなっています。(9)

漸進的民主主義を支持する人々は、ベルリンの壁が崩壊した直後に旧ソ連圏に対して行なわれたショック療法を拒絶した。旧ソ連圏の国々はあれよあれよという間に共産主義から資本主義へと移行していったが、民主的な原則はむしろ水をあちこちにまき散らしながらほとばしり落ちる滝のような広がり方をするべきだと中国の人々は考えていた。つまり歩雲での事例のように、まずは限定された地域のなかで民主化の試みを行なっていくよう社会をうながせばいい。成功すれば、ほかのコミュニティーもあとに続いていくだろう。(10) また、重力の法則にしたがって水が流れ落ちるにまかせるのではなく、方向性は人間の手で導いていくことが望ましい。現に中国での民主化の試みは、社会のピラミッドの底辺の部分、つまり農村からはじまった。八〇万の村レベルの自治組織から三万八〇〇〇の郷をはじめとする小さな政区へと広がっていき、さらには二五〇〇の県、三三〇の地区、ついには三四の省へと拡大して、最終的に中央政府へと達することになる。

西側の民主主義もブルジョアジーも、実はピラミッドの底辺から生まれたのだと、パトリック・ホバネツは気づかせてくれる。

中国を語る際に忘れてはならないのは、過去三〇年間で、教育を受け、財産を所有する本物の中産階級が育つという、驚くべき変化を遂げた事実です。トクヴィル（一九世紀のフランス人政治思想家）の『アメリカの民主政治』を読み返してみるべきではないでしょうか。民主主義のルーツはやはり社会にあると認識することが重要だからです。民主主義とは、人々がそうすべきだとみずから気づき、声を上げて初めて生まれるものです。人々が安心して生活できる環境があり、個人に自由が与えられていなければ、実現は不可能でしょう(11)。

スーパー民主主義——地球村の現実

『超級女声（スーパーガール）』は、中国で一番人気のあるテレビ番組で（二〇〇四年から放映、二〇〇九年から『快楽女声』と改題）、いってみればアマチュア向け歌謡コンテスト『アメリカン・アイドル』の中国版だ。コンテストにだれが残り、だれが脱落するかは、毎週、テレビの視聴者による投票で決定される。いわゆるリアリティ番組（素人の出演者たちの体験などを楽しむテレビ番組のジャンル）と同様、この番組にも文化的な刺激を人々に与えられるほどの内容はない。しかし二〇〇六年の最終シーズンには八億件もの文字によるメッセージが寄せられた。『超級女声』がこれほどの人気を誇るのは、視聴者が選挙権を行使できるからではないかと考える人々が多い。たしかにその可能性は除外できないが、忘れてほしくないのは、中国の人々だって地球村のほかの住人たちと同様に物見高く、詮索好きだということだ。すべてのリアリティ番組について言えることだが、最後に勝利するのは一番才能のある歌い手ではなく、視聴者の大半がみずからを重ね合わせることのできる人物なのである。

西側諸国の人々は、政治という名のリアリティ番組を楽しんでいる。タイトルは『スーパー民主主義』あたりがよさそうだ。登場してもらうのは、旧ソ連圏の政治家たちである。この番組でも単に西側諸国の凡庸な政治家と同じようにふるまうからという理由で、民主主義に関してはなんの才覚もないコンテスト参加者に声援が送られることになるのだろう。その結果は民主体制になったロシアを見れば一目瞭然だ。ベルリンの壁の崩壊後に権力の座に就いた人々は、ツァーリと呼ばれた暗黒の絶対王政時代に蔓延していた貧困や不平等、腐敗、組織犯罪などの広がりに手を貸しているではないか。いまのロシアの「ツァーリ」たちは、イタリアをはじめとする多くの西側政府とは昵懇《じっこん》の間柄だ。

では、アフガニスタン版リアリティ番組はどうだろう？　統治下で汚職や犯罪が増えたというのに、ハーミド・カルザイは再選されたではないか。わずか数日前までは、選挙で行なわれたさまざまな不正を欧州連合（EU）やアメリカが寄ってたかって非難していたというのに、西側諸国のリーダーたちはカルザイの勝利を祝ったのである。カルザイが『スーパー民主主義』なるリアリティ番組で優勝したのは、西側の人々から見て、彼が一番わかりやすい候補者だったからだ。西側の言語を話し、数年にわたり西側で学び、生活していた経験があるカルザイは、西側諸国の政治家にこびへつらうすべを知っている。彼が勝利したもうひとつの理由は、西側の有権者が、街に繰り出して抗議の声を上げることも、政党の地元支部に足しげく通うこともやめ、選挙で投票するだけしかしなくなってしまったことにある。つまり政治はちらと盗み見ては野次馬根性を満足させる、のぞき見行為のようなものになり下がったのだ。

中国ではなにか自分の身にもかかわる問題が生じると、いまでも人々は互いに働きかけ合おうとする。隣近所でなにかよからぬことが起きれば、人々は集まって話し合う。新しい高層ビル建設計画にともなう立ち退きに反対して闘う中国人の姿を、西側のだれもが目にした。勝利をおさめるかどうかなどどうでもいい。重要なのは、中国では政治がリアリティ番組になることなく、いまなお日常生活のなかに息づいているということだ。しかし残念なことに、かつて共産圏だった多くの国々の政治はリアリティ番組と大差がない。

民主主義プラス幸福という、かつての旧ソ連圏諸国が賞賛して止まなかった組み合わせは、現実にはベルリンの壁と同じく瓦礫と化してしまった。中国はこの点に注目したのだろう。西側諸国の音楽やテレビ番組のフォーマットを採用しはしても、政治のリアリティ番組化はあくまで拒否したからだ。なぜだろう?

それは西側スタイルの民主主義が、三つの政治的大変動と無縁ではなかったと中国が見ているからだ。三つの大変動とはすなわち、ゴルバチョフの開放政策(ペレストロイカ)に続く旧ソ連圏の崩壊であり、毛沢東が粛清を行なった文化大革命の大衆民主主義であり、蔣介石逃亡後の台湾の中国からの実質的な分離である。(12) つまり中国から見れば、民主主義とは統制のきかないカオスなのである。実際、天安門事件とベルリンの壁の崩壊の後、中国共産党は「西側民主主義=カオス」であると強調した。その結果、こうした「黙示録的」な見方が強まることになったのだ。

二〇〇一年以降、「西側民主主義=カオス」という見方を覆すことはさらに困難になった。「民主的」なイラクは内戦状態となり、アフガニスタンではアヘンの生産が爆発的に増えてしまった。しかも不正な選挙が行なわれたとして、アフガニスタンは世界中のテレビ報道を通じて集中砲火にさらされたのである。

中国には西側式の民主主義を導入する気はない。この国の実情にはそぐわないからだ。過渡期にある国で普通選挙権の導入が比較的容易に実現できることは、中国政府も承知している。ただ選挙を呼びかけるだけでいいからだ。ただしそれに加えて、法の支配を重んじていくとなると、事はそう単純にはいかない。「スーパー民主主義」というリアリティ番組のなかで、自分が一番身近に感じられる候補者に投票するのは簡単でも、その人物が政治家ではなく、大衆が重要だと感じるたぐいのことを重視してくれる価値観の持ち主であるかどうかを判断することは、実質的には不可能だ。口では自分は正直だと言っているかもしれないが、本当にそうだろうか？　堕落していないだろうか？　自宅のカウチに座って眺めていたのではわからない問題ばかりである。

中国政府から見れば、イラクやアフガニスタンのように戦争の嵐が吹き荒れ、市民社会がずたずたに引き裂かれて何十万という人々が殺され、その数をはるかに上まわる人々が住み慣れた土地を追い出されたような国々で、国民が投票するかどうかなど少しも重要ではない。民主諸国と呼ばれてはいても、人々によって選ばれた代表者の権力を制限する唯一の手段としての法はまったく重んじられていないのだ。

民主主義はルールを生み出し、法律がルールの順守を保証する。これがよい統治の原則である。法律がなければルールは単なる言葉にすぎなくなってしまう。しかし「テクニック」としての民主主義を輸出することはできても、法を重んじる精神を人々に押しつけることはできない。それは文化を通じて人々が獲得するものだからだ。この二〇年というもの、新興国にとって普通選挙権と法による支配のどちらが重要なのかを、アジアの人々はみずからに問い続けてきた。はたして法に頼ったほうがいいのか（シンガポールや香港など経済発展を遂げた「タイガー」と呼ばれるアジア諸国や地域のように）、それとも選挙（旧ユーゴスラビアからルワンダにいたるまで多くの開発途上国は選挙をしている）をしたほうがいいのか、と。

ベルリンの壁の崩壊後、ふたつの選択肢のうち後者を選んだ国々は、民主化すれば進歩と幸福、富がもたらされるに違いない、とおもに経済的な理由から決断を下した。冷戦の最前線で繰り広げられた闘いが、イデオロギーをめぐるものではなくむしろ経済的なものであったことを、そろそろきちんと受け止めるべき時が来たのではなかろうか。西側の勝利によって、共産圏の住人たちの頭のなかでは「民主主義＝アメリカ型消費主義、幸福、近代化」という方程式が固定化されてしまった。西側の民主主義モデルを受け入れた、過渡期にある国々でもそれは同様だった。しかし投票箱をめざしてのレースが終盤に入ってから、それが「普通選挙権」ではなく「富」をめぐる戦いであること、そして、票は興奮剤に等しいということがようやくわかったのだ。しかも選挙レースに勝てばさらなる富が約束されていたのである。

近代化への途上

中国も同じマラソン競技に参加してはいるが、使っているのは違うタイプの興奮剤だ。西側の民主主義という概念を混乱の同義語ととらえて退けた中国では、共産党が法による支配に傾注してきた。中国の知的左派であるいわゆるニューレフトでさえも、「中国型モデルは選挙ではなく、法の支配と市民の直接参加をよりどころとしている」として同調する。[13]

ここ二〇年で、たとえばビジネス領域で法的機関に権限を付与するなど、中国が大きな一歩を踏み出したことは、アメリカ人も認めるところだ。二〇〇九年一一月一一日、インターナショナル・ヘラルド・トリビューン紙に寄せた論説のなかで、在中国・アメリカ商工会議所の会頭ジョン・ワトキンズもこの点ははっきり認めている。「中国は環境保護や腐敗防止を目的として一連の法律を施行した。ＷＴ

〇による法的枠組みも重視している」[14]。

アメリカ政府が二〇〇九年末に中国からの輸入品に関税を課し、二〇一〇年、二〇一一年になってもそれが撤廃されなかったにもかかわらず、アメリカの保護主義的な措置に対して中国は法的な面で非常に成熟した対応を見せた、とワトキンスはとらえている。

またこの二〇年間、中国は国民から意見を聞き取り、専門家と面談し、社会研究を行ない、市民社会レベルでのさまざまな試みを実施して、政治意思決定のプロセスへのいわば代替的な参加方式を考案してきたが、それは明らかに国の方針だったと思われる。これから見ていくように、人々と政治家たちの間では引き続き対話が行なわれているが、そこで重要な役割を果たしているのがメディアである。

新左派の旗手である王紹光《ワンシャオグアン》はこの形態を「熟慮型民主主義」と呼ぶ。偉大な操舵手が一国という船を掌握する時代は終わったのだ。

「中国の指導者が交代するたび、権限が前任者よりも縮小されている」[15]。シンガポール国立大学教授の黄靖《ファンジン》はこのように、党の指導部が変化しつつあることを認めている。ワシントンのブルッキングス研究所の政治専門家ワン・ドンの見解も一致している。ワン・ドンによれば政策として打ち出されるものの大半は、事前に審議が済んでおり、胡錦濤も最高指導部に対してどうすべきか命じることはできないという。

将来的に中国の政治は「熟慮型民主主義」を中心に展開していき、市民社会が参加して実施される選挙がやがて中央政府の機能をおぎなうようになるだろう。

政府の形態が西側民主諸国とは異なるにもかかわらず、なぜ中国が経済発展を遂げることができたのかを、多くの外国人たちは理解できずにいます。中国政府にとっての課題は、安定性を維持しながらいかに成長し続けるかでしょう。この問題は実は複雑です。中国は汚職などの腐敗を解決し、法による支配を強化し、経済格差（特に都市部と農村部間）を解消しなければなりません。そしてこうした問題の多くは関連し合っているのです。[16]

先ほどの料理のたとえに戻るならば、シェフになにが食べたいかを伝える方法を市民社会は考え出さなければならない。一方のシェフは、メイン・ディッシュとつけ合わせのメニューも料理の提供方法もすべて自分にまかせてほしいと、市民社会を説得しなければならない。

中国は、シンガポールや香港、台湾、韓国などアジアで経済発展を遂げた「タイガー」諸国・地域の成功にインスピレーションを得た。どこも民主国ではないが、社会での法の支配は強固である。アジアのタイガー諸国・地域は新しいタイプの政府、つまり発展指向型国家[17]なる概念を打ち出した。その国にふさわしい政府であるかどうかは民主的な選挙ではなく、経済成長を持続させる能力がリーダーにあるかどうかで決まる。[18]この先、生き延びるためには、共産党の手で中国を近代化しなければならないと確信した鄧小平もまたタイガー諸国・地域を参考にした。変革の第一歩となったのが、利益を経済の柱にふたたび据えることだった。

国家アイデンティティをつくり変えようとして毛沢東が利用した階級闘争も、一九七〇年代の終わりの時点でもはや過去の遺物となっていた。その事実を認識し、またこの武器をあつかいあぐねていた鄧小平は、市場経済に関連する別のツールを必要としていた。矛盾するようではあるが、それでようやく偉大な中国の復興という毛がはじめた仕事を、そしてプロレタリア独裁という段階を克服して新しく近代的な社会に命を与えるというマルクスが手がけた仕事を完成させられる、と鄧は考えた。そこで彼は新たな料理を考え出した。それが資本主義ソース添えマルクス主義であった。

このメニューで使われた材料のなかで、呑み込みにくいのは、新システムによって必然的にもたらされる経済的不平等だった。これは共産主義社会とは相容れないものである。これをもっと中国人の口に合うようにしようと、鄧は新たに毛沢東思想とは正反対のモットーを考え出した。「先に豊かになれる地域と人から豊かになれ」というものだ。

このフォーミュラはうまくいった。そして中国は階級闘争を捨て、経済的な差別という危険はあったにもかかわらず、市場競争を選んだ。利益獲得という動機がもたらされたことが幸いして、だれもが我こそ先に豊かになろうとの希望を抱いた。

西側の経済理論を熟知していた鄧でなければ市場競争の導入などという試みに踏み切ることはできなかっただろう。鄧小平が西側経済理論の分析に初めて取り組んだのは、権力者の不興を買い、ありとあらゆるポジションから外された一九七〇年代だ。一度も中国を離れたことのない毛沢東と違って、鄧は海外生活の経験のある、革命エリートの第一世代だったのである。一九二四年、二〇歳の鄧はフランス・ビヤンクールのルノー工場で働いた。一九二六年にはモスクワに移ってマルクス・レーニン主義を学び、一九二七年に中国に戻ったときには、ソ連の試みからは距離を置き、革新的かつ現実的なやり方でマルクスの原則を中国に応用しようと考えるようになっていた。

鄧は万里の長城を越えて世界を見わたすことのできる男だった。そしてこの好奇心ゆえに、三度までも党を追われ、「走資派」として裏切り者呼ばわりされることになった。一九七九年、毛沢東に代わって最高権力者の地位に就いたとき、鄧はまさに万里の長城の先に広がる世界を見ていた。彼がみずから定めたマルクス主義理論と西側ネオリベラル主義の融和という目標は、だれが見ても不可能であったばかりか、ばかげているとさえ思われた。

「計画と市場の力はどちらも、経済活動をコントロールする手段である[19]」と、鄧はみずからの哲学を要約しつつ、こう断言している。鄧にとって市場経済と社会主義のふたつの理論は相反するものではなかった。「社会主義経済をうながすものはなんであれ社会主義である[20]」と考え、社会主義は市場経済を排除するものではない、ととらえていたのだった。ベルリンの壁の崩壊とともにイデオロギーも瓦解してしまったにもかかわらず、鄧小平が掲げたこのモットーを得た中国共産党はこの危機を乗り越えることができたのである。

鄧は正しかった。経済理論は経済を導く道具にすぎず、マルクス主義のツールは自由市場を排除するものではなかったのだ。ソ連がおかした過ちは、マルクス・レーニン主義、そしてスターリン主義をあまりに教条的に解釈していたことだった。

一九七〇年代から八〇年代にかけて、鄧以外にも同じ考えを持つ人々が出はじめていた。共産圏の指導者たちはみな、ソ連のおかした過ちが各国政府をむしばんでいることを十分に理解していた。しかしこの事実を直視する勇気もなければ、それをどう解決すればいいのかもわからなかったのである。一九七九年の時点で、ソ連の国家保安委員会（ＫＧＢ）はすでにその後一〇年以内にソ連共産主義が崩壊するだろうと、一連の文書のなかで予測している。その理由はすべて、社会主義経済システムの非効率性にあった[21]。

一方、鉄のカーテンの向こう側、つまり西ヨーロッパ諸国やアメリカでは、生活水準は向上の一途をたどっていた。また民主諸国の政治家たちは、自由市場原則にもとづくツールを利用していたので、たとえそれぞれの国で突発的な問題が起きても、わけなく対応することができた。一九七三年から七四年にかけての第一次石油危機への対応を見れば、西側の資本主義モデルが、ソ連モデルに比べて、はるかに柔軟性にすぐれていたことがわかる。西側のモデルとは、ＩＭＦや世界銀行などの機関を生み出したブレトンウッズ協約によってもたらされたものであった。

ＩＭＦの介入によって、西側諸国は短期的には最悪のエネルギー危機を回避することに成功した。ＩＭＦはオイルダラー（産油国が原油の輸出などで得たドル資金）をリサイクルする際に保証を与えた。また原油価格の上昇にからんで、産油国からさらに巨額の保証金が西側の大手銀行の口座に流れ込むよう仕向けた。銀行は入ってきた金を石油輸入国の貿易赤字削減のために使った。つまり石油輸出国機構（ＯＰＥＣ）はイスラエル支持にまわったという理由で原油の輸出を禁じた顧客相手に、融資をしていたということだ。そして管理の一切を取引銀行にまかせたのである。偽善だって？　おそらくそういうことになるだろう。だがこのやり方は成果を上げており、鄧はそこに目をつけた。西側政府は国際社会の政治危機の解決に資本主義の原則を利用した。共産主義が崩壊したロシアのような羽目に陥らないために、中国のマルクス主義が必要としていたのは、資本主義原則に根ざした戦略だったのである。

新しい中国の指導者は、いたって現実的なやり方で問題解決に乗り出した。手はじめとして、イデオロギーを封じたのである。四人組の裁判の模様が世界中に伝えられ、人々はテレビを通じて毛沢東主義の衰退を目にすることになった。四人組がおかした罪は権力をあやつったことにあった。たとえ同じような状況が起きようと、イデオロギーに浸りきったソ連の指導者たちには、中国のような対応など思いつきもしなかっただろう。中国の指導者たちは、共産主義も絶対的に正しいわけではなく、過ちをおかし得ることを認めたのだ。ここで重要なのは、問題に気づいた共産党が建設的に対処しようと動いたという事実である。共産主義を全面的に批判し、共産主義体制に終止符を打つことは、赤ん坊を湯船ごと放り出すようなものでしかない。

最終的に、世間は正義が勝ったというコンセンサスに落ち着き、それが鄧小平には有利に働いた。多くの人々は毛沢東には決しておぼえなかったような親しみを彼に感じていた。鄧は皇帝の再来のごとくふるまいもしなければ、個人崇拝に執着する人間味のないリーダーでもなかった。新たに国の操舵手となった人物は、国民と同じ目線で語りかけることで人々の心をつかみ、彼らと触れ合った。中国政治というリアリティ番組は、西側のそれとは完全に異なるわけだが、鄧はみずからの才覚で時代に先駆けて、近代化のなんたるかを世界に示したのだった。鄧の人気が資本主義への移行を助けたことは疑いない。

イデオロギーが排除されるや、中国の人々がもともと持ち合わせていた現実的な考え方がたちまち息を吹き返した。かくしてこの国が大いなる飛躍を遂げる準備は整った。毛沢東が築きあげたイデオロギーと国家機関との親密な関係性は壊され、これまでのように国が経済を一手に管理することはなくなった。革命期に毛は対立と階級闘争をさかんに唱え、また推進しもしたが、中国政府が新たに打ち出した協調とコンセンサスがそれにとって代わった。それは魔法さながらの効果を生んだ。現実主義に立ち戻るや、民間事業に拍車がかかり、人々は市場の力の重要性を認めるようになっていった。しかしこうした画期的な出来事の渦中にあって、中国はなおも共産主義国家であり続けた。シェフは交代したわけではなく、ただ新しい特製料理を試してみたにすぎなかった。

第4章

万里の長城を越えろ

一四二一年、八〇〇隻からなる中国の船団が世界をめざして出航した。つねに孤立主義を貫き、海外にそこまで好奇の目を向けていたわけでもなかった中国としては、異例の出来事だった。遠征を思い立ったのは明朝の永楽帝《えいらくてい》だった。遠征に先立っては、金持ちを集め、世界の大陸を詳細に示す地図を完成させる必要があった。しかし真の目的は、遠方各地の野蛮な人々に中国の文化を伝え、儒教の和の精神にしたがわせることで、中国の偉大さを知らしめることにあった。当時、永楽帝が掲げた目標は、現代のグローバリゼーションに驚くほどよく似ている。唯一の違いは、現代版では西側文化が主導する立場にあるとされている点ぐらいだ。

やがて船団はアメリカに到着した。クリストファー・コロンブスがアメリカ大陸を発見したのは七〇年後のことだ。そしてヨーロッパの航海者たちより一世紀以上も早く、船団はオーストラリアとニュージーランドにも到達した。世界を一周したのもマゼランより一世紀早かった。航海中、中国の人々は故国の農産物を世界の各地に残していった。そうした植物や香辛料などは、数世紀を経て、世界中で食物や衣服の原料として利用されるようになった。後年、メキシコやペルーなどを征服した人々がアメリカ大陸からヨーロッパへと持ち帰った農産物のうちかなりのものが中国原産であったことが判明している。

遠征を終えて帰国した人々は、祖国の状況が二年前に出航したときとまったく変わってしまったことに気づいた。皇帝は退位を余儀なくされ、国内各地では争いが起きていた。国全体が政治的、経済的な混乱状態に陥っていた。遠征中の話に耳をかたむけようとする者はだれもおらず、彼らが持ち帰った数々の成果から学ぼうとする人間もいなかった。やがて港に打ち捨てられたまま船は朽ち果て、遠征隊が訪れた世界の各大陸の地図とともに、航海日誌も消失してしまった。この歴史的航海は、記録もなにひとつ保存されないままに、内戦の混乱のなかで忘れ去られていった。不安定な状況が数年続いた後で、ようやく平和を取り戻すと、中国はふたたび徹底した孤立の道へと舞い戻った。

中国遠征隊による世界周航の軌跡を詳細に追ったギャヴィン・メンジーズの著書『1421 中国が新大陸を発見した年』[1]（松本剛史訳、二〇〇三年、ソニーマガジンズ）を読むと、歴史を書き直すべきは、中国ではなく西側諸国であることがわかる。この五〇〇〇年来、中国はつねに万里の長城内にとどまろうとしてきた。それは実のところ、国外に関心がなかったからなのだが、海外の人々は中国がこうした姿勢を崩さないのは、国が強大だからだと誤解した。

事実、中国が世界に対して国を開こうとするたびに、なにかが起きて、結局は孤立せざるを得なくなるのだった。直近の事例は二〇世紀の前半、蔣介石の統治下で起きている。当時、中国人の学生がなだれを打って西側の大学をめざしたが、これは前代未聞の出来事だった。

ヨーロッパ文化は共産党員を含むインテリたちを引きつけた。毛沢東のように無関心なまま故国にとどまった人々は少数派だった。ところが外の世界との交流が続いたのはつかの間にすぎず、共産党と国民党の内戦、長征、日本の侵略などによって、交流はふたたび中断された。最終的に共産党が勝利すると、偉大なる操舵手、すなわち中国のリーダーは、経済面、文化面でも一時期、孤立の道を歩んだ。この国は世界との間にかけられていた橋をまたしてもみずから焼き払ってしまったのだ。一四二三年と同様に、西側で学んだ成果は打ち捨てられ、やがて文化大革命によって、外科手術さながらの正確さをもって、それは完全に取り除かれ、忘れ去られることになる。

中国史を読めば、外部からやってくる危険から国を守るためのいわば精神的な壁の役割を、万里の長城が果たしてきたことがわかる。中国にとって国外に目を向けることはむしろ不自然で危険なことであり、必要もなかったのである。しかし一九七九年、社会主義を守るためにはもはや避けがたいと見た鄧は、国の開放を決意した。

その前段階として鄧は、毛沢東は「七割は正しかったが、三割は間違っていた」といく度となく語ってみせたが、もちろんそれだけでは民心を動かすには不十分だった。過去数世紀にわたって中国が歩んできた孤立の道という方針を完全に放棄し、植民地にされて味わった屈辱、日本軍の残虐行為を受けたこと、実質的に台湾を失ったことなどの不愉快な記憶を人々が忘れるよう導く必要があった。それはほとんど不可能に近い難題だった。

市場マルクス主義

深圳に中国初の経済特区をつくり、産業の近代化に着手するかどうかをめぐり、共産党内の未来派（鄧の支持者たち）と教条派（マルクス・レーニン主義に固執する人々）は対立した。

一九七九年、中国政府と広東省政府は、人口三〇万ほどの宝安と呼ばれていた小さな県を、新たに深圳と命名した。この地を選んだのは、当時まだ英国領だった香港に近かったためだ。中国が貿易を通じて世界と結びつく重要な窓口となっていたのが香港だったのである。地理的な理由のみならず、政治的な意味でも、香港は経済特区の発展に中心的な役割を果たした。鄧は香港の返還をめぐるイギリスとの交渉で辣腕をふるった。その際、彼は一国二制度という新たなモデルを提案した。[2] その結果、共産主義・中国に返還された後も、香港では資本主義制度が継続することになった。こうして深圳は、共産主義の大陸とネオリベラル主義の香港という、ふたつの現実をつなぐ架け橋になったのだった。深圳は中国の新たな経済フォーミュラの実験室となったのである。

当然のことながら、当時の深圳には「市場マルクス主義」の実験に必要なインフラは整備されておらず、しかも中国はインフラ建設に必要な資金を用立てることができなかった。残された選択肢は、海外の企業家に土地の使用を許可し、その収益を建設費用に充てるというものだった。この方法を提案した鄧は、初めて本当の意味で党内の反発に遭った。

教条派はマカオの例を挙げて、鄧の提案に激しく反対した。漁師が網を乾かす場所として中国が一六世紀にポルトガルに使用許可を与えたマカオは、結局は植民地にされてしまっていたからだ。たとえかぎられた期間であれ、自国の労働力を商品として提供し、土地を貸し出すなどけしからん、というのが教条派の意見だった。鄧が党内に噴出した反対意見を抑え、辞任を要求する声を退けるのに、数カ月かかった。マルクス・レーニン主義者をはじめとする伝統的な保守主義者たちも強硬に反対した。[3] しかし最終的に、大半の場合と同じように現実派が勝利をおさめた。近代化に必要な経済や金融面での力が欠如している以上、海外資本を利用するよりほかに手立てはない、ということで決着を見たのだ。こうして深圳の土地は外国人企業家に貸し出された。[4]

もちろんこのような新たな試みは経済特区のみに限定されていた。一九八七年、中国系アメリカ人の林同炎《リントンヤン》が、当時、人が居住していなかった上海の浦東一帯の土地を二〇年から三〇年ほど、借り受けたいと申し出た。浦東一帯は今日では同市の金融センターとなっている。賃貸条件は中国側にきわめて有利で、林が計画したプロジェクトも野心的なものだったが、共産党は拒否した。趙は『趙紫陽極秘回想録』のなかで、もしこのとき林同炎にまかせていたら、浦東の開発は一五年は早く進んだだろうと述べている。しかし中国側は事を急ぐつもりはまったくなかった。

猛烈な反対に遭いはしたが、鄧の政策通り、共産党は新しい原則にしたがって変化し、再編された。これはまるで大地震のようにイデオロギー面で党員たちを大きく揺さぶった。

この国の支配者層は、海外による屈辱の時代に生まれ、植民地になり下がるというはずかしめを受けた後、中国がふたたびマルクス主義と毛沢東主義によって再起するさまを見つめ、さらには文化大革命を生き延びてきた。それが今度は市場経済の原則によって国をつくり変えようというのだ。鄧はアジアのタイガー諸国・地域に学ぶよう指示したが、そのなかには三〇年以上にわたり、中国にとって厄介な存在であり続けた台湾も含まれていた。

中国の取り組みなど大したことはないと感じる人もいるかもしれない。しかしたとえ国のためとはいえ、はたして西側民主諸国なら、中国がしたようにみずからに対して徹底的に疑問を投げかけることなどできるだろうか？　従来の政治路線からはずれるばかりか、かつての自分自身からさえもこれほどまでに遠ざかる勇気を、一体どこの政府が持てるだろうか？　毛沢東統治の基盤であった人民公社を解体し、中国の土地を外国人に貸し出した鄧はそれだけのことをやってのけたのである。

どこのヨーロッパ諸国の元首が今日、共産諸国に民主主義を輸出したことは過ちであったと認めるだろうか？　アメリカ大統領がイラク侵略は世界に平和をもたらすには逆効果であったと、公式に表明するようなことは起こり得るのか？　ところが中国は四人組を裁判にかけるにあたって、きちんとそれをやった。みずからの罪をはっきりと認めたのである。民主主義にはみずからの考えをあらためる自由もある、と西側諸国は主張するわけだが、それならば中国と同じ状況に置かれたときに、西側政府はみずからの過ちを中国よりはるかに冷静に認めてしかるべきではないのか？　ところがそのようなことは決して起こらない。

さて、このあたりで前章で述べた料理のたとえに戻ることにしよう。西側では、厨房に立つシェフを交代させる際、普通選挙権という道具を用いる。本書の第3部で述べるが、この種の変化を起こすことはいまや容易ではなくなっている。政治家も政党も、政権交代には意味がないと考えているからだ。ありとあらゆる料理を焦げつかせてしまうシェフや、同じメニューばかりを提供するシェフについても同じことが言える。新しいおすすめメニューを試しに出してみようという勇気を持ち合わせた人間がいないのだ。しかも料理人たちがおそれているのは、顧客――さして重要とは見なしていない国民――ではなく、年季を積んだシェフに首にされることなのである。従来のメニューに代わり得るようなものはなく、何種類かのソースを除いては、新しい趣向を凝らすこともない。それではさほど満足のいく結果が生じるはずもなかった。民主主義というビュッフェで供される食事のお粗末さに、顧客は不満を抱きながらも、なぜそうなのか、本当の理由はわからずにいる。

マーク・レオナードは著書『中国はなにを考えるのか？（What Does China Think?）』（末邦訳、二〇〇八年）のなかで、「西側民主諸国の政党とは違って、中国共産党には自己批判という能力がある。要するに、みずからにどう疑問を投げかければいいかを知っている、ということだ[5]」と述べている。

その可能性はある。並外れた率直さと、相当の勇気がなければ、中国を近代化することなどとてもできない。それは共産党の命運をこの国の経済発展に託すようなものだったからだ。しかもどんな結果がもたらされるのかは、だれにもわからなかった。

毛沢東の死から数年後、鄧は長征や共産主義革命に象徴される階級闘争に終止符を打ち、新しいパラダイムを確立した。この新しいパラダイムのなかでは、多くの民主諸国と同様、国民の幸福こそが中国共産党が統治にふさわしいかどうかを決定づける。国民の幸福こそが、共産党と国民の間に結ばれた約束のよりどころとなったのであった。これはマルクス主義と資本主義というふたつの異なるモデルに、抜本的な修正を加えるというラディカルな試みだったのだが、西側の人々はその事実にまったく気づかなかった。なぜだろうか?

それは私たちが生きる世界がいまだに、冷戦時代のレトリックにどっぷりと浸っているからにほかならない。そしてマルクス主義をイデオロギー面で、いまだにソ連のレーニン主義やスターリン主義に関連づけて理解しているからだ。

北京でマルクスを読む

一九八〇年代の半ば、北京には巨大な醸造所があったにもかかわらず、地元産のビールを手に入れることは不可能だった。バーやレストランで目にするビールは内モンゴルや広東、あるいはもっと遠くの広西といった地方産のものばかりで、見かけないのはチベット産ぐらいだったのではなかろうか。地方から買い付けてきたビールは、もちろん地元産ビールより値段は高かった。中国市場を開放した最初の段階では、価格システムによって地元産品に上限価格が設定される一方、ほかの省から輸入する製品価格はなんら制限されていなかった。ちなみに地元産ビールが品薄状態だったのはほんの一時期にすぎなかったが、それでもビールをあつかう業者は十分に潤った。

一部の中国の企業家たちは、完全な価格自由化に向けた中間的段階として実施されていた、地元製品に対する保護主義措置を活用した。北京でつくられたすべてのビールを買い占めてほかの地域に送り、遠隔地でつくられたビールを買い付けて、それを北京でもっと高い値段で売ったのである。すぐにこの種のちょっとしたトリックが全国で繰り広げられるようになった。深圳の醸造所を出て北京に向かうトラックが、帰りは北京産のビールを積んで深圳に戻ってくるという具合に、絶えず行き来を繰り返すことで、しばらくの間、国民の渇きを満たしたのだった。(6)

リターンはどのくらいだったのだろうか？　わずか半年間に三〇万元（およそ三万ユーロ）。当時の一般の人々が一年間苦労して働いても、そのほんの一部しか稼げなかったことを考えれば、これはかなりの大金だった。

企業家の一群がチャンスに便乗するという行為には、自由市場のあらゆる特徴があらわれているわけだが、ビールをめぐるこうした投機が行なわれた当時は、醸造所もまだ国営で、中国はマルクス主義的な特徴を多くそなえていた。しかもまだソ連も、鉄のカーテンも健在だった。マルクス主義とボルシェビキ思想（暴力による革命を主張し、徹底した中央集権による組織統制を特徴とする）の区別は厄介だが、ともかくもふたつの違いが大きい、ということだけは覚えておいたほうがいいだろう。

ボルシェビキ革命後、あらゆる共産主義運動と政党が、レーニン主義の教えとスターリンのやり方を受け入れた。ソ連の経験こそがマルクス主義の公式的な解釈であり、それを実証するものだという見方が定着したのは、その後まもなくのことだった。もちろんそれは間違いだったのだが、この誤ったとらえ方が、冷戦という長い歳月のなかで強まっていってしまったのである。マルクスの著作をソ連が完全に理解したことはなかったにもかかわらず、その誤った解釈が広められていき、結果としてマルクスの主張を汚すことになったのだった。

ソ連と違って、中国の近代化は経済に関してはマルクスの予言通りに進展していった。つまり中国の経験によって初めて、私たちはマルクスの思想がいかにオリジナリティーにあふれ、いかに柔軟なものであったかを知ったのだ。マルクスはほぼその全著作を通じて、資本主義システムの欠陥を分析している。一方、未来の共産主義社会についてはごくわずかしか記述していない。「未来のマルクス主義」理論にはプロレタリア独裁と無階級社会というふたつの重要な論点があるわけだが、その作用について筆者はきわめて大ざっぱにイメージしているにすぎない。マルクスはなににも増して社会学者であり、また経済学者でもあった。自分が生きた世界をつくり変えるほどの劇的な経済変化の観察に全生涯をついやした後、おそるおそる政治哲学の分野に乗り出したが、長年にわたって経済分析を続けてきたという経歴を考えれば、必然とも言えるなりゆきだった。ただプラトンほどの手腕も素質も持ち合わせてはいなかったマルクスは、世界の将来のビジョンの単なる輪郭を描いたにすぎず、熟練した政治哲学者のようにそれを詳細に語ってくれているわけでもない。

マルクスとは対照的に、レーニンもスターリンも政治家だった。彼らは周囲の現実を観察しながら、みずからの明確な計画にしたがってロシアの共産主義に形を与えようとした。レーニンとスターリンはマルクスのスケッチにしたがって、ボルシェビキ・マルクス主義という絵を描き出したのである。レーニンは哲学者ではなかった。スターリンが何者であったかはだれもが知っての通りだ。だから彼らが自分の限界を超えて世界を見ることができなかったとしても、また彼らのビジョンに普遍性がそなわっていなかったとしても、驚くには当たらないわけである。

毛沢東にはソ連のモデルをどう解釈すればいいのかがわからなかった。中国はロシアと同じように、根本的には農業国であったわけだが、両国の国民はまったく性質を異にしていた。そこで毛沢東は、マルクス主義理論から、革命に必要な要素をとり出すことにした。それが後日、現実として恒久化したプロレタリア独裁であった。ところが今日、北京でマルクス理論を読み返してみると、プロレタリア独裁による政府もブルジョア的政府と同じく、抑圧的になりかねないことをマルクスが予見していたことがわかる。プロレタリア独裁では、エリートではなく大衆が独裁権力を行使する。一方、エリートによる独裁政治は資本主義国家になるための一歩ではあっても、もちろん最終的なゴールではない。

ここでちょっと立ち止まって、この「独裁」について考えてみよう。マルクスは「独裁」は資本主義の進化の一段階であり、搾取的な構造をそなえるものと予測していた。この段階で、生産手段を握るのは人々であり、生産活動はすべての国民に帰属することになる。ところが国家もまたこの進化のプロセスのなかで不可欠な存在であり続けるのだ。なぜか？　それは搾取が変わらずに続くからである。

資本主義者の手から利益を取り上げたからといって、資本主義経済のあらゆる差別をなくすことはできない。労働者階級が、ボスからのおこぼれにあずかる代わりに、すべての利益を手にできるようになれば、賃金はたしかにもっと平等になるだろう。しかしこの段階には、機会の平等、選択の自由など、ネオリベラル主義システムには不可欠な民間のイニシアティブをうながす要素が存在しない。

鄧はマルクスを解釈する際に、機会の平等について考えた。マルクスは利益を反故にしようなどと論じたことはないが、経済的な不平等がなくなれば、国家は消滅するかもしれないとは示唆している。これは本当にユートピアなのだろうか？　ソ連の人々にとっては、実現不可能なユートピアとなってしまったことは間違いない。共産党は革命期に生まれた新しいエリートたちが支配するようになり、常設の機関はいっそう権威主義的な性格を強めた。寡頭政治を行なった人々はプロレタリア独裁から共産主義社会にいたる過渡期の橋わたし役ではなく、新たなエリート層となったのである。ソ連に登場したのは、マルクス主義ではなく、ボルシェビキ主義を源流とする全体主義政権だった。

ユートピアのような無階級社会は、それを導く政党を必要としない。あらゆるもの、あらゆる人々が調和のなかに存在しているからだ。ユートピアのイメージは、孔子や永楽帝が思い描いたビジョンに驚くほどよく似ている。実現する見込みはなかったが、このユートピアという概念は鄧小平の関心を惹いた。

鄧は階級のない社会へと進化していくためには、民間主導による発展という段階を避けて通ることはできないと考えた。しかしこの選択は中国に経済的不平等をふたたびもたらすことにもなった。鄧が選択した道は、一見、マルクス主義の原則に反するかに思われたため、党内からは激烈な反対がわき起こった。しかし鄧はそのような見方は間違いである、と猛反対する人々を説き伏せた。不平等はチャンスがないから生まれる、と鄧小平は言った。だれもが同じ出発点からスタートしたならば、各人の能力にしたがって、最初にゴールする人間と最後にゴールする人間が出てくる。しかしこれは不平等なのではなく、チャンスが平等に与えられた結果なのだ、と鄧は主張した。

「地域レベルの保護措置を利用して自分の利益をはかったことにはなるが、だれだって同じチャンスが与えられていたわけだろう。違うかい？」と、前述したビールをめぐる投機にかかわったひとりは言っている。(7) この時点での中国は、市場や競争が重視される西側と同じシナリオに向かって進んでいるように見える。しかし理想とする目標が国家そのものの消滅にあるとしたら、政治の役割に対する考え方も変わってくるはずだ。

ひとたび機会の平等が保証されれば、いかなる搾取からも人々を守るという国家（つまり党）の役割は徐々に必要なくなっていき、いずれは消えてしまうことだってあるかもしれない。権力は地区や省に、そしてさらにはもっと小さな自治体へと分散されていく。これは私たちにも実行可能な構想といえる。そして事実、プロレタリア独裁という革命段階を経て初めて、権力の分散ははじまるのである。

鄧は中国を多国籍企業のようにつくり変えた。「中央政府が取締役会だとしたら、地方政府はそれを運営する管理職ということになります」と劉開明は語る。[8]管理職は担当する地域の経済から上がった利益の一部を取締役会に渡すのだ。

鄧の改革プログラムにしたがい、効率の悪い国営企業はどんどん廃止され、民間部門の参入がはじまった。一九九八年の中国では六万四七三七の国営企業で、総計一億一〇〇〇万人が働いていたが、二〇〇五年末には国営企業はわずか二万七四七七社となり、そこで働く人間は六四〇〇万人と、四〇パーセントも減少した。同じ時期に民間企業の数は一万六六七社から一二万三八二〇社へと増え、民間部門に雇用された労働者の数は九七〇万人から三四五〇万人へと増加している。[9]短期的に見れば、国営企業のリストラは、雇用に深刻な悪影響をおよぼした。労働者たちは全力で生計の建て直しをはからざるを得なかったのである。

同時に地元当局の権限も増した。今日では中央政府の所得の七パーセント相当が深圳から、一二パーセントは広東省からもたらされるようになっている。こうした数値を見ても、なぜ経済特区の当局が無制限と言っていいほどの自由を認められているかがわかるだろう。すでに当局というよりまるで民間企業のようだといってもいい。英語でブルー・ビレッジと呼ばれる村もそのひとつである。

深圳にほど近いこの村は、毛沢東革命の余波のなか、人民公社の前身である「農村合作社」として誕生した。一九八四年、地元政府は製造会社を設立し、一九九二年にこの村は集団企業体へと生まれ変わった。要するに社会主義下での集団主義と市場経済のハイブリッドというわけだ。村の人々が企業体のオーナーとなり、ブルー・ビレッジという自治体が出来上がった。この時点で、企業体であったこの村は、海外資本と貿易の管理を中央政府から独立して行なう許可を申請し、認められたのである。これが変化をうながす誘因になったことは明らかだ。

一九八〇年代から九〇年代には、経済特区でこうした変化が次々に起きていたのだろう。[10] そして地元当局は変化を導く立場にあった。中国の近代化にともない、地方の村が企業へと変貌するさまを、「地元による公営コーポラティズム」と呼ぶ人もいる。[11]

時は金なり

いま中国ではよくこんな言葉を耳にする。「北京で働いたことがなければ、自分の仕事がどんなにつまらないかはわからない。上海に買い物に行ったことがないなら、自分がどんなに貧しいかはわからない。深圳の女性と一緒に過ごしたことがなければ、自分がどんなにスタミナ不足かはわからない」。最後の深圳は、よかれ悪しかれ、進化し続ける今日の中国の基本モデルといえる。

一九八〇年代、深圳は海外投資や出稼ぎ労働者たちが一気に流入して、またたくまに成長を遂げた。一九九五年の時点で、すでに三四五万人に達していた人口は、二〇〇〇年までに四三〇万人にまで増えた。二〇〇七年には、一七〇〇万人を超えていたと推測される。そのおよそ七〇パーセントが出稼ぎ労働者であった。一九九〇年代、経済特区の経済は年率二八パーセントのペースで成長したが、それは東南アジアの基準から見ても驚異的な記録である。高層ビルや高速道路、レストランやおしゃれな店が次々にあらわれた。海辺では真珠とりが、水田では農民が作業していた、かつてのうらぶれた村は、たちまち不夜城に生まれ変わったのである。

深圳をはじめとする経済特区に牽引される形で、中国経済は産業革命時を思わせるスピードで成長を遂げた。一九七八年から二〇〇七年までに、中国のGDPは四倍になった。そして新たに経済特区となった地域は、細部にいたるまで深圳とそっくり同じ構造をそなえるようになった。

他方、世界の反対側、具体的には東ヨーロッパと中央アジアの旧ソ連圏の共和国など、ベルリンの壁の崩壊によって資本主義という冒険に乗り出したかつての共産主義国では、状況はまったく違っていた。ポスト共産主義モダニズムとは、要するにネオリベラル主義であり民主主義である。ところが人々が夢見ていたようなよい暮らしが実現するどころか、西側諸国よりも劣った経済状況に陥ってしまったのである。たとえば二〇〇九年、バルト諸国は信用危機の影響で、国家破綻の瀬戸際へと追い詰められた。ハンガリーでは共産主義の崩壊を嘆く「民主主義」への反対者が増加した。そして西ヨーロッパ諸国では東からの移民を快く思わない人種差別的な動きが見られるようになった。

一九八九年当時、旧ソ連圏の国々は、暮らし向きがよくなると思い、幸福感に酔いしれていた。それがいざ「スーパー民主主義」の現実に放り出されてみると、生活水準は一向に改善されなかった。するとロシアのマフィアが、ソ連の女性たちや、共産主義崩壊後の経済破綻で失業した東ヨーロッパ諸国の不運な住人たちに、ここぞとばかりに襲いかかった。弱みにつけ込まれ、商品のように売り飛ばされた人々は、世界各地の裏通りにたたずみ、あるいは売春宿に身をやつすことになってしまったのだった。(12)

不思議なことに、中国の共産主義はグローバリゼーションの激流のなかを上手に渡っていった。そして自由を獲得したと思い込んだかつての東ヨーロッパ諸国を尻目に、アジアは裕福になったのである。このことは重要な意味を持っていた。冷戦後の世界で国家の優劣を決するのは軍事力ではなく、経済力だったからだ。経済力が軍事力よりも高く評価される時代が歴史上初めて到来したと言ってもいいだろう。成長が持続していること自体は、産業革命期や戦後にも経験があり、特に目新しいことではなかったが、ソ連体制が崩壊したことで初めて、権力でも国際政治の安定という面でも、アジア諸国の優勢がはっきりしたのであった。もちろんその理由はアジア諸国が得た経済力にある。[13]

西ヨーロッパ諸国で中国と同じような試みが行なわれるなどということは考えられない。一九八〇年代の終わりに民主諸国に広がったネオリベラル主義モデルは、厳格すぎて、この種の試みをする余地がない。ただし中国の共産主義システムも厳格だという点では同じだった。奇妙なのは、中国が資本主義という新たな冒険に乗り出すほど柔軟になったのは、天安門事件と、三年にわたる共産党内の闘争が終わった後だったことだ。この理由を考えるにあたって、悲惨な状況に陥ったアイスランドと豊かな中国を比較してみよう。両国の間には意外な類似点があるからである。

第5章

近代化というネオリベラルな夢

アイスランドと中国

信用危機で驚くほど甚大な被害をこうむったのは、北極圏に接するアイスランドだった。人口わずか三二万、ローマやミラノ近郊の都市と同規模の国だ。

この小国が破綻した原因を探れば、世界最大の人口を擁する中国の指導部が一九八九年になにを選択したのかが、はっきりと理解できるというのだろうか？　アイスランドの物語は、ネオリベラル主義を受け入れた諸国にベルリンの壁崩壊が与えた悪しき影響を理解するヒントを与えてくれるのだろうか？

アイスランドと中国は歴史的にも地理的にもかけ離れた、ふたつの特殊な事例としか思えないかもしれないが、実はともにネオリベラル主義が唱える近代化の夢を追いかけたという意味で、わずかながら一致する点がある。

一見、中国とアイスランドにはまったくなんの共通点もないかに思える。ところが類似点は非常に多いのだ。二〇世紀の後半、両国はともに自国の再生を強く望んでいた。植民地だった過去のトラウマに苦しむ両国は、独自の策にしたがって近代化をなし遂げ、汚名をそそぎたいと考えていたのである。また両国とも数世紀にわたって孤立状態に身を置き、国内の物価水準を安定させ、完全雇用の状態を保ってきたことが、国民に確固たるアイデンティティを与えていた。人々はそうした国のあり方に対して純粋に誇りを感じており、その思いは大家族や共同体を中心として、個人のレベルにまで浸透していた。ところがこうした状態は侵略者によってあっけなく打ち崩されてしまった。個人は自分が所属する社会の一部として機能しているのであって、社会なくしては個という存在も消えてしまう――そう考えると、歴史のある時点でなぜ中国の人々が、共同体の価値を重んじる社会主義の原則を受け入れたのかが理解できる。彼らの目には、社会がたどっていくべきごく自然な進化の道筋として映ったのだろう。

経済水準を見ても両国には共通点がある。第二次世界大戦は、両国にとって植民支配からの解放を意味していた。しかし自由になったとはいえ、中国もアイスランドも時代にふさわしい産業がない遅れた農業国であり、貧しかった。「歴史的に遅れ」てしまったのは植民地としての過去が一因であることを、両国は十分に自覚していた。冷戦時代、両国は重工業を発展させることで遅れを取り戻そうとしたが、うまくいかなかった。ここで思い出すのは大規模な鉄鋼生産をめざした毛沢東の「大躍進」である。「大敗進」と改称すべきではなかったかと思われるほど、この政策は悲惨な結果に終わった。

そして最後の共通点は一九八〇年代にさかのぼる。中国とアイスランドはそのころ、産業政策やグローバル化された世界での役割を見直すなど、抜本的な変化を遂げつつあった。当時、世界各地で起きていた大変動の影響もあり、変革のプロセスには慎重な対応を要した。そして結果として、アイスランドと中国は、まったく正反対の選択をすることになった。

命運はもはや交わらない

一九八九年、世界の政治を揺るがす大嵐が吹き荒れる。その余波を受けてアイスランドはネオリベラル主義を熱狂的に支持し、受け入れる決断をした。すると国全体が巨大なヘッジファンドと化してしまったのである。一方、中国は共産国として、西側諸国からは距離を保ち続けた。両国の経済はこうして別個の道を歩みはじめたのだった。

一九八九年の政治的な地殻変動を機に、アイスランドはネオリベラル主義の実験室となった。その後の二〇年間、新聞や見かけだけは立派な雑誌が、こぞって二〇世紀の奇跡だとアイスランド経済をほめそやした。メディアはウォール街の大物たちとわたり合ったと言って地元銀行を称え、さらにアイスランドが破綻する三年前の二〇〇五年、国連によってアイスランドのひとり当たり所得が世界第二位であることが発表されると、有頂天になった。見よ、ネオリベラル主義こそが経済発展と近代化の手本であるというなによりの証拠ではないか、と「民の声」は告げたのだ。信用危機が勃発するまで、政治家はだれもがこう説き、大衆も新聞で日々こうした論調を目にしていた。

さて、ここで現在のアイスランドの首都・レイキャヴィクに飛んでみよう。いまやなにもかもが売りに出され、幸運なごくひと握りの人々だけが職にありつけるというありさまである。アイスランドのひとり当たり債務額は何桁にもおよび、ゼロの数があまりにも多いために総額を敢えて査定しようとする者もいない。財政破綻したアイスランドは、世界で最貧順位をめぐって争う国々のリストに名を連ねることとなった。おしゃれなブティックに客はおらず、ネオリベラル主義にわいた時期には、金融取引で名を馳せた若き名士たちが明け方まで痛飲していたバーにも人影はない。こうなったいまはメディアも政府も、漁船に必要な燃料や、スカンジナビア半島特有のこくや風味のあるバター用にしぼった乳を保存する容器を買おうと、IMFに融資を求める市民に対して、同情を寄せるようになっている。アイスランドの経済はいま、近代化の妨げになるから止めてしまえと、ネオリベラル主義のやり玉に挙げられていた農業と漁業に、すっかり依存している。このふたつの産業がここにきて生産力をそなえた資産として見直されるようになったのだ。

ではここでまた時間をさかのぼるとしよう。ベルリンの壁が崩壊する数カ月前、世界中のあらゆる新聞紙面は、数週間にわたって高まりを見せていた民主化デモが中国政府によって武力鎮圧されたというニュースで埋め尽くされていた。中国共産主義のひどく抑圧的な本質がこの事件であらためて明らかになった、というのが国際社会の論調だった。すでに本書でも述べたように、この瞬間から西側諸国は中国のことを、人権が侵害され、共産主義によって抑圧された、裏表のある国と見なしはじめた。そしてこれを受けて引き起こされたイデオロギーの地殻変動に、世界中の人々が巻き込まれていった。

ソ連体制の瓦解ですでに弱まっていた西側の左派は、この影響をまともに食らった。中国政府に対してあらゆる方面から浴びせられる非難にはなすすべもなく、共産主義という夢をきっぱりと断って、「民主主義」を中心に新たなアイデンティティを築くことに全力をかたむけたのである。西側の共産主義者や社会主義政党からマルクス主義が排除されるにいたったのは、ベルリンの壁の崩壊ではなく、一九八九年の春にはじまった天安門事件がきっかけだったのだ。これはひとつの時代の終わりであると同時に、「大いなる敵」としてのソ連に中国がとって代わる、新しい時代の幕開けでもあった。

その一方で、世界は中国の大衆に同情を寄せた。天安門で抗議行動をした人々をめぐる報道には、ことさらに記されてはいなくとも、共産主義が牛耳る国家の犠牲となった罪なき人々を見よ、というメッセージがこめられていた。表情を読み取ることがむずかしく、永遠の謎ともいえるアジアの同胞たちに西側諸国の人々は同情を寄せた。そして大衆を抑圧する中国共産党に対する怒りは、結果として、冷戦時代と同様、事実を見ようともせず、イデオロギーの観点から事態を論じる学界やジャーナリズムをあおり立てた。西側メディアや政治家が仕向けるがままに、以後ほぼ二〇年にわたって、中国の人々と共産主義政権の関係については固定化された見方が定着してしまったのである。

しかしいまの北京でも、上海でも、そして新しい都市が雨後のタケノコのごとく次々に発展する中国内陸部でも、現実の状況はまったく違っていた。不景気は二〇〇八年の最後の三カ月ほど続いたのみで、すぐさまふたたび成長へと転じたのである。

「国内で金融危機が起きたわけではなかったので、中国は単に余波をこうむったにすぎません。国の景気刺激策が功を奏して、国内需要は堅調です」と説明するのは、北京天則経済研究所理事長の茅于軾《マオユーシー》である。(1)

中国では生活の質とはあくまで実体をともなうものである。たとえば中国の自動車業界は生産スピードが遅い。すると国民は運転したくても、車を手に入れるのに順番待ちしなければならないという形でそれを実感するのである。中国ではコンセンサスもそれと同じく、内実をともなう。二〇〇九年一〇月、中華人民共和国の建国六〇周年の式典で、いまなお強い結束と国民としての誇りを示す中国の人々を、世界は驚きをもって見つめた。パレードや式典は中国共産党主導でとり行なっていたわけではなく、全国民が心を合わせて参加していたのだ。

冷戦の終結と規制緩和が、両国の命運を分けたことは、すでに本書でも記した通りだ。アイスランドが受け入れた規制緩和に、中国はいまなお不信の目を向けている。そしてその結果がどうなったかを考えるとき、西側モデルを警戒した中国の判断がいかに正しかったかは、いまや以前にも増して明らかである。二〇〇九年四月、中国の当局が中国の連合企業体によるサーブ・オートモービルズの買収を阻止したことがその好例だ。ゼネラル・モーターズ傘下にあったサーブ社は、財務諸表などの情報開示性が十分ではなかった、というのが反対の理由だった。要するに、バランスシートに示された数値の裏に、損失や債務、貧弱な生産効率など、買い手に損害を与えかねない事実が隠されているのではないか、と当局は危ぶんだのである。

なにも知らないアイスランドは国内外の貪欲な金融業者の餌食となり、彼らと命運をともにすることとなった。他方、グローバリゼーションの流れのなかで、躍進するタイガーの背に乗った中国の発展は本格化していった。そしていまのところ中国はその背中からふり落とされてはいない。両国はともに近代化を目標にしていたが、アイスランドがこれから紹介するシカゴ・ボーイズの金融ロジックにしたがって、自国経済の舵取りをしたのとは対照的に、中国は国内の工業化という、西側では時代遅れと見なされている手法を選んだ。ちなみに今世紀の初めにアルゼンチンを国家破綻に追いやったのも、このシカゴ・ボーイズのロジックであった。中国はウォール街の金を使うことなく、共産主義体制を維持しながら近代化を推進している。

中国とアイスランドは、近代化への道を歩む際、自国民に対する役割と責任を果たすためにどのように行動したのだろうか。イデオロギー面や文化面での両国の根本的な違いを理解するため、ここで一息入れ、地球の別の場所へ飛んでみよう。ピノチェト（チリの軍人・政治家）独裁体制の恐怖を再訪するのだ。

シカゴ・ボーイズ

一九五六年、チリ・カトリック大学はシカゴ大学の経済学部と協力関係を結んだ。以後二〇年にわたって、チリの学生とアメリカ人の教授陣たちとの交流が続く。一九五〇年代の終わり、およそ二〇人の学生がシカゴにやってきて、当時は革命的と目されていたミルトン・フリードマン（アメリカのマクロ経済学者でありマネタリズムの主唱者）の教えを受けた。

「政府はなるべく小さくすべきであり、経済のコントロールは自由市場にまかせるべきだ、というのがシカゴ学派の特徴だった」。アメリカの公共放送協会（ＰＢＳ）の取材に答えて、ミルトン・フリードマンはみずからの理論をこう要約している。[2]

学生たちは吸収したばかりの原則に心躍らせながらチリに戻った。そして帰国後、毎週火曜日になると一堂に会しては、政策について話し合うようになった。目標はチリ経済の改革だった。ほどなくして彼らは「シカゴ・ボーイズ」と呼ばれるようになる。

シカゴ・ボーイズたちは社会主義者だったアジェンデ大統領（チリ史上初の自由選挙による社会党政権を率いた。一九七三年、クーデターの最中に自殺）の政策とは正反対の思想を掲げた。彼ら若きエコノミストたちは国家介入と計画経済を信頼していなかった。価格統制を導入すれば、もっとも恵まれない層でも貧困ライン（最低限度の生活を維持できる所得水準）以下に転落することはない、とアジェンデ政権は主張したが、彼らは時代遅れだという理由でそれに反対した。政府の代表者とシカゴ・ボーイズの間に激烈な論争が起き、それは一九七三年九月一一日にクーデターが起きるまで続いた。

若きエコノミストたちを政治の舞台へと招き入れたのは、意外にもピノチェトの息のかかったビジネスマンたちだった。当初、軍部は乗り気ではなかった。「将軍たちは統制経済、つまり命令にしたがって運営される経済を支持していた」と述べるのは、一九七四年から一九八二年までチリの財務大臣を務めたセルジオ・デ・カストロである。[3] 延々と議論が繰り広げられた末、シカゴ・ボーイズの後押しもあり、銀行協会会長のハヴィエル・ヴィアルは、チリ経済について連続講義を行なってほしいとミルトン・フリードマンを招いた。一回目の講義はサンチアゴのカトリック大学で開かれた。

一九七三年から七四年の石油危機後、世界各地で起きたインフレにフリードマンも注目していた。そしてチリを最初のネオリベラル主義国家とすべく、一連の提案を行なったのである。ピノチェトその人の招待を受けてやってきたフリードマンは、みずからの哲学を説いた。犬のしっぽをゆっくりと少しずつ切り離していけば、出血多量で死んでしまうだろう。しかし一気に全部切断すれば、犬は生き延びることができる、と。インフレも犬のしっぽと同じで一気に切り落としてしまったほうがいい、というフリードマンの理論に強い感銘を受けたチリの独裁者は、彼に好印象を抱いたようだった。

数カ月後、チリ経済を立て直すため、シカゴ・ボーイズたちが招聘された。彼らはフリードマンの理論を一言一句にいたるまで忠実に同国経済に当てはめた。その結果、五〇〇社に上る国有企業が民営化され、輸入関税は撤廃された。政府予算は骨と皮だけを残してそぎ落とされ、市場は放任された。ピノチェト統治下のチリは、ミルトン・フリードマンの望み通り、ネオリベラル主義経済理論によって導かれた最初の国となったのである。

軍部が反対派を一掃するなか、チリ経済は上向きになり、ラテン・アメリカ諸国でもっとも早い成長を遂げるにいたった。だが国民はそのつけを支払わされることになった。生活費が四倍に跳ね上がり、失業率は三〇パーセントを超え、貧富の差が埋めようがないほどに広がったのだ。この極端な経済格差は今日にいたるまで続いている。シカゴ・ボーイズの試みが成功したのは、やがて国際市場に劇的な変化をもたらすことになるある流れを何年か前倒しで予測していたからなのだが、そのことに気づいた人間はほとんどいなかった。本書の第3部で述べるように、チリでピノチェトが行なったのと同じ内容の改革を、一九八〇年代にロナルド・レーガンとマーガレット・サッチャーが手がけることになる。

一九七〇年代、八〇年代と世界で進んだ急激なインフレを、フリードマンのモデルが解決してくれるかに思われたので、人々は有頂天になった。そして、サンチアゴを皮切りに、このモデルはウイルスのようにたちまち世界中に広がっていった。この流れはベルリンの壁が崩壊し、規制緩和が進みはじめた段階で頂点に達した。しかしわずか数年後、成功したかに思われたフリードマンのモデルには大変な破壊力が秘められていたことが明らかになる。

チリの成功によって、自由市場と政治的自由は、以前では考えられなかった形で結びつくことになった。いや、実際には、結びついてなどいなかったのだ。チリではクーデターの最中、独裁者の手により二四〇〇人が命を落とし、行方不明になった。シカゴ・ボーイズたちが自由市場を推進している間に、ピノチェトは政治的自由の撤廃にひたすらいそしんでいたのだ。当時のチリはいわば、四方を血の海で囲まれた経済実験室のようなものだった。現代の悪名高き独裁者のひとりに協力したことについて、ミルトン・フリードマンは、「自由市場に向かう動きが共産主義に向かう動きにとって代わった初めてのケースだった[4]」と弁明している。

フリードマンや彼の信奉者たちはチリでの実験を通じて、サプライサイド経済学（供給力を強化することで経済成長をうながせる、とする考え方）を柱とした政治神話を生み出した。それは西側の自由陣営にとって、ソ連共産主義に対抗する防波堤のような役割を果たした。フリードマンはさらに続けて、「チリでは最終的には民主的な社会が軍事政権にとって代わった。自由市場は自由な社会をこの国にもたらしたのだ[5]」と述べている。

チリでの実験に影響されて、世界は変わった。シカゴ・ボーイズも後押しした文化的な働きかけが功を奏して、金融取引にはレバレッジ（信用取引のように少ない資金で大きな資金を動かすこと）がかけられ、デリバティブ（先物取引のように、株・債券などの原資産となる金融商品から派生した商品）が用いられるようになり、規制緩和が制限なく行なわれるようになった。市場にはいまだかつてないほどの思想や行動の自由が与えられた。あまりに自由になりすぎて、市場の手には負えないほどの状況だった。民営化や国家統制システムの廃止といった、今日では多くの人々がドグマのごとく見なす手法が進められても、そこになんの常識も働かず、なんの規制もされなかったのは驚きである。しかもこれらを唱え、推進したのは、サプライサイド経済学を熱狂的に支持する学生グループと、南アメリカの残忍な独裁者というチームだったのだ。

すべては、戦後の繁栄が大げさに称えられるなかで蔓延していた楽観的な気運のなかで起きた。そして世界中の著名なエコノミストや評論家たちもこの動きをこぞって評価し、喝采を送ったのだった。

シカゴ・ボーイズとチリの独裁者、そしてスウェーデン王立科学アカデミーの経済学賞ノーベル委員会によってその勇気と慧眼を称えられたフリードマンとの協力的な関係は、西側の国民国家（確定した領土を持ち、国民を主権者とする国家体制）の衰退がはじまったことを意味していた。この数十年の間には、経済を楽観視する風潮が生まれてははかなく消え、そのなかで政府や経済構造、社会の安定性など、長期的な柱とも言うべき重要なものが簡単に破壊される事態が繰り返し起きた。そしてチリはその一例にすぎなかった。たとえ効率が悪く、時代遅れであったとしても、こうした長期的な社会・経済面での支えがなくなれば、どのような余波が生じるかが、あらかじめ検討されることはなかったのである。もし慎重にその影響を見積もっていたのなら、悲惨な結果を予見し、回避できたに違いなかった。

悲惨な事態にならないよう、すべてを白紙に戻し、世界を新しくデザインし直すことも可能だっただろう。ところが金融商品や関連手法を使って手っ取り早く富を獲得しようとする動きがあまりに過熱したために、いわゆる自由主義体制は次々と甚大な被害をこうむるにいたった。最近でもそうした事例は枚挙にいとまがないため、私たちもいちいち注意することはなくなっていった。アイスランドなど、そのごく一例にすぎないのだ。

国家売ります

アイスランドという国では、伝説と現実の境目があまりはっきりしていない。この国の歴史は英雄伝説《サーガ》からはじまる。それは大半の歳月を、氷におおわれた地球の果てで生きてきた偉大なる民族を称える物語である。いく度となく侵略を受けたアイスランドの人々は、生き残るための戦略を考えざるを得なかった。

雑誌「ヴァニティ・フェア」に掲載された記事のなかで、マイケル・ルイスはこう記している。同国内で稼働するアルミニウム・メーカーとして最大手のアルコア社（アメリカの世界的なアルミニウム・メーカー）は、二〇〇四年に新たな設備の建設許可をとりつけるにあたり、「隠された人々」と呼ばれる妖精が建設予定地に住んでいないことを証明しなければならなかった[6]、と。実に微笑ましい話だが、自然が手つかずに残された土地が大半を占め、人も住めない月面のような光景が広がるこの国で、妖精が暮らしているという言い伝えは住民たちに安心感を与えている。たとえ伝承であるにせよ、妖精がこの国に暮らしているという物語には、巧妙な戦略にとどまらないそれ以上の意味があった。なぜならそれは地球のほぼ一番上に位置し、まばらな人口が冬の大半を闇のなかで過ごすというアイスランドの強烈な孤立感を和らげるのに役立ってきたからだ。

妖精の存在を信じてきた国が、なぜウォール街という高利貸したちに丸呑みされてしまったのかを理解するには、アイスランドでもっとも偉大な詩人のひとり、エイナール・ベネディクトソンに目を向ける必要がある。「アイスランドを都市や工場、鉄道網や道路、港、機械化された農場のある国に近代化する」[7]というベネディクトソンの夢は、この国の人々すべての夢となった。

ベネディクトソンが思い描いた近代化とは、ノルウェーやデンマークなど、アイスランドを植民地にした北欧諸国が推進し、世界最大の国アメリカが求めたものでもあった。そして二〇世紀末、大西洋の両側にあるすべての国々が分かち合い、ヨーロッパやアメリカが実現したネオリベラル主義的な近代化という夢でもあった。ただし一九八〇年代の終わりの時点で、アイスランドはまだ夢の途上にあった。他方、世界の反対側では中国もまた、近代化の夢を追い求めていた。

一九九〇年代と二〇〇〇年代、アイスランドの人々が富を見出したのは、この国をとり囲む海の幸でもなければ、牛が草をはむ草原でもなく、水力発電であった。壮大な滝と各地にたたえられた溶岩の層が、アイスランドをいわば巨大な炉に変えてくれるかに思われた。住民たちにとっての夢だったこの計画を実現するには、いくつか障害もあった。環境を汚さないクリーンエネルギーは今日、注目の的となっているが、アイスランドが有する水力エネルギーは輸出がかなわず、利用は島内にかぎられていた。また水力エネルギーを生産するには、溶岩と水をエネルギーに転換するための資金が必要だった。国が貧しい以上、資金の提供は海外に頼らざるを得なかったのである。

中国と同様、一九七〇年代の終わりから八〇年代初めにかけて、近代化をはかるアイスランドは海外資金を誘致しようとした。そのため、外国企業家たちにエネルギーを低価格で提供することに決めたのである。もっとも多くの電力を消費するアルミニウム製造企業に特に期待が寄せられた。一九九〇年代まで、海外の銀行は融資に非常に慎重で、アイスランドは必要な信用を得ようと悪戦苦闘していた。ところが規制緩和によって状況が一変し、レイキャヴィクには資金がどんどん流れ込みはじめた。

しかし重工業の誘致には成功しても、経済状況の改善は期待通りには進まなかった。設備投資コストと莫大なエネルギー消費の割には、利益は乏しく、投資リターンもわずかだったのだ。国営電力会社ランズヴィルギュンの場合は〇・九パーセントにも満たないほどだった。

巨額の資本とエネルギーを注ぎ込んではみたものの、アルミニウム産業はさしたる雇用を生み出さなかった。たとえばアルコア社がこの国の東岸にあるレイザルフィヨルジュルに建設したアルミ精錬所は、アイスランドの全住宅が消費する電力の六倍を消費するが、新たに雇用したのはわずか五〇〇人にすぎなかった。(8)

こうして、産業の誘致という冒険は惨憺たる結果に終わった。それなのにアイスランドのひとり当たり所得はヨーロッパ第二位にまで増えた。なぜか？　それは金融バブルを通じて、天文学的な規模にまでおよんだ負債を、まるでこの国の持てる富であるかのように人々が錯覚したためだった。人々はそれと気づかぬうちに、借金をしてはそれをまるで自分の金であるかのように使うようになっていった。そして国民のだれもが発電所や工場、溶鉱炉から立ち上る煙こそ、近代化への近道だという幻想を抱くようになった。

こんなばかげた悪ふざけをそもそも考え出したのは、国際的な金融機関であった。ベルリンの壁の崩壊後、アイスランドの水力発電といったとびきり野心的なプロジェクトによろこんで融資してくれそうな銀行を探すのは、造作ないことだった。しかも銀行家は、アイスランドの近代化プランは理想的だと請け合ったのである。もちろん、アルミニウムのリサイクルはアルミ生産に代わり得る「クリーン」な手法であるなどと金融機関が提案することはなかった。アルミニウム生産は工業活動のなかで一番環境を汚染する。日々、消費される何百万トンというアルミ缶をリサイクルするほうがはるかに経済的であり、また環境にもやさしいことは、だれもが知っている。アメリカだけでも、一九七二年以来、およそ一七〇〇万トンのアルミ缶が処分場に埋められてきた。これはアイスランドのストゥラウムスヴィク工場が一〇〇年をかけて生産する全量に相当する。

この点について、アイスランド人作家であり、環境保護活動家兼映像作家であるアンドリ・S・マグナソンは次のように述べている。

世界の生産量を減らし、汚染を減らすには、リサイクルをうながすよう奨励するだけで十分である。二〇〇四年にアメリカは八〇万トンものアルミ缶をリサイクルせずに廃棄している。それにアルミ容器やキッチンで使うアルミ箔を加えれば、その量は年間一二〇万トンにも達する。これはレイザルフィヨルジュルに建設されたアルコア社の新プラントでの年間生産量の四倍に相当する。(9)

アルミニウムはさびにくいので、リサイクルも簡単だ。しかし値段があまりに安いせいで使い捨て製品同様にあつかわれてしまう。アイスランドを含むいくつかの国々では、アルミ缶をリサイクルしない業者に追加コストを課しているが、アメリカの食品産業はそれを拒んだ。食品業界の圧力団体がとてつもなく強大であることは言うまでもない。アルコア社前社長のポール・オニールはジョージ・W・ブッシュ政権下で最初の財務長官を務めた。政府決定にも影響をおよぼせたということだ。

前述したように、一九九〇年代の大手銀行家たちは、みずからの利益にならないという理由で、リサイクルという選択肢を検討しなかった。アイスランドの重工業に融資したほうがリサイクル工場を建設するより、はるかに大きな利益をもたらしたのである。利益は投資規模に比例し、その一部は銀行に入ってくることになっていた。そこにテクニカルなアドバイス料、企画コスト、マーケティング・コスト、さらには新たな重工業企業の設立に関連するあらゆるコストを加えるならば、なぜアイスランドの近代化という実現するはずもないばかげた夢を、国際資本が支援したのかが理解できる。

政治よりも金融が重要な役割を果たす市場の限界はここにある。近代化プロセスに株主への配当金という要素が入り込めば、社会や経済といった側面は姿を消すことになるからだ。銀行が投資家の利益を追求するのは当たり前のことかもしれないが、政府は国民の生活に責任を持たなければならない。ところがアイスランドがそうだったように、規制緩和のせいで、国家は銀行の気まぐれに合わせて銀行を助け、支えるようになってしまった。

一九九五年、銀行はアイスランド政府がはじめた国際的なマーケティング・キャンペーンを支持し、奨励するようになった。その結果、アイスランド国内の水力エネルギー資源は、既存のもの、将来的に利用できるものに関係なく、すべて売りに出された。アイスランドはヨーロッパ一の安値でエネルギーを提供することになったのである。なにかと話題のリオ・ティント（多国籍の鉱業・資源企業グループ）や、少数権力者やマフィアの手に落ちたロシア企業など、あらゆる大手アルミメーカーにとってこれ以上よい条件はなかった。アイスランドは一国を丸ごと、水力発電所やアルミ精錬所、巨大な鋼鉄の煙突、そして極北の夜の闇のなかで赤々と燃える溶鉱炉などが集結するコングロマリットにつくり変えようとしていたのだった。環境保護活動家は計画を知って青ざめたが、それでも銀行家独特の言いまわしを学んだ政治家たちによって沈黙させられてしまった。青いダブルのジャケットを着こみ、書類のたくさん詰まったブリーフケースを抱えて続々とやってくる見知らぬ人々に困惑する国民に向かって、政治家たちはアイスランドは必ず豊かになる、と請け合ってみせた。

氷上のミルトン・フリードマン

前首相のデビッド・オドソンはいってみればアイスランドの鄧小平だった。彼が政権の座にあった一九九一年から二〇〇四年にかけては、この国の工業化が進んだ重要な時期でもあったが、その一方では投機バブルが形成されもした。オルソンはミルトン・フリードマンの教えにしたがって国の経済・金融構造を設計し直した。またエネルギーを安く売ることで海外の重工業を誘致し、シカゴ・ボーイズを動員して、近代化のばかげた夢に必要な金を借財でまかなう実験室へと、アイスランドを変貌させようとした。

ロンドン、東京、そしてニューヨークの人々は、アイスランドがリスクなど見向きもせずに金融バブルで膨れ上がっていく様子を、愉快気に眺めていた。ＩＭＦがついにアイスランドに警告を発したのは、二〇〇八年にバブルがはじけた後のことであった。救済チームを率いるポール・トムセンは、規制がなかったせいで、銀行システムが桁外れに大きくなり、公共と民間部門を合わせた負債総額はこの国のＧＤＰの実に一四〇〇パーセントにも達したことを認めた。

アイスランド政府はシカゴ・ボーイズのアドバイスをまともに受け止めただけでなく、国民に対しても株式市場への参加を奨励していた。一九九〇年代には、安くて調達の容易な資金が流れ込み、それがスプリングボードのようになって、地元銀行や政府、そして国民の大半を狂気のような投機へと駆り立てた。そしてこれらの投機はすべて、新たな投機家たちが求める流動性を満たしてくれる中央銀行の庇護下で行なわれていたのである。

ここで作用しているダイナミクスをいくつか分析してみよう。

低利で融資が受けられるようになったことを受けて、アイスランドの銀行は地元市場に中・長期的な投資を行なうため、国際市場で借金をすることにした。短期金利は一般的に長期金利より低いので、この国の重工業に対する投資は、国際市場で定期的に更新される三カ月ローンでまかなわれることになった。ローンを利用する人々の後ろ盾となったのは、いかなる困難に際しても最後の貸し手となってくれるはずの中央銀行だった。借り手は当然、中央銀行を当てにしていた。ところが信用危機が起きると、このメカニズムは機能しなくなり、アイスランドの銀行に短期ローンを提供してくれるところはなくなった。そして中央銀行はいまやGDPの八五〇倍にまで膨れ上がった債務をまかなうことができなくなってしまった。

二〇〇〇年代、水力発電所を建設する一方、国民に対して人為的に低く抑えた利率で住宅ローンを提供するため、政府と銀行は短期借入金を利用した。民間の人々も同様に借り入れをして、大手商業銀行が売る外国企業株を買った。安くて簡単に利用できるローンは、消費だけでなく投資にも利用された。数字上、不動産と重工業の株の価値は上がった。それで不動産や株を保有していた人々はさらに金を借り入れ、資産を買い増ししていった。

当初、流れを牽引していたのは、不動産と重工業だったが、数年のうちに金融業がそれに代わった。利益と流動性の多くが金融業界によってもたらされるようになり、ついには労働力の大半を吸収するにいたった。漁師たちはトレーダーや銀行家になり、人口三二万のこの小さな国には三つもビジネススクールが設立され、若者たちは手っ取り早く利益を獲得する手法をそこで学んだ。

「アイスランド人はみな、ブラック・ショールズ方程式[10]（金融派生商品の価格づけにあらわれる確率微分方程式）をはじめとするデリバティブ向けの魔法のフォーミュラに通じており、工学部や数学部では金融工学を教えるようになった」と、アイスランド大学で漁業経済学を教えるラグナー・アルナソン教授は述べている。[11]

天安門事件に立ち戻って

それにしても中国政府はアイスランドが落ち込んだ不況になぜ陥らずに済んだのだろうか？　それは中国が金融システムをしっかりと閉じて開放しなかったからであり、この国の通貨を兌換できないようにしていたためだ。特に重要なのは、バブル期に中国が借り入れをせずに、貯蓄をしていたことだろう。アイスランドの国民も、規制緩和がはじまる前は貯蓄していた。しかし借金が新たな流行となってからは、貯蓄も止めてしまったのである。

あらゆる角度から見て、ネオリベラル主義は一種の流行だったといえる。ベルリンの壁が崩壊した後、ネオリベラル主義は世界各地で支持されるようになり、人々はそのユニークな経済モデルにしたがって、貯蓄や生産ではなく、借金と消費に邁進するようになっていった。

中国やアフリカの貧しい国々はこの流行にはしたがわなかった。どうしようもなく「流行遅れ」だったので、みんながハイヒールで闊歩しているときでも、かかとの低い靴を履いていた、というわけだ。時代遅れの国々は貧しいか、ネオリベラル主義を採用するほど自由ではないかのどちらかだ、と西側の人々は聞かされ、彼らに同情を寄せた。しかしベルリンの壁が崩壊して二〇年後のいま振り返ってみると、こうした「制約」があったからこそ、好景気と不景気の間を絶えず揺れ動く経済から身を守り、アイスランドのような国家破綻や、旧ソ連圏諸国が経験したような経済混乱に見舞われずに済んだことが明らかになった。さてこのあたりで先ほどの疑問をあらためて考えてみよう。なぜ中国は危機の影響をほとんど受けずに済んだのだろうか？

一九八九年の中国政府は、アイスランド政府と同様、岐路に立たされていた。ソ連共産主義の政治システムそのものが跡形もなく消えてしまったのだから、中国も分別を失ってネオリベラル主義に熱狂したとしてもおかしくはなかった。そうなりかねない条件は整っていた。

一九八〇年代末は、鄧小平の改革がうまくいっており、わずかばかり資本主義をとり入れても害にはならないことがわかっていた。とはいえ、急激な経済成長の影響はすでにあらわれていた。価格の自由化はごく控えめではあるがインフレをもたらし、格差を生じさせた。その一例が前章で示したビールの価格だった。消費者はなんら恩恵を受けることなく、ひと握りの頭のいい企業家が金持ちになったのである。経済成長につきまとうこうした問題は、開発途上にある国々すべてが早晩直面するものだ。しかしソ連の共産主義が崩壊した当時、これは別の重大な問題をはらんでいた。開放経済に移行する過程においては、移行を導いていくはずの人々、つまり共産党が状況をコントロールできなくなってしまう可能性があったのである。中国でもソ連と同様、システムが一瞬のうちに崩壊してしまうことも考えられた。このシナリオがもし実現していたら、どのような余波が生じるだろうか。ちょっと想像してみよう。

一九八九年の時点で、中国がソ連と同じように国を開放していたら、人々は飢えと混乱に見舞われることになっただろう。最初に農業が破綻し、ほどなくして工業がそれに続いていたに違いない。そうなれば九億の国民は日一日と、システムから分断されていくことになる。これがまさに二〇〇八年の終わり、国家破綻後のアイスランドに起きたことだったのだ。巻き込まれたのがわずか三二万人だったことは不幸中の幸いだった。

九億にも上る人々が、食べ物にも困るようになり、難民となって死に物狂いで豊かな西側諸国をめざして押し寄せるさまを想像できるだろうか？　九億というのはアメリカとヨーロッパの人口の総計の二倍にわずかに満たない数だ。これが西側諸国にシルクと火薬、スパゲッティをもたらしてくれた中国が民主化された場合、私たち自身が支払わなければならない代価なのである。もしこのシナリオが現実化していたら、一九八九年以降の西側諸国の労働力は倍増するどころか、四倍にも膨れ上がり、労働組合が労働者の最低賃金を保証することもできないほどに、賃金レベルは暴落していたことだろう。資本と労働力の不均衡が大きくなりすぎ、労働者が数世紀をかけて闘い取ってきた権利もすべて奪われてしまっていたに違いない。中国が一九八九年に民主化し、国民が自由に西側に移動できるようになっていたとしたら、西側諸国の中産階級はきっと激減していたはずだ。

このような観点に立って、天安門広場での民主化運動を抑えつけた中国政府の決断を考えたとき、どうにも認めがたいことではあるが、あの時点での犠牲が、実は西側諸国がこうむりかねない壊滅的な大被害を防ぎ止めてくれていたのだ、と率直に評価せざるを得ない。そのおそろしい決断をした人物は、西側が用意した道ではなく、みずからが信じる方向へと歩むことで近代化をはかるこの国の市民の利益のためにそうしたのであった。中国はいま、アメリカに匹敵する超大国となるべく、一歩を踏み出そうとしている。いかに実利や「公共の利益」を説こうが、天安門事件で流された血をぬぐい去ることはできない。だが天安門での出来事がさらなる大きな悲劇を防ぐための、歴史上の必要悪のひとつであった可能性を認めないわけにはいかないのである。西側諸国は当時、明確な根拠を挙げて、中国の決断を強く非難した。しかし中国の決断があったからこそ、私たちはいまなおこうして持ちこたえていられるのだ。

とはいえ、天安門事件の武力鎮圧にせよ、旧ソ連圏諸国に適用されたネオリベラル主義的なショック療法にせよ、どちらも歴史上の大変動への対応としてはまずいやり方だったことは、はっきりさせておくべきだろう。天安門での民主化要求に対する武力行使が、一九八〇年代の開放のプロセスに手痛い打撃を与えたことは間違いない。そのせいで労働組合などの重要な改革を行なうことはできなくなったのである。天安門事件に対してもし異なる対応をしていたら、中国はいまのこの国のあり方に似てはいても、かなり異なる国になっていたことだろう。もっと早く達成可能だったはずの経済目標もあっただろうし、改革にともなう環境面や社会面での犠牲もこれほど大きくはなかったかもしれない。そして市民社会もメディアも、現在よりずっと自由になっていたかもしれない。

幸い、天安門事件が開放のメカニズムをいつまでも阻害するようなことはなかった。この事件で流された血を重く受け止めた鄧小平は、経済改革の道を持続可能な速度で進んでいくこと以外にソ連を見舞った命運から中国を守るすべはない、と確信したのであった。それからほぼ三年もの間、天安門広場で若き男女が要求したことを守り通すため、鄧は計画経済に舞い戻ろうとする党内の毛沢東派に抵抗し続けた。鄧の決意は揺らぐことはなく、「豊かになれ」というモットーを掲げた「南巡講話」は、最終的に彼の勝利を象徴する出来事となった。それは五〇〇〇年におよぶ文明においては不可能と思われた近代化の成功を意味していたのであった。

第2部

グローバリゼーションと資本主義

第6章 「フラットな世界」という愚かな夢

壊滅的な信用危機からほぼ一年後、J・P・モルガンとゴールドマン・サックスは、巨額の収益があがったことを発表した。これはまったく信じがたいことであった。金融専門紙の見出しによれば、金融のグローバル化が黄金期を迎えた二〇〇七年のレベルにまで業績が回復したとのことだった。世界経済の回復が遅遅として進まないというのに、一体全体、どうしたらこんな奇跡が起こり得るのだろうか、と地球全体がいぶかった。

金融業界と大衆の間には不可解なほどの格差があるらしい、とおぼろげに気づいたのは、マンハッタンでそれを象徴するような光景を目にしたときだった。二〇一一年一月一四日、J・P・モルガンの取締役会が二〇一一年の第四四半期に、前年同期比四七パーセント増に相当する四八億ドルの収益があがったことを発表した直後、(1)カメラマンやレポーターたちはウォール街の同社ビル近くに陣取って出てくる人々を待ちかまえていた。CEOのジェイミー・ダイモンは一七〇〇万ドルの株式ボーナスを受けとったという。あらゆる点から言って、これはまさに記録的な金額だった。(2)マスコミはJ・P・モルガンで働く幸運な人々をつかまえては、その年の終わりに支給されるであろう数百万ドル相当のボーナスについて話を聞こうとしたが、質問に答えようとする者はだれもいなかった。

J・P・モルガンの社屋から北に地下鉄で何駅か行くと、大勢の人々が巨大なヘビのように列をなして、役所の建物が立ち並ぶ街角を取り囲んでいた。だれもが住宅ローン返済を猶予してもらおうとここまで足を運んでいた。集まっていたほぼすべての人々がこの一二カ月間で仕事を失い、ホームレスに転落する瀬戸際に立たされていたのである。事実、ウォール街にボーナスが支給されるとほぼ同時に、アメリカの失業率が一〇・三パーセントに達し、四〇〇万人がすでに一年にわたって失業状態にあるとの発表が行なわれていた[3]。投資銀行の社員とは対照的に、住宅ローンが払えなくなった人々は自分たちがなぜこんな羽目に陥ったのかを詳しくマスコミに説明し、国に助けを求めようとした。だがこれまでもいく度となく同じような嘆きを聞かされてきたジャーナリストは、彼らの話に耳をかたむけようとはしなかった。

現実世界と金融業界の隔たりがこの情景には如実にあらわれているといえる。金融と実体経済の間にも亀裂が生じつつあるという事実も見過ごすことはできない。現時点で、収益規模において金融業界に匹敵する産業部門はほかにはない。経済の安定に関するあらゆる理論に照らしても、こうした格差があること自体が道理に反していた。

しかし二〇一一年の半ばになっても、状況はなにも変わっていなかった。金融市場を支援しようと、アメリカ連邦準備制度理事会（FRB）は巨額の資金を経済に投入し、量的緩和を行なった。その結果、インフレ率も商品価格も上昇した。だが実際にこの政策の恩恵に浴したのは金融業界だったのである。事実、中東諸国で革命が起きるまで株式市場は活況を呈したが、インフレが生じてコスト高となったことで、景気は低迷していた[4]。

なにが起こったのだろうか？　答えはシンプルだ。西側では金融活動のGDPに占める割合がここ何年もずっと上昇傾向にあった。二〇〇八年危機前夜のイギリスでは、国の富に占める金融産業の割合は一四パーセントにまで達していた。東側に目を向けるとき、西側がいかに大きく道を踏み外してしまったかがよくわかる。中国やアジア市場では、西側とは違い、いまなお実体経済が成長を牽引しているからだ。

中国で実施された救済策からも実体経済を重視する姿勢をうかがい知ることができる。先のパトリック・ホバネツは次のように語っている。

中国は不景気対策として、ふたつの景気刺激策を導入しました。そのひとつがインフラの強化であり、政府は四〇億元を投入しています。次に、融資を必要としている人々に資金が渡るよう、商業銀行に一〇〇億元を投じました。投入された資金のうち二〇億元が、最初の刺激策を支えることになったのです。銀行が行なった融資の一部はいわゆる不良債権で、鉄道建設など利益は生まなくとも経済発展に役立つ投資でした。中国政府にとって、銀行が融資をするようながすことはそうむずかしいことではありません。政府には潤沢な資金があり、必要とあらば容易に資金を注入することができるからです。(5)

西側諸国の政府は中国政府とは違う。それはなぜなのだろうか？　リーマン・ブラザーズの破綻が引き金となって起きた信用危機のせいであった。

ウォール街の粛清

二〇〇八年九月一二日金曜日、午後五時。この時間までリーマン・ブラザーズのトレーディング・ルームは熱気にあふれていた。不景気でこの年はボーナスが支給されないことがわかっていたので、従業員たちはオープン市場で同行の債券を買おうとしていたのである。価格が大幅に下がっていたこの時点で買っておけば、後で売るころには二、三倍にはなっているだろう、と考えたのだ。さあ、ここでテクニカルなことについて簡単に説明しておこう。

リーマン・ブラザーズの債券は、市場で大幅に割り引かれていた。今後五年以内に支払いが行なわれない可能性は四〇パーセントと見積もられていたのである。つまり市場は同社が通常の状態にはないことを嗅ぎつけていたわけだ。しかし明らかに信用が堕ちているにもかかわらず、信用格付け会社はそれを無視するかのように、リーマン・ブラザーズに対して盤石さを示すA評価を維持し続けていた。債券が大幅に割り引かれて取り引きされていることを知った時点で、格付け会社の姿勢に不安を覚える人がいてもおかしくなかったはずだ。実のところ、ウォール街でもっとも定評のあるスタンダード・アンド・プアーズの不可解な行動に人々は困惑を隠せなかった。同社は九月九日にリーマン・ブラザーズに関して発した警告を、同社が破綻した一二日金曜日当日になって撤回していたのである。

いまにも会社が破綻しそうになっているというのに、従業員が支給されないボーナスの埋め合わせをしようとささやかな投機に走った理由は、いまの説明で想像がつくだろう。相場が下落しても、この銀行で働くのが今日で最後になるなどとはだれも思わなかったし、成立していたはずの債券購入の取り引きが翌月曜日にはウォール街の通信システムを介してサイバースペースに呑み込まれ、後には停止状態のオンラインページが残るだけになるなどと想像をめぐらせた者はいなかった。みんなリーマンほどの会社が破綻するはずはない、と信じていたのだ。

きわめて効率的で、先を見通す能力に長けているはずの市場も、最悪の事態を予見できなかった。リーマン・ブラザーズ株はありとあらゆる市場でA評価を受けたまま、破綻の七二時間前まで取り引きされ続け、同行の従業員たちは強気相場に浮かれていた。イタリア人トレーダーのひとりはインタビューのなかで次のように回想している。

上からの命令にそむいて、リーマンから金を引き出し、同行の株を売った人間に対して、リーマンの従業員たちは、『あんたたちのボスがだれかはわかってるんだ。自分たちはこのことを忘れないからな。遅かれ早かれあんたたちには責任をとってもらうことになるだろう』といった調子で電話をかけてきましたよ。(6)

帝国の瓦解が迫っているというのに、国際的な金融機関の取締役たちはなぜトレーディング・ルームに対して、全力で同行の株を守れと指示したのだろうか？　金曜日のリーマン破綻直前、クレディ・スイスは不安に駆られたトレーダー全員に対して電子メールを送り、顧客のポートフォリオにリーマン・ブラザーズ株を残しておくよう指示した。つまり同行の株を売るな、ということだ。この命令の背後でなにが起きていたかが、二〇〇八年八月二二日付のイブニング・スタンダード紙で明らかにされている。

アメリカではＦＲＢがクレディ・スイスに電話をかけ、リーマン・ブラザーズの融資枠を引き上げたかどうかを確認した。苦境に陥ったリーマン・ブラザーズをめぐって当時、飛び交っていたうわさを確認するために電話したのかもしれないが、ウォール街の解釈は異なっていた。ＦＲＢはリーマンを支えるようクレディ・スイスに圧力をかけていたと見ていたのである。同じような要請はロンドン市場でも行なわれていた。イギリス当局はノーザン・ロックやブラッドフォード・アンド・ビングレーを救済すべく、数カ月にわたって懸命な努力を続けていたのである。しかしリーマンを守る見返りがなにかについては、決して明確な形で説明がなされることはなかった。リーマンに忠実であることによってクレディ・スイスはなにを与えられるというのだろうか？　権力者たちもそろそろ無駄な努力は止めて、後はなりゆきにまかせようとしていたころあいではなかったのか？　大手銀行のひとつが窮地に追い詰められるまで、バンカーたちはだれひとりとして、自分たちが西側諸国を大混乱に陥れたことに本当の意味で気づかず、そうなって初めて自分の罪を否認するありさまなのだ。(7)（傍点部分は筆者による）

不条理なようだが、この通りのことが現実に起きていた。市場が故意にリーマン・ブラザーズの問題を無視したのは、そうするよう命じられていたからだ。だからこそ金融業界というタイタニックの乗客たちは、船が沈没しかかっていても、なおも煌々《こうこう》と照明の輝く宴会場で踊り続けたのである。もはや踊っている場合ではなく、救命ボートに飛び移らなければならないことにだれも気づかなかったのだ。

同じように不可解なのは、著名なエコノミストや政治家たちがこぞって一九二九年の大暴落の再来と称するほどの壊滅的な混乱から、金融システムがどうやってこれほど早く立ち直れたかである。暴落の衝撃を吸収したばかりか、第三四半期の利益が過去最高を記録した銀行さえあった。二〇〇八年とは違って、二〇〇九年は不景気ではなかったのだ。

こう述べてきたところで、一体この危機はウォール街にとってどんな意味を持っていたのだろうか、という疑問が生じるのは当然だろう。大衆向けの教訓として描かれ、バーナード・マドフのオフィスの窓の下に、あるいは、かつてのリーマン・ブラザーズ本拠地前に掲げられるべき、寓意に満ちたフレスコ画のようなものにすぎないのだろうか？　あるいはもっとまぎらわしく理解に苦しむような事柄だったのだろうか？　一年以上が経ったいま、これは世紀の金融危機というより、スターリンの粛清のようなものだったのではないか、と思えてくる。なぜならその結果、銀行のいくつかが淘汰され、生き残った銀行は権力を増したからだ。奇妙なことに、危機の被害者となった金融業界のエリートたちは、ウォール街を牛耳る人々からは「独自性がありすぎる」という評価を受けた。

J・P・モルガンが不良資産救済プログラム（TARP）を使って二〇〇八年の春に取得したベアスターンズはまさに「独自性がありすぎる」企業のひとつであった。ベアスターンズはカーライル・キャピタルの破綻後、系列企業にも見捨てられて窮地にあった。一九九八年、ベアスターンズは最初に危機的状況に陥ったヘッジファンドのロング・ターム・キャピタル・マネジメント（LTCM）の救済に参加することを拒否した。その一〇年後に同社みずからが救済される立場になったことと、この出来事とはなにか関連があるに違いないと多くの人々は考えた。(8) しかも、かつて銀行としては世界で第四番目の規模を誇り、信用危機の犠牲者としてその名をとどろかせたリーマン・ブラザーズを運営していたディック・フルドは、ウォール街の同業者に対してあからさまにみずからの優位を鼻にかけているような人間だったのである。

破綻から一年後、リーマン・ブラザーズ救済が失敗にいたる最後の過程を検証したドキュメンタリーが、イギリスでテレビ放映された(9)。そのなかでゴールドマン・サックスの前会長であり、当時、財務長官だったヘンリー・〃ハンク〃・ポールソンは、フルドがいかに頑迷であったかを愚痴っていた。二〇〇八年の夏、自分は何度もフルドを呼び出して、リーマン・ブラザーズの買い手を探すように要請した、とポールソンは語った。しかしフルドは耳を貸そうともせず、破綻の数週間前になっても韓国産業銀行の申し出を値段が安すぎるといって拒絶していた。

ドキュメンタリーからは、ポールソンとフルドが互いを嫌っていることがうかがえた。財務省が主催し、ニューヨーク連邦銀行のオフィスで週末をつぶして開かれた記念すべき会議には、ウォール街のあらゆる大物が参加していたが、フルドひとりは完全にのけ者にされていた。リーマン救済を目的に開催されたこの会議は、バンク・オブ・アメリカがメリルリンチを買収するなど、他行の買収に手を貸す結果に終わった。

リーマン・ブラザーズはゴールドマン・サックスとの関係が悪かったために、高いつけを支払う羽目になった。ポールソンも結局は、国際金融業界の頂点をめぐり「自分の息のかかった」人間たちと当初から角を突き合わせてきた厄介な人物を排除したくて、リーマンを売却するようフルドに圧力をかけたに違いない、と金融業界の多くの人々は感じていた。金融を含め、人間が行なう活動であるかぎりは、やはりその人の本質は重要な役割を果たす。そう考えればこれは妥当な解釈といえる。フルドが頑迷な態度を貫いたのはおそらくは計算があってのことなのだろうし、リーマンの「売却」を渋ったのも、経済はともかく金融業界はすぐに業績を回復するだろうという予測があったからなのだろう。もしフルドが本当にそう考えていたのなら、彼が正しかったことは認めないわけにはいかない。なぜなら破綻から一二カ月後、ゴールドマン・サックスの株と生き残ったすべての銀行の株は二〇〇七年に達成した高値にも迫る勢いを見せていたからだ。そして多くの人々は、もしあのときに救済されていたら、リーマン株も同様の値をつけたに違いないと考えた。

イギリスで放映された前述のドキュメンタリーを見た人々は、アメリカ財務省がリーマン・ブラザーズを見捨てる決断を下すことも、わずか一日後には同じく危険な状態にあったライバル企業の救済に動くことも、フルドは予想だにしていなかったに違いない、という感想を持った。リーマンばかりが過剰に騒ぎ立てられたのは事実だったかもしれないが、同業他社とて当時の状況は似たり寄ったりだった。世界最大の保険会社ＡＩＧは六七〇億ドルの負債を抱え、事実上、債務超過に陥っていた。もしＡＩＧが破綻していたら、ゴールドマン・サックスは三二〇億ドルの赤字に転落し、リーマン・ブラザーズの二の舞になりかねなかったのだが、そうはならなかったのである。

リーマン・ブラザーズが破綻した日、アメリカ財務省は数百億ドルをＡＩＧに投入し、同社の大株主となった。また、その直後には、大手銀行による小規模銀行の取得を奨励すべく、さらに資金を注入した。それからほどなくしてファニーメイ（アメリカ連邦住宅抵当公社）、フレディマック（アメリカ連邦住宅貸付抵当公社）の二大政府系住宅金融機関が監視下に置かれた。この二機関はあわせて一・五兆ドルの住宅ローン関連の有害資産を抱え込んでいた。救済措置は、ＴＡＲＰから拠出された七〇〇〇億ドルと、ＦＲＢにドル発行の許可を与え、政府が適切と見なした銀行に対して資金を注入する量的緩和施策のおかげで可能になったのである。

あの九月の金曜日にリーマンの債券を底値で買っていた従業員でさえも、こんなシナリオになるとは思いもつかなかっただろう。自分たちが危機に直面していることはわかっていても、財務省とＦＲＢが必ず救済に動いてくれるものと確信していたからだ。それまでの二〇年、金融部門でこの種の問題が起きた際には、決まって政府とFRBが問題解決に当たってきたという実績があった。ジョン・フォード（西部劇などで著名なアメリカの映画監督）の西部劇よろしく、危険が迫っても必ず「我らが」ヒーローたちがやってきて、インディアンたちをやっつけてくれるものと思っていたのだ。当局によるこうした介入は、グローバル化社会においてはごく標準的な手法だった。少なくともリーマン・ブラザーズが破綻するまではそうだった。

この「危機」の裏に、もうひとつ別の真実が隠されていることは明らかだ。リーマン救済を検討するはずだった首脳会議では、実際には西側金融業界の序列の見直しが話し合われていた。首脳会議とはいっても、その席にいたのは世界の大国の代表者ではなく、グローバル金融業界の最前線に立つ企業人、すなわち大手アメリカ銀行の代表だった。G8サミットやG20サミットといった主要国首脳会議は、世界をあやつっているのが政治家であるかのように思わせるための、派手派手しい仕掛けにすぎないのだ。真の権力者は実は別にいる。

金融業界の粛清によって金融市場は再編されたが、それが可能となったのは議会とホワイトハウスが財務省とFRBに絶大な権限を与えたからだった。その力をあやつるのはウォール街に桁外れのオフィスをかまえる、選び抜かれた人々だ。彼らは大統領の耳元でなにをどうささやけばいいのか心得ている。彼らエリートたちはわずか数カ月で、西側の金融業界を、ごく少数の企業が絶大な権力を掌握するオリガーキーへと変貌させてしまった。この寡頭制で、以前に比べてずっと競争がゆるやかになった株式市場を運営しているのである。しかもこのゲームのルールを決めるのはもはや政府機関ではなく、ひと握りの銀行だ。しかもこうした銀行は特恵的な利率（ほとんどゼロに近い）で金を借りることができる。ところがそれは不況に苦しむ人々に対して融資を行なうなど、国家に期待された役割を果たすためというより、銀行にとっての収益を増す手段となっているのが実情だ。

こうしたきわめてテクニカルな詳細が実は非常に重要な意味を持つことを理解してもらうには、ふたつの数字を挙げるだけで十分だ。二〇〇八年九月から二〇〇九年八月までに、銀行のスプレッド（銀行が調達する資金の金利と顧客に融資する金利の差＝利ざや）は増加を示していた。企業からすれば流動性を必要とするタイミングで融資を受けようとすると割高となってしまう。これは政府がなんとしてでも回避しようとしていた事態だった。リーマンの破綻前、この数値は〇・八パーセント近辺を維持していたが、一年後になると、金融業界や顧客の動きによって二・八パーセントから三・五パーセントの間を推移するようになった。

利ざやというのは信用創造のかなめだ。銀行は預金を集め、それをあらためて割り当てることで資金と利益を生み出している。そうして生じた利益がふたたび銀行の資本に還元されることで、株式市場での投機活動が増大する。金融危機の最中、銀行の救済を助けた納税者はますますふところが寂しくなったというのに、当の銀行は大衆を踏み台にして、みずからは肥え太っているのである。

二〇〇九年六月付けのローリングストーン誌の記事のなかで、マット・タイビはゴールドマン・サックスのことを、「人間の顔に巻きつき、絶えず血を吸い取っては、金のにおいがするものに注ぎ込んでいく巨大な吸血イカ」[10]と表現した。いくつかの指標は、彼の抱くイメージが実態に近いことを示唆している。二〇〇六年の終わりから二〇〇九年一〇月まで、アメリカ経済全般がこれといった変化を見せていなかったにもかかわらず、ゴールドマン・サックスの帳簿価格（資産から負債を引いたもの）は倍増した。二〇〇九年一〇月の時点で、ダウジョーンズやナスダックなどに代表されるアメリカ市場の平均株価がわずか四〇パーセントしか上がっていないのに対して、同社の時価（株式市場での相場に等しい）は、底値をつけた二〇〇八年一一月より一四〇パーセントも上昇している。ゴールドマン・サックスがアメリカ経済全般と比べて異常なほど好調なのは、この国の経済を食い物にしているからにほかならない。事実、二〇〇九年に、フィナンシャル・タイムズ紙は次のようにレポートしている。「並外れて急激に業績が伸びたこの時期に、ゴールドマンの最強のライバルたちすべてが市場から離れたか、失速してしまった。ライバルが少なければ、企業の儲けは増える」[11]。

二〇〇九年に法外なボーナスが支給されたのは、ゴールドマン・サックスがぼろ儲けをしていたからだった。新たに誕生した金融オリガーキーは、救済策を操作することで利益を手にしていた。要するに、みずからが元凶となった信用危機の恩恵に浴したということだ。奇妙なことに、大手銀行はTARPを含む政府貸付の運営管理をまかされていた。ゴールドマン・サックスはみずからの破綻を食い止めるのに必要な一〇〇億ドルを取り戻そうとアメリカ国債を売り、取り引きをまとめるごとに相当のコミッションをふところにしている。かくして二〇〇九年の最初の九カ月間で、同社の所得の七八パーセントを債券と通貨部門が占めることになった[12]。

同時に、J・P・モルガン、ゴールドマン・サックス、バンク・オブ・アメリカは政府の金を使ってゼネラル・モーターズをはじめ、大手銀行の不品行によって経営難に陥った企業の建て直しをはかった。皮肉なことに、一九九〇年代にアメリカの自動車業界に、スポーツ用多目的車などの高性能車を生産し続けるようアドバイスしたのも、債券や株の販売を引き受け、将来の展望は明るいと説き続けたのも、同じ面々だった。ゼネラル・モーターズらアメリカの自動車大手はまんまと術中にはまり、ロビイストたちが議会に働きかけて金融機関が提案した戦略を了承させたのである。一方、トヨタをはじめとする日本企業は高い省エネ率を誇るハイブリッド車の生産をアメリカではじめた。

銀行は金融部門の再編についても政府に助言を行なった。二〇〇九年に論議された政策はすべて、金融オリガーキーとなった銀行お抱えの法律専門家が了承済みのものばかりだった。大手銀行の勢力範囲外では生産的な活動が行なわれることもなくなり、コンサルタント会社の専門家の出番も減ってしまった。こうして金融業界は大衆を手中におさめた。競争はいまやかつてないほどに少なくなり、世界はのっぺりと平らになるばかりである。

西側よ、永遠なれ!

二〇〇五年、ニューヨーク・タイムズの著名な論説委員トーマス・フリードマンは、著書『フラット化する世界』(伏見威蕃訳、二〇〇六年、日本経済新聞社)を出版した。グローバリーションに対する西側ビジョンを傲慢な調子で要約したこの本は、たちまちベストセラーになった。フリードマンによれば、地球がのっぺりと平たくなることは好ましいのだそうだ。また、この作品のなかでは欧米化と同義にあつかわれているグローバリゼーションが進めば、ベルリンの壁の崩壊以前には富裕な諸国のみが支配してきた政治・経済・金融システムを、すべての国々が活用できるようになるという。文明同士を隔てるあらゆる壁は、通信や輸送手段の発達、金融業界で生じる革命的な変化、ファーストフードやグーグルなどの普及によって破壊され、地球村の住人は冷戦の勝者たる西側のモデルにしたがうことになる。フリードマンの説くモデルは、ネオリベラル主義の原則と西側式の民主主義から誕生した。もちろん資本主義にとって好都合なモデルであることは言うまでもないだろう。

ウォール街はつねに平たい地球を夢見てきた。一九九〇年代に進んだ非ローカル化を受け、アメリカ企業は母国に比べて労働コストをごくわずかに抑えられるアジアに工場を移転させた。時を同じくして、利率、つまり、資金調達にかかるコストも下がった。このふたつの現象のおかげで、製造コストはあるときを境にまたたくまに縮小していった。

コストが下がったことで、企業は低価格で製品を売ることができるようになり、その結果、競争力も増した。融資も低利で行なわれたため、国内消費をうながすことになった。人々が消費すればするほどGDPも株価も上がり、ウォール街の指標はかつてないほどの水準にまで上昇した。一九九〇年代初めから二〇〇八年九月の大暴落まで、ダウジョーンズは上昇の一途をたどった。非ローカル化は経済の聖杯、つまり究極目標となった。経済が成熟すればいずれ直面する資本主義の限界を非ローカル化によって取り除くことができるからだ。だが残念なことに、それははかない夢にすぎなかった。

マルクスは『資本論』のなかで、資本主義者の利益は人的労働から生じると述べた。ただし、彼はそれを「生ける」人間の労働と定義している。人的労働から生じた余剰価値は労働者に支払われることなく利益となる。しかし人的資本にとって代わる機械は同様の余剰価値を生まない。この論理にしたがえば利益率、すなわち投下した資本に対して得られるリターンの割合は、できるだけ多くの人的労働力を雇用し、導入する機械を少なくすればそれだけ高まることになる。産業革命期の人的労働の価値は過去一〇〇年と比較して、無限大といえるほど大きかった。

簡単に言うと、工業技術の進歩と機械化によって、余剰価値は減少し、利益も減った。それがマルクスの説く「利潤率の傾向的低下」の意味するところである。[13] 資本主義にはどうしても限界があるため、やがて機械が人手に代わるようになっていった。

戦後、世界各地でひとり当たりGDPの成長率が下がると、マルクスの予言が正しかったことが明らかになる。一九五〇年から一九七三年までの水準に比べて、一九七三年から二〇〇三年までの間に指標は半減した。中国を除外すれば、過去と現在の差はさらに広がるだろう。ベルリンの壁が崩壊し、非ローカル化が進んでも、この流れが変化することはなかった。一九六〇年から一九七〇年までは世界全体のGDP成長率が四パーセントを切ることはなかったが、一九九〇年代は四パーセント以下にとどまった。新たな富を生み出してくれたかに思われた非ローカル化だったが、それは幻想にすぎなかったのである。利益が伸びたのは低利融資のおかげだったのだ。

GDP成長の落ち込みが特に強く感じられたのはヨーロッパだった。復興後の一九五〇年代、利益率は下がる一方だった。一九六〇年代初めから二〇〇〇年にかけて、ドイツ、フランス、イタリアでは利益率が半減した。二〇〇九年の年度末報告のなかで、イタリア銀行総裁マリオ・ドラギは経済成長が低調であることを認めている。この二〇年間、イタリアの生産性は停滞しており、投資、賃金、消費のすべてが低迷する一方で、税金は高水準にとどまっていた。

地球村を牽引してきたアメリカでも、マルクスの予言が的中した。一九四〇年以降、税金差し引き前の事業収益は、平均するとつねに減少傾向にあった。ではウォール街の指標はなにを基盤に上昇を続けているのだろうか？　金融バブルである。株価も債券価格も、グローバル化し、寡占状態となった金融業界で絶えず繰り広げられる取り引きゲームのなかでは上昇していく。

新たな魔術師たち

トーマス・フリードマンによると、西側企業とアジアの労働力との間に築かれた相互依存の関係は、双方の地域経済を画一化する。両地域間には差がなくなり、資本や労働力といった生産要素を両極にそなえた、空想上の直線に沿って並ぶようになるという。実際、アメリカと中国を比較してみると、この二〇年で両者の格差が目に見えて縮まっていることに気づかされる。中国経済は、当初直面していた不利な状況をほとんど克服することができたのだ。

経済にたずさわる新しい魔術師たち（専門家、ジャーナリスト、セレブ政治家など、経済がひと握りの金融指標にすぎないかのような印象を世間に与える人々）は、画一化を世界経済の安定化に向けた大きな前進と見なしている。しかし、本当にそうなのだろうか？

多様性を打ち壊すことが発展途上国の成長に寄与し、先進諸国間でも格差が生じなくなるのだろうか？

イラクとアフガニスタンへの「民主主義の輸出」は悲惨な結末に終わり、二国が帰属する地域全体がいっそう不安定になった。アジアでは非ローカル化による生産を行なった結果、偽ブランド品製造産業が誕生した。世界を平らにしようとする努力がうまく実を結ばず、逆に西側の経済優位をおびやかす、おそろしいメカニズムが働くようになってしまったらどうするのだろう？　世界は平らになるどころか、銀河系のように多極的な未来があらわれることになるかもしれない。そこでは新旧の大国のまわりを、軌道内に引き入れられた小国が動きまわるのだ。この問題については、アフリカにおける中国の影響力を検証した第18章と19章で詳しく見ていくことにしよう。

ここでは国内で実施された非ローカル化がどのような影響をおよぼすのかに焦点をしぼっていく。先ほど紹介した『フラット化する世界』には、二〇〇五年時点の世界、つまり信用危機が勃発する三年前のことが書かれている。数ページ読み返しただけで、民主国の市民のナイーブさと愚かさを痛感せずにはいられない。自分たちが生きる時代とは縁のない、遠い過去の話なのではないかと思ってしまうのだ。

壁を何面か取り壊し、国際金融機関に貯金を預け、ひるがえる星条旗のもとで地球を平らにしさえすれば、もっと公正な社会が築けるなどと私たちは本気で考えていたのだろうか？　冷戦は二〇年前に終わったが、その後、賞賛に値するような経済上の相互関係はひとつも実現していない。西側では賃金が急激に下落し、失業率も跳ね上がるばかりで、フリードマンが主張するように、生産要素が同一線上に並ぶにはいたっていない。

労働経済学者でハーバード大学教授のリチャード・フリーマンによれば、ベルリンの壁が崩壊して以後、非ローカル化が進み、世界の労働人口は倍増したという。[14]インターネットが普及したおかげで、ナイジェリアの放射線学者がボストン在住の患者のX線写真を分析し、診断結果を送ることが可能になった。コストもマサチューセッツ州在住の同業者に比べれば、ほんのわずかで済む。東ヨーロッパ諸国やアジア、あるいは世界の他地域からの攻勢に太刀打ちしようと思うなら、アメリカやヨーロッパの労働者も賃金を引き下げざるを得なくなる。世界がもし今後も平坦になっていくのであれば、西側諸国の家計の富は目減りすることになる。アメリカの統計によれば、同国では過去一〇年間に、家計の富は一五パーセントも減少したという。[15]

しかも非ローカル化の結果、各地のコストが下がるとしても、製品やサービスの質までもが低下するとはかぎらない。たとえばあるアメリカのヘッジファンドが国内の社会傾向について研究してくれそうな人間を求めているとする。アメリカ人ではなく、同じスキルを有するフィリピン人のアナリストを雇えば、支払う金額はずっと安くて済む。先ほどのボストンの診療所やアメリカのヘッジファンド、あるいはナイジェリアの放射線学者やフィリピンのアナリストの事例からもわかるように、西側の生産システムが分割され、特定の職業が非ローカル化されることで、だれかが富を獲得し、だれかがそれを失うのであれば、西側は競争力の点においても負けている、ということだ。このことから、なぜ非ローカル化によって中国は奇跡の経済成長を遂げ、ヨーロッパは反対に悲劇的状況に陥るのかが理解できる。

フリーマンは、賃金の低い国々と高い国々が同じレベルになるまでには――たとえば、ナイジェリアの放射線学者とアメリカ人の同業者の報酬が同じになるまでには――あと三〇年はかかるだろうと述べている。[16] その間、アジアや世界中の競争はいっそう熾烈となり、西側の労働者たちはますます貧しくなっていくことだろう。人口動態上の変化でさえも西側諸国には不利に働く。西側の労働力に質の点でひけをとらないインドと中国の労働力の割合が、「わずか」一〇パーセントにすぎないとしても、その数はアメリカの全労働力を上まわる二億人に相当する。それだけの人が世界の労働市場に加わりつつあるのだ。このように、数値には重要な意味があることを中国の人々はよく理解している。ところが西側の政治家たちときたら、数字が出ていてもそれにどう対処していいのか、まったくわかっていないらしい。

第7章

略奪する金融ネオリベラル主義

アメリカ初のヘッジファンドであり、一九九八年に過剰なレバレッジが原因で破綻したロング・ターム・キャピタル・マネジメント（ＬＴＣＭ）の創設者ジョン・メリウェザーは二〇〇九年一〇月末、第三のファンドを設立したと発表した。ちなみに彼が立ち上げた二番目のファンド、ＪＷＭパートナーズは、設立当初に顧客から募って行なった投資額の四四パーセント相当の損失を出して破綻している。

メリウェザーが新たに手にしたおもちゃは、驚いたことに、相対価値アービトラージ戦略という定量分析、つまり市場の動きを歴史データにもとづいて予測する経済モデルを採用したヘッジファンドだった。ＬＴＣＭもＪＷＭパートナーズも使っていたこの手法では、歴史的に見て価格はサイクルにしたがうという原則にもとづいて予測を行なうわけだが、メリウェザーのような人々のキャリアも、同じようなサイクルをたどっているように思われる。危機に見舞われようが、投資銀行家たちのふるまいが批判されようが、さかりを過ぎてなお、憎まれっ子世にはばかるを地で行くのが彼らなのだ。

あらゆるデリバティブの源とも言えるオプション価格決定モデルの研究で、ノーベル経済学賞を受賞したマイロン・ショールズは、相対価値アービトラージ戦略は「世界中の金を吸い込む」掃除機のようなものだ、と述べている。[1] この手法は市場が混乱しているとき、金融業界の言い方を借りれば「ディスロケーテド（dislocated）」の際に、特に効果がある。二〇〇九年の終わりも、政府が実施した銀行やヘッジファンドの救済策を通じて、つねに流動性がもたらされたことで、市場は混乱状態にあった。ただしすでに述べたように、流動性を増した資金が一般の人々に融資という形で提供されることはなかった。銀行は直接手元に流れ込んでくる金を、市場でプレーするために使った。新たな金融バブルはこうして形成されていくのである。

メリウェザーは自分の経済モデルを使って、ひとつの行動が別の行動へと変化する際の価格の変則的な関係性について明らかにしようとした。たとえば、フォルクスワーゲンやＢＭＷ、ポルシェの価格がまったく正反対の動きを示したとする。だが歴史データ上は同じような動き方をしているならば、いずれこうした値動きも過去のデータに沿うような動きに戻るという予測が立つ。この複雑な数学的フォーミュラを当てはめて分析を行なえば、変化が起きる正確な時期も明らかにできる。ここまできてしまえば金は簡単に稼げる。分析にもとづいて投機をすれば事足りるからだ。

市場が混乱の最中にあれば、値動きは人間の感情によって左右されるので、相対価値アービトラージ戦略はつねに潤沢な利益を生み出してくれる。しかしやがて本物のデータである、ファンダメンタル要因（企業業績や経済動向など、金融市場に影響する根本的な要因）の影響が圧倒的に強くなる。二〇〇八年の危機前までは、どの銀行もこぞってこの戦略を用いていたが、いまはもう使われていない。この手法に通じた従業員の多くが解雇されたこともあるが、危機が一番深刻だったときに相対価値アービトラージ自体がまったく機能しなかったことが大きい。以前に比べれば今日の市場競争はずっとゆるやかになり、金儲けのチャンスはかつてないほど増えている。本当の意味での競争がないいま、投機的動きが増え、金融市場の流動性が高まったことで流れ込んでくる資金の大半を、メリウェザーが掃除機さながらに吸いとっていくことになるのだろう。

相対価値アービトラージ戦略にも落とし穴はある。市場が崩壊する際には必ず起きる現象で、利益が簡単に損失に転じかねないという点だ。パニックがあらゆる株式市場に広がって、市場が関係者の感情の動きに支配されるようになれば、値動きも歴史データから完全に乖離してしまう。しかしもちろんメリウェザーはこの問題を熟知している。というのも過去に二度、みずからそれを体験しているからだ。しかし一度ならず、二度までも痛い思いをしたはずの人物がまたしても投機活動に復帰したのだから、いま本書で説明したようなことも大した支障にはなっていないからなのだろう。それはなぜなのだろうか？　適正な金融規制がないからだ。

金融は平たい

本当の意味で、しかも電光石火のごとく、平らになった分野が世界にあるとしたら、それは金融部門である。世界各地の生産コストが同じような水準に収束し、西側の賃金がこれ以上は下がりようがないという最低水準に達するには三〇年はかかるかもしれないが、金融コストが世界全体でほぼ同一レベルになるのにはわずか二年ほどしかかからなかった。これは規制緩和がもたらした、驚くべき効果のひとつだった。

ルーブル危機というのは、次章で見るように、アジアの金融危機と同様、信用危機のリハーサルのようなものだった。ルーブル危機はアジア金融危機の余波で生じたと一般には考えられているが、ロシア経済が完全なカオスに陥ったのは、商品価格の下落と、ルーブルへの野放図な投機が原因だった。ちなみにロシア政府は社会不安が起きないよう、ルーブルを人為的に高レベルに保っていた。

三つの危機はいずれも、いまや新たな金融オリガーキーとなった大手銀行が起こした投機バブルによってもたらされた。西側の大手銀行はニューヨークであろうが、モスクワ、クアラルンプールであろうが、どこへでも出かけていった。利益はリスクと表裏一体の関係にあるという見方からすれば、モスクワやクアラルンプールなどのいわゆる新興市場は、もっともリスクが高いだけに、もっとも魅力的な市場となっていた。

ベルリンの壁の崩壊後、非ローカル化によってもたらされる不均衡に連動する形で、危機が頻発するようになった。[2] 富が増大する新興経済では貯蓄が増えたが、国内の金融システムはその資金を吸収できるほど発達してはいなかった。その結果、蓄積された富は西側へと流れ込んだ。インドや中国、インドネシアの人々は自国企業には投資せず、ＩＢＭやグーグル、インテルといった西側諸国の企業の株や債券を買った。こうした株がつねに買われるようになると、相場も上がっていった。したがって産業界の収益は減っても、ウォール街の指標は上がっていった。

異常なまでの流動資金の大波を取り仕切ったのは西側の金融業界だった。なんら国家による統制を受けることもなく、しばしばとんでもないリスクをとっては、みずからの利益を追求したのである。この異常な状態は実はいまなお続いている。株式指数の上昇が経済指標を押し上げ、不況は終わったことを示唆する一方で、収益率は減少の一途をたどっており、いまも不況は続いているというメッセージを発している。均衡を欠いたこの状態は、富裕国で貯蓄が増え、新興市場の市民に西側と同じような投資チャンスが与えられるなど、金融システムがふたたび均衡状態を取り戻すまで続くことになるだろう。そうなればメリウェザーも、過剰な流動性に乗じて、機械仕掛けの計量経済モデルにしたがい、投機を行なうことはできなくなる。

プロセスに違いこそあれ、あらゆる危機においてつけを支払わされるのが納税者であることに変わりはない。一九九〇年代初めのルーブル危機でロシア経済は不況に陥り、雇用にも、多くの人々の生活にも甚大な影響がおよんだ。アジア市場の危機によって、アジア大陸全域の経済成長は突然ストップしてしまい、インドネシア、タイ、中国をはじめとする各地で社会的緊張も生じた。いま、不況に見舞われた世界で日々、私たちは政府赤字や失業、消費の減少、経済の低迷、いっそう厳しくなった財政状況などの影響を、身をもって味わっている。しかし不況をもたらした張本人である大手国際銀行のどれひとつとして、私たち個人が負担させられている高いつけを支払うことはない。なぜなのか、と問いかけてみようではないか。西側の民主諸国が過去二〇年に築いた金融業界との複雑な関係に目を向ければ、その原因の一端が見えてくるかもしれない。金融業界との関係は、ときに共生的でもあり、ときに排他的でもあった。そしてこの関係がネオリベラル主義モデルを適用するに当たっての条件設定を行ない、モデル自体を根底から変えてしまった。

アメリカ財務省など、政府の金融・経済機関をつかさどるのは、ゴールドマン・サックス出身のハンク・ポールソンのようにかつてのウォール街の銀行家であることが多い。ヨーロッパも同様で、たとえばイタリア銀行総裁に任命されたマリオ・ドラギもゴールドマン・サックス出身者である。つまり彼らはかつて、いまやコントロールの対象となったエリート機関の一員として、相当の報酬を得ていたということだ。

西側の行政機関の専門家は、民間部門で輝かしいキャリアを積んできた。顧客や市民の目には、最高の人材であることを保証する基準と見て間違いはないように映る。ところがそうではないのである。第

13章で述べるように、ロナルド・レーガン政権時代以降、西側の国家を運営するには、絶えず民間部門に頼らざるを得なくなっている。そのために、専門家たちは政府から民間企業へ、あるいは民間企業から政府へと、回転扉さながらにポジションを移動するようになっていった。

金融業界と政界の排他的な関係性から生じた影響のなかでも、もっとも深刻なのが、収益と金融リスクが結びついてしまったことだ。その結果、金融リスクは市場の法則を反映する代わりに、エリート同士の個人的な関係を映し出すようになった。二〇〇八年の春、ファニーメイとフレディマックが救済される前に、経営状態の分析を担当したアメリカ議会の委員会にいたっては、二機関の健全さを称えたのである。マキシン・ウォーターズ下院議員は次のように述べている。「いく度となくヒアリングを行ない、まだ機能不全には陥っていない部門を立て直そうと、我々は真っ向から取り組んだ。議長、フレディマックは危機的状況にはなく、ファニーメイはフランクリン・レインズの卓越したリーダーシップ下に置かれている[3]」。

つまり私たちは国民の代表者による民主主義ではなく、オリガーキー、つまりひと握りの権力者の視点に立ってこうした事実をあらためて検証しなければならない、ということだ。二〇〇三年から二〇〇八年の間に、ゴールドマン・サックスはAIGのロンドン法人に対し、銀行が債務不履行に陥るリスクを対象とした金融派生商品クレジット・デフォルト・スワップ（CDS）を、自己資本の数倍相当額、発行するよう助言していた。その結果、帳簿の借り方と貸し方のバランスが許容限度を超えることになったが、それでもイギリス財務省に見咎められることはなかった。二〇〇一年から二〇〇七年の間に、ファニーメイとフレディマックが自己資本の三〇倍もの融資を行なっていたからこそアメリカ経済は危機に陥ったわけだが、ホワイトハウスも議会も二機関の過剰融資に対してなんの関心も抱こうとしなかった。

アメリカでもっとも著名なエコノミストでさえ、二機関が担う巨額の負債がシステム全体におよぼしかねないリスクを警戒しようとはしなかった。二〇〇二年、ノーベル経済学賞を受賞したジョセフ・E・スティグリッツ、ジョナサン・オルザグとピーター・オルザグは連名で「ファニーメイとフレディマックが提示した新たなリスクにもとづく資本基準が意味するもの」という研究結果を発表した。そのなかで彼らはアメリカ政府が債務超過に陥るリスクは実質的にゼロであると表明している。(4)

イタリアの投資会社カイロス・パートナーズSGRで国際顧客部門のマネジャーを務めるパオロ・トシは、問題はリスクが販売商品へと転換されたことにあったとして、インタビューで次のように述べている。

一九九九年ごろのことだったでしょうか。イタリアでは私は国の保険機関の投資決定プロセスを根底から変えた人物としてメディアに注目されていたので、だれもかれもが私と話をしたがりました。礼儀正しい都市銀行家の姿をした大勢のハイエナたち、たった一年の報酬でポルシェやサウス・ケンジントンの家を買えるような連中がやってきたのです。そのひとりが『パオロ、君も変動性を買うべきだな』と言ったんです。私はすっかり面食らってしまい、『つまりそれは、変動性が売られているってことなのかい?』と応じるのが精一杯でした。相手は『もちろんさ。ちょうどいまセール価格で売り出し中だよ』と答えました。しかし、テレビやソファのような実体ではなく、形のないもの、この世で一番実体のないものを話題にしているのだということをきちんと認識するには、はるかに少しばかり時間がかかりました。幽霊を買うのに金を借りてはどうかと言われたほうが、実体経済に近い話に感じられたことでしょう。ところがいまの自分ときたら、なんの迷いもなく変動性を売り買いしているんですよ。正直、家に戻ると、不安を感じます。夜な夜な、足場のジョイントに使われるボルトを生産している自分の姿が浮かんでくるんですよ。(5)

つまりグローバル化された経済モデルのなかで、変動性を売り、それで生計を立てるという明らかに不条理な行動は、国家にも承認されているという理由で正当化されたのだった。国家は、信用危機のような極端な状況にいたる可能性を含む、あらゆるリスクを引き受けることを前提として金融活動をうながすものと考えられていたからだ。したがって二〇〇八年の秋には、ＡＩＧも、ファニーメイも、フレディマックも破綻することはなかった。だがこの三者の有害資産や負債によって、アメリカの赤字はさらに膨らんだのである。

「大きすぎてつぶせない」というロジックは、基盤のもろい巨大機構をなんとしてでも支えないかぎり、破綻がもたらす衝撃がシステム全体を危険にさらしかねないことを意味していた。結局、危機から一年以上を経ても、過剰融資を行なう機構に対して、その責任能力に見合った許容限度を設定するといった措置はなんら講じられることはなかった。措置を講じようとする試みはすべて、政府と民間部門を自由に行き来するエリートによって妨害されたのである。二〇〇九年一一月のＧ20サミットで、イギリスのゴードン・ブラウン首相は、銀行の配当金に課税し、報酬に制限を設けるべきだとの提言を行なったが、その後なんの進展も見られない。それどころか三番目のヘッジファンドを立ち上げたジョン・メリウェザーの例を見てもわかるように、金融機関は破綻したとしても、まるで不死鳥のようにみずからの灰のなかで生まれ変わるのである。

もはや見えざる手ではない

一七七六年に出版された傑作『国富論』のなかで、アダム・スミスは、最小のリスクで利益を最大化しようとする個人の利己的な衝動が導く見えざる手の働きで市場は抑制される、と説いた。人間の本質と完全に一致する、道理にかなったふるまいだと彼は述べたのである。

マルクスやデヴィッド・リカードと同じく、アダム・スミスも、社会の中心にいるのは個人であって、家計や集団ではない、という前提のもとに議論を進めた。これはイギリスの哲学者トーマス・ホッブズが表現したような、弱肉強食の無法のジャングルさながらの状況に対して、国家は保護する役割を果たすと見なす、西側哲学を通じてつちかわれたビジョンである。

西側の哲学者やエコノミストたちから見れば、人間の本能は昆虫よりも捕食性動物に近い。だが人間が生存していくためには共同体を必要とする。中国と西側のように、人々を分かち、ときに対立の原因ともなる文化的相違の根底には、こうしたシンプルな人間相互の作用がある。次章で見るように、それは西側諸国とイスラム世界を大きく隔てるものでもある。

アダム・スミスによれば、個人の利己的な行動の総計が共同体を豊かにするという。そしてこれこそが、さかんに賞賛されてきた「市場の魔術」なのである。最小のリスクをとり、みずからの利益のみを追求すれば、最小のリスクで最大の利益をもたらす投資に対して、資源のもっとも効率的な配分が実現されることになる。規制緩和はこれを前提として行なわれ、世界金融というグローバルな規模に適用されたのであった。この前提にしたがうならば、国家は、市場が競争を通じてみずからの均衡点を発見するにまかせなければならないのである。

　市場への盲信は、道理にかなっているはずの、この前提から生じた。二〇〇五年、規制緩和支持陣営の中心的な理論家だったＦＲＢ前議長のアラン・グリーンスパンは、アダム・スミスを称える記念講演のなかで、次のように述べている。

> いまの経済決定のほとんどは、個人はみずからの合理的な利益にしたがって行動するという前提にもとづいてなされている。そうでなければ、経済変数（国民所得や市場価格のように経済量の大きさを示すもの）は、いま我々が目にしているよりもはるかに大きく揺れ動くことになるだろう。みずからの合理的な利益にしたがうという前提がなければ、古典経済学の需要と供給のカーブが交わることもなく、価格が市場によって決定されることもなくなる。たとえば、アダム・スミスの説く見えざる手の国際版とでも言うべきものの導きなくしては、膨大な国際取引が行なわれるなかで、我々が日々経験するような相応の経済的安定がもたらされ得るなどとは、想像だにできないのである。[6]

　現実にはグリーンスパンの言う経済の安定は、西側の巨大金融機関にしか当てはまらない。小さな魚は金融危機という大波によって流されていってしまうからだ。アジアやアルゼンチン、アイスランドの銀行はそれを思い知らされることになった。「市場の魔術」は、アメリカのＦＲＢが行なうデフレ金融政策には大いに関係があるかもしれないが、アダム・スミスの言う市場の見えざる手の働きには、まったくと言っていいほどかかわりがない。

　西側諸国は危機に人々がどう対応するかを目の当たりにした。政府は危機をもたらした元凶たる銀行や金融機関が破綻しないよう、利率を引き下げた。これは市場を存続させるためだけの受け身の措置などではなく、西側資本を利するための積極的な手法である。ベルリンの壁の崩壊に際してとった金融政策は、ヨーロッパやアメリカの金融機関が牛耳る市場の主要分野の機能にまで影響を与えるような介入性の強いものだった。とんでもなく危険なやり方ではあったが、ネオリベラル主義的モデルによってとり返しのつかないほどに汚染されたアプローチを、なんとしてでも成功させようとして採用されたのだった。利率の引き下げによって、過剰なリスクをとり、あるいは市場のロジックに反するふるまいをした銀行までもが支援を受ける一方、こうした金融機関によって投機バブルの対象とされた当の国々は、そのつけを支払わされることになる。それがロシアやアジア数カ国、アルゼンチン（二〇〇一年に国家破綻した）であり、二〇〇八年にはアイスランドも同じような災禍に見舞われた。

今日、私たちは従来の経済理論からすれば未知の領域に足を踏み入れている。いま実践されている手法の結果を予測した経済理論は存在せず、しかも手法そのものがあまりにも差別的にすぎる。こうした行動はネオリベラル主義モデルによって説明のつくものではない。なぜならネオリベラル主義モデルは、逆に過剰なリスクをとる者を厳しく罰するからだ。したがって、西側経済と関連機関が、この二〇年間にアダム・スミスの教えを守ってきたと言っては正しくないことになる。それどころか、あらゆる壁を取り払い、世界を平らにすることで、見かけ倒しのネオリベラル主義経済モデルの輸出をせっせとようがすという、まったく逆のことをやってきたのだ。しかもこのモデルはエリートを利する一方で、略奪的な性質を秘めていた。

政界との交流を通して、金融業界はオリガーキーとしての傾向を強めた。しかしそれは二一世紀に入って国家権力がむしばまれていったからこそ可能になった。事実、過去にも似たような現象があり、最終的に一九二九年の危機に発展した。つまりグローバリゼーションによって同じ現象が再現された、ということだ。

社会契約の見直しを迫ったルーズベルト

一九二九年の危機も、今日と同じく経済がきわめて不安定な時期に勃発した。リベラル主義システムに最初のほころびが生じたのはさらにその四〇年前のことだったが、状況が悪化した原因はいまと同じで、アダム・スミスのモデルを都合よく解釈したことにあった。

卓越した存在である市場によって十分な抑制機能が働くからという理由で、国家は経済に干渉すべきではないと唱えたのが、一九世紀の経済的自由主義であった。事実、アダム・スミスはイギリス経済が特に好調だった時期にこの原則を発表している。当時は金本位制をはじめ、一連の偶然による例外的な条件に恵まれていたこともあって、イギリス市場では自己統制機能が働いていた。スミスにもそれはよくわかっていた。だからこそ『国富論』のなかで、見えざる手が市場を濫用しかねない危険性を警告したのである。彼自身はむしろ人間の才覚のほうを信頼していたのだ。一方、経済的自由主義はアダム・スミスの「市場は無謬である」という理論を基本としていた。一九世紀の終わりになると、その理論が発展して自由放任政策が展開されていくようになる。アダム・スミスの主張は正しく、そむくべからざる法と見なされ、リベラル主義は「自己統制的な市場を通じてこそ、人間は現世において救われる」と説く教義へと変わったのだった。(7)

二〇世紀の最初の三〇年間が悲惨だったのは、ひとえにこの経済モデルが機能しなかったからだ。国家が干渉しなくなると、少数のエリート階級は経済・金融システムを、みずからを利するようなやり方で運営する傾向を強め、その結果、富がエリート層に集中した。現在もアメリカの人口の一パーセントが同国の富の四分の一を握っているのだから、まさに当時と同じような状況にあるわけだ。当時は、最終的に危険きわまりない金融危機に発展し、第一次世界大戦の直前に固定為替相場制度が崩壊するまで危機は続いた。そして当時もいまと同じく、経済システムが略奪的なふるまいを見せていたのである。

マルクスの予測に反して、一九三〇年代に経済的自由主義に対する信頼が失われたのは、みずからの排他的な利益を追求し、生産手段を搾取する資本主義者に対して、西側の労働者階級が反抗したからではなかった。中産階級、企業家、銀行やビジネスマンをはじめ、不安定な経済によって利益がおびやかされるすべての人々が強く結びついたためだったのである。このような結びつきは第一次世界大戦が勃発し、リベラル主義システムに回帰しようとする必死の試みが失敗するなかで生じた。しかし金本位制をはじめとする古いシステムの基盤を回復できないことが次第に明らかになる過程で、変化を望む気運は急激に高まった。さまざまな試みが行なわれても、それが失敗するごとに金融システムの腐食はさらに進み、競争力は衰えていったのである。(8)

このように一九二九年の危機は、それに先立つ四〇年間で、リベラル主義モデルにほころびが生じたために起きた。だからこそ当時アメリカ大統領に就任したフランクリン・D・ルーズベルトは過去とは正反対の、新しい経済ドクトリンに徹頭徹尾こだわったのだ。それまでの四〇年間にわたる政治・経済論争を通じて、従来とは異なる世界ビジョンが形成されつつあった。そうした状況のなかで、ジョン・メイナード・ケインズのような人々がはぐくまれていったのだ。そして今日、ふたたび新しいモデルが、ネオリベラル主義システムのほころびのなかから誕生しようとしている。新たなモデルの形成にかかわる人々は、ネオリベラル主義に代わり得るシステムを関心をもって見つめている。もちろん代替システムとは、他諸国が平らになろうと、みずからはその動きに対抗するモデル、すなわち中国であり、イスラム金融である。

ルーズベルトもまた経済不安が続く歳月のなかで、政治家となった。権力の座に就いたとき、彼は過剰な個人主義こそが大恐慌を引き起こしたと確信していた。そのため、慈悲深い政府を経済の中心にすえ、個人や法人の利己的なふるまいに代えて、分別ある、社会的な行動をうながした。新大統領はアメリカの社会契約の条件について、あらためて交渉をし直した。かつて建国の父は国家を、個人の自然的、政治的権利を保護する存在としたが、ルーズベルトが手がけた変革の結果、国家はそれにとどまらない存在となった。実際、危険なのは暴政ではなく、「経済エリート集団」がふるう、ひそかな非公式権力だったからだ。

新たに姿をあらわした内なる敵に直面したことで、政府権力も変わることを余儀なくされた。解決すべき社会問題が無限にあるときに、政府権限を制限するわけにはいかなかったのだ。一九三〇年代のアメリカといえば、一杯のスープを支給してくれるよう政府に求めるおびただしい数の失業者たち、そしてアメリカの金融権力の中枢であるウォール街のビルの窓から身を躍らせて、飛び降り自殺する人々の姿が思い浮かぶ。政府は自由の概念をあらためて定義し直した。するとそれは経済的権利を守ることに結びつくようになった。つまり人間にとって必要なもの、という意味合いを帯びるようになったのだった。

「窮乏した人間は自由ではない」とルーズベルトは述べている。(9) 改革開放政策を打ち出した中国の鄧小平も、同じことを考えていた。

結局、西側で現実に適用された経済システムは、「自由放任主義」とルーズベルトの「福祉国家」、つまりリベラル主義とケインジアン・モデルのみである。ソ連のシステムでさえも、国家が経済システムにとって代わり、個人の生活を丸ごと管理するにいたるほどに福祉的な側面が拡大されており、実際には後者のカテゴリーに属していたといえるだろう。しかしここで私たちはまたしても、特権的なエリート層が形成されるのを目の当たりにすることになった。システムを十二分に活用するすべに通じた個人やエリート層は、ケインジアン・モデルに夢中になった。リベラル主義とネオリベラル主義が、経済が拡大する局面で成功をおさめ、個人に最大限の自由を保障するものだとすれば、ケインジアン・モデルは経済が危機に遭遇するたびに、エリート層がおかした過ちから個人を保護する段階へと私たちを連れ戻す。

「自由市場」というレトリックのベールをはぎとることで、西側諸国はそこにひそむ矛盾を明らかにした。一九世紀的なイデオロギーの上では敵対している西側の資本主義とソ連の共産主義だが、その根底には似たような現実と経済構造があり、同じような過ちが隠されている。代わりとなる真のモデルは、一体どこに求めればいいのだろうか？　それではイスラム金融と中国のマルクス主義を検証しに、東側へと向かうことにしよう。

第8章 団結こそ力なり

二〇〇九年九月、イタリアのトーク番組「ポルタ・ア・ポルタ」は国内のイスラム教徒の習慣と伝統にまつわる特集を放映した。番組のホスト役を務めるブルーノ・ヴェスパはミラノに在住する一八歳のイスラム女性にインタビューを行なった。そのなかで彼はいく度となく、どうして夜、外出してパーティーに行かないのか、と質問した。すると彼女は、午後一一時から午前四時の間にそんな行動をとることが正しいとは思えないし、両親がこうした「西側」的なふるまいを禁じるのはもっともだと思う、と述べた。聞き手となったジャーナリストは、友人としてこのうら若き女性に感情を吐露してほしいとの思いから取材に臨んでいたが、相手は予想とは正反対の反応を示した。理性で納得したうえで、彼女は西側の人々からすれば時代遅れにしか思えないライフスタイルを弁護したのだ。しかも西側の人間の感じ方をネガティブにとらえることとすらなかった。この番組を見た人はきっと、この若いゲストは西側の人間の意見にはさほど興味がないらしい、といった印象を受けたに違いない。

ベルリンの壁の崩壊後、ヨーロッパは多民族社会となったが、イスラム教徒たちは完全な欧米化を避けるため、行動を規定するさまざまな見えない壁を築いた。ところが文化的相違に不安に感じる西側の大衆は、壁など取り壊してしまいたいと考える。平たくなった世界で、新聞紙面を埋め尽くす暴力事件の根底には、壁を築くこと自体がばかげているという思いだけでなく、壁を築こうとする相手がうさんくさく見えるといった、基本的な考え方の違いがあるらしい。

経済は社会を映し出す鏡である。世界を見まわしてみると、金融危機の嵐が吹き荒れても、一番被害が少なかったのは、「壁」に守られて平らにならなかったふたつの領域、中国経済とイスラム金融だったことがわかる。この二〇年間、このふたつが存続してこられたのは文化や歴史、宗教といった、ずっと以前に祖先たちが築きあげたもののおかげだった。彼らの社会がほかと違うのは、古い価値観、そして平らではなく丸い地球をいまなお受け入れる文化ゆえなのだろう。彼らの要求にしたがってみずから適応せざるを得なくなったのは資本主義の側であって、その逆ではなかったのだ。

代替的グローバリゼーション

オランダの人類学者ヘールト・ホフステードは、国の文化が組織文化にどれほど影響するかをはかる枠組みを考案した。この枠組みによると、国の文化価値と、グローバル化された経済、ビジネス界は結びついている。西側モデルには多様な人間が存在するが、イスラム教徒たちは、異文化をおそれはしないものの、基本的に異質なものとは同化したがらないことがわかる。西側に生きるイスラム教徒たちが、他者と平和のうちに共存しようとすれば、結果として「ポルタ・ア・ポルタ」に登場した一八歳の女性が、典型的「西側」行動に対して示したような、容認しながらも無関心という姿勢となってあらわれるのだ。

ホフステードの枠組みにしたがって見るならば、中国人はイスラム教徒に比べて厳格ではなく、変化に対してより柔軟ではあるが、異質の存在からは離れていようとする傾向がある。中国人にとっての未知で異質の存在を、かつて永楽帝は「野蛮人」と評した。イスラム教徒と中国人には、特にグローバル化された、異質の文化を受け入れようとしない共通点がある。[1] ただ、グローバリゼーションが欧米化と同義語ではなく、未知のならわしや習慣を押しつけるものであれば、私たち西側の人間もやはり同じようにふるまうに違いない。中国人やイスラム教徒と同じように、壁をいっそう厚くして、同化しまいとすることだろう。

しかしグローバリゼーションといううるつぼからみずからの文化的アイデンティティを守ろうとしたところで、必ずしもサミュエル・ハンチントンが説いて広く知られるにいたった「文明の衝突」のごとく、あからさまな敵対関係に発展するとはかぎらない。その証拠に、ネオリベラル的な資本主義が世界各地に広がることに反対する運動には、中国人もイスラム教徒もほとんどかかわっていないではないか。中国人やイスラム教徒が平らになったグローバル経済の恩恵をこうむったかどうかについて考えるならば、彼らはいわば「代替的グローバリゼーション」を支持していると言えるのではないだろうか。本書でも後述するが、多くの人々が考えるように、もし新しい世界が多極構造を持つとすれば、長期的には成功にいたる選択肢となる可能性はある。

すでに述べたように、グローバリゼーションが長期的に中国に与える影響は好ましいものである。市場が生まれ、外国人による中国人労働力の搾取がなければ、中国経済の飛躍的な発展は起こり得なかった。イスラム金融もグローバリゼーションのおかげで成功した。特に、一九九〇年代のアジアにおける、西側銀行による野放図な投機に負うところがあった。それが一九九七年のアジア金融市場崩壊という顛末を迎えたことはだれもが知っている。ところが奇妙にも、長期的に見て、この危機はイスラム金融システムと、それを採用した人々にとって、またとないチャンスとなった。

中国モデルにそなわる力は、イスラム金融のそれによく似ている。煎じ詰めて言うならば、「団結こそ力なり」と表現することができるだろう。

アジア金融危機

一九九〇年代半ば、西側の金融機関はアジアで金儲けができることに気づいた。そして先を争うようにして、マレーシア、タイ、インドネシアなどに次々と市場を開いた。その結果、世界中の西側金融機関が求めて止まない、とてつもない流動性がアジアにもたらされた。債券から株式にいたるまで、アジアの金融商品への需要はますます高まり、まるで旋風に巻き上げられるように、不動産やアジア通貨の為替相場を含め、ありとあらゆる価格が上昇していった。そうした動きの中心には金融バブルがあった。ウォール街の大企業が狙い定めたアジア諸国の経済成長は、決して実体経済から生まれたものではなく、人々が大挙してこれらの市場に押しかけた結果、生じたものだった。だれもがそのことを知ってはいたが、だからといって対策を講じようともしなかった。

一九九七年、必然の結果としてバブルははじけ、リーマン・ブラザーズ破綻時と同様、あらゆる市場にパニックが広がった。トレーダーたちは自分のポートフォリオに入っていたアジア関連商品をあわてて売り、アジア市場から撤退しようとした。わずか数日で資金が逆流しはじめた。当時、世界的な資金の流れの三分の一に相当する一〇〇〇億ドルが流れ込んでいたのが、一二〇億ドルの流出に転じた。あらゆる資金が一斉に市場から逃げ出すなかで、株価も不動産価格とともに暴落し、通貨価値も下落した。

多くの国でGDPが一〇パーセントも縮小した。[2]

大混乱に直面して、偉大なる人形遣いことFRB議長のアラン・グリーンスパンは、「市場の見えざる手」を動かし、アメリカの金利を引き下げた。それに続いて世界各国も金利の引き下げに動いた。こうしてすべての国際銀行は金融市場からきわめて有利な利率で金を借り、損失を埋め合わせた。このデフレ措置がなかったら、損失額がすべての利益を食い尽くしてしまったことだろう。そうなれば銀行の経営基盤も弱まり、おそらくそのうち数行は破綻に追い込まれていたに違いない。

しかし利率を引き下げても、危機によって打撃を受けたアジア諸国の助けにはならなかった。事実、アジア諸国に融資しようとする者はだれもいなかった。そこでIMFが登場し、救済策を提示した。しかしその条件はことのほか厳しかった。というのも、IMFは、こうした事態を招いた責任の大半は、グローバル化した金融に対処できないアジア各国政府にあると見ていたからだ。もちろんみずからを過信し、貪欲になっていたという意味でアジア諸国にも罪はある。だが熱心に働きかけた西側の銀行家たちにはまったく罪がないと言えるだろうか？　表面的にはそう見えた。こうして「危機に責任がある」国々には選択の余地はほとんどなくなった。

マレーシアはアジア諸国のなかで唯一、IMFが推奨する再建策を拒んだ。そして、金融バブルを生み出した張本人だと、国際的な大手金融機関を公然と非難した。[3]首相のマハティール・ビン・モハマドが、ペルシャ湾岸のイスラムの同胞たちに支援を求めると、彼らはただちにマハティールのもとに結束を固めた。イスラム開発銀行は富裕なサウジの投資家たちとともに、IMFの救済策に代わる融資や投資からなる再建案をまとめあげた。同時に、マレーシアは従来の伝統的な金融と断固として決別し、国内の銀行・金融システムのイスラム化を迅速に進めた。一九七九年の革命後、イランは政治的な理由から金融システムをイスラム化していたが、経済的な理由でイスラム化をするのはマレーシアが初めてだった。

イスラムの救済方式はうまくいった。マレーシアはほかのアジア諸国に先駆けて、危機から立ち直ったばかりでなく、同国の経済はその直後からずっと成長し続けることになった。

マレーシアやペルシャ湾岸諸国で金融システムがイスラム化されると、従来の国際金融システムに代わる制度の基盤ができ、イスラム資本が本拠地に大挙して戻ってくる下地も築かれた。それは九・一一同時多発テロをきっかけに現実のものとなった。世界貿易センタービルへの攻撃を受け、その報復としてブッシュ大統領が「対テロ戦争」をはじめると、イスラム教徒に対するビザの発給制限、さらにはテロへの資金提供を禁じる愛国者法にもとづく厳しい資金統制や、イスラムの投資家たちの大半は、西側に保有するポートフォリオを換金した。そしてマレーシアやドバイ、サウジアラビアのような新興市場やイランをはじめとする伝統ある市場など、イスラム圏でもっとも洗練された市場に投資先を模索しはじめた。

マイクロ・クレジットの魔術

二〇〇三年、ガーナ中心部の都市ジェイクロデュアに夫と生後まもない娘と暮らすアサレ・ボアテンという女性が、自宅前に設置した冷蔵庫で冷やしたミネラル・ウォーターを売るため、マイクロ・クレジット会社から五五ドルを借り受けた。一年と経たないうちに、さらに一六のマイクロ・クレジット会社から融資を受け、アサレは近隣の人々がバケツを持ち寄って利用できるようにと、飲料水供給装置を設置した。アサレはさらに手を広げ、殺虫剤や脱水症防止用タブレット、コンドームなど、地域社会に必要な製品を売る小さな商店のオーナーになった(4)。

アサレ・ボアテンのような何億という人々が、マイクロ・クレジットの恩恵を受けている。マイクロ・クレジットとは、一九六〇年代のバングラデシュで、小規模ビジネスを通じて貧困から抜け出すことをめざした二〇〇六年のノーベル平和賞受賞者、ムハマド・ユヌスが編み出した方法である。多くの人々はこれがイスラム金融から生まれたものと考えている。たしかにその可能性は否めない。マイクロ・クレジットの発想はリベラル主義的エゴイズムとは対極にある、社会的良心にもとづいているからだ。しかもイスラム社会はつねに共同体を重んじてきた。こうした理由から、イスラム金融は市場の見えざる手も、古典的経済学者たちが説く法則も、まったく信用してはいない。

ここで一歩退いて、イスラム金融が生まれた時点にまで立ち戻ってみよう。富裕なイスラム教徒や信仰心の厚い人々による非凡なジョイント・ベンチャー、それが最初のイスラム銀行のはじまりだった。つまりキャッシュとコーランが結びついての合弁事業だったというわけだ。発祥はエコノミストや銀行家、インテリ、宗教家たちが、リバー(利子)のない銀行制度創設の具体的な方法を探りはじめた一九五〇年代にさかのぼる。利子を徴収することは高利貸しの一種と見なされており、金とは金から生み出されるべきではなく、生産に寄与するツールであるべきだ、という考え方がイスラム金融の根底にはあった。要するに、実体のある富を生むものでなければならない、ということだ。

そうしたなかで一番人気があったのがムラハバ(購買代行)という、利子をともなわない独創的な銀行融資だった。ムラハバでは銀行は金を貸すのではなく、たとえば機械の部品などの製品を買い、それを顧客に売る。顧客側は銀行と事前に取り決めておいた代金と利益を、分割払いで銀行に支払うのである。

一九六〇年代の半ばまで、イスラム世界では慢性的な資金不足が続いていた。そのため未発達な状態にとどまっていたイスラム金融は、伝統的な金融システムからは疑わしい目で見られていた。「伝統的な金融システムにいる人々からすれば、イスラム式の銀行はいわばイスラム教徒用のウィスキーのような、ばかげた試みと見なされていました」と語るのは、シャリーア（イスラム法。コーランとスンナの戒律および社会慣習に由来する法）学者のシーク・フセイン・ハーミド・ハッサである。積極的な銀行家たちの一群が、イスラムの原則にもとづいた融資機関の創設に必要な資金を提供したのは一九七〇年代後半のことだった。二度の石油危機によって莫大な金が流れ込んできていたのだ。

法人としての機構を築く任務は、宗教界で権威をもつシャリーアの専門家チームにゆだねられ、イスラム教の原則にもとづいて遂行された。今日、これらの専門家はみずからが立ち上げた銀行のシャリーア監督委員会をつかさどり、金融手法がシャリーアに適合するかどうかをチェックしている。その際、彼らはファトワーというシャリーアの解釈にもとづいた判定を行なう。要するに太鼓判を捺《お》すのである。

金融テクニックと宗教原則とのフュージョンという試みは、信者たちの共同体であるウンマにもとづいている。ウンマとはイスラムの体であると同時に魂でもあり、ともに息をし、考え、祈りを捧げる、集合体であり、一体化した存在と考えられている。そこに個人の利己心がつけ入る余地はない。イスラム教が生まれ、それが根ざす部族文化のなかで、個人主義は異質なものである。イスラム文化に特徴的なのは集団としてのアイデンティティを重視し、困った友人を助けるべきだという義務感、宗教リーダーの権威を認め、コーランの教えにしたがうといった伝統的な価値観なのである。

イスラム教が発展したのはアラビア砂漠だ。世界のなかでは、アイスランドを思わせるような荒涼とした一帯であったことを忘れてはならない。それはアラブ系の遊牧民ベドウィンたちの生き方にも根ざしている。部族の助けなしに生きていくことが不可能なこの土地で、個人は部族と固く結びついている。シャリーアの倫理観や行動規範というのは、つまりは社会生活の原則であり、こうした原則を守ることで、ベドウィンたちは何世紀にもわたって砂漠で生きながらえてきた。高利貸しから、アルコール飲料業界への投資といった、社会に害を与えるようなふるまいまで禁じる規範は、個人を敵対的な環境から守ることをも意図している。ちなみに敵対的な環境には、現代の金融業界も含まれる。

イスラムの金融システムをつくりあげた人々は、アダム・スミスや古典派経済学者たちとは異なるビジョンを持っていた。その考え方では人間は、自分に害を加えようとする同胞からみずからを守ろうとするのではなく、苛酷な環境のなかで相互に助け合うことで生き延びようとする。彼らが身を置くのは獰猛な野獣たちが多く生息するジャングルではなく、ミツバチが巣をつくり、アリが塚を築くような土地だ。そのなかで人間は、大型の捕食動物というよりも、ハチやアリのような、部族社会に属さなければ生き延びることのできない昆虫に似た存在である。

カリフォルニアで広がりを見せるなど、西側でもマイクロ・クレジットが成功しているのは、社会的良心に根ざした価値観が西側諸国でも必要とされている証《あかし》なのかもしれない。

「他者との結びつきや共同体という意識こそ、人々が求めていることなのでしょう。なぜなら我々の日常生活のなかでは失われているものだからです」と、サンフランシスコにあるマイクロ・クレジット機関ナマステダイレクトの創立者、ボブ・グラハムは言う(5)。

マイクロ・クレジットは中国にも入り込んでいる。先の北京天則経済研究所理事長の茅于軾《マオユーシー》は次のように語る。

マイクロ・クレジットにかかわる機関は中国国内ではっきりした法的地位を与えられていませんが、政府は財政面を含めて支援を行なっています。マイクロ・クレジットは金融危機の最中でも経済を支えることができますからね。たとえば、出稼ぎ労働者が故郷に戻ってきたら、マイクロ・クレジットを利用して小規模ビジネスをはじめることができるわけです。金融システムがさほど発展していない中国では、とてつもない可能性を秘めた事業だといえます。需要が高いことに加え、なにより融資ができる裕福な人々が相当数いるので、この種の活動は今後増え続けるでしょう(6)。

イスラム金融に話を戻そう。リベラル主義的エゴイズムとは無縁であるからこそ、イスラム金融に根ざす哲学は富や利益を超越した、重要な意味合いを帯びたものへと変化した。その結果、豊かな人々は貧しい人々のことを忘れてはならないという考えが定着したのである。イスラム教の五本の柱のひとつであるザカート(喜捨)も同じことを説いているが、これは貧しい人々を助けるため、年収に応じてみずからに課す一種の宗教的な税金だ。

預言者ムハンマドの生涯にまつわる物語のなかには、富を有する者は富を分け与えなければならないことを示唆する一節がある。

預言者は、自分自身と、近くに座っている貧しいイスラム教徒の間に距離をとるため、裕福なイスラム教徒がゆるやかな衣服をたくし上げるのを目にした。すると預言者はこう尋ねた。『この男の貧しさがあなたにまとわりつくのをおそれているのか?』と(7)。

イスラムの伝統にのっとれば、たとえだれかが他者に比べて多くを所有していたとしても、富はすべての人々のものである。少数の人間のためではなく、多くの人々がその恩恵を受けられるよう、富は使われなければならない。ある意味では、この逸話は、鄧小平の「可能な人間や地域から先に豊かになり、落伍した地域を助けよ」という言葉に通じるものがある。

ウンマがイスラムの心臓だとしたら、協力はイスラム経済の鼓動である。この銀行制度の根底には、リスクを共有しようとする姿勢がある。銀行は顧客とともにつねにリスクを分かち合おうとする。そして両者はビジネス上のパートナーだ。困窮する顧客は、助けを必要とするパートナーとしてあつかわれるのである。

「だれかが突然病気になり、あるいは失職といった不測の事態に陥って、銀行がその人物の名義で取得した資産の費用に対して分割払いができなくなった場合、銀行は個人の事情を理解して、支払いを免除してやらなければなりません」と語ったのは、多くの銀行やダウ・ジョーンズ・イスラム市場でシャリーア監督委員会のメンバーを務めるエダム・ヤクービだ(8)。

社会的な役割をになう融資機関は、共同体のなかでつちかわれるべき流動性を与える。その社会的役割は、仲介を通じて利益を得るという銀行の商業的な役割に優先されるものである。ここにリスクの最小化と、利益の最大化を目標とする西側金融との根本的な違いがある。リスクの分かち合いが倫理的な基盤となり、たとえばリスクを分割して売るジャンク債投機のように、イスラム金融とは正反対の伝統的な金融システムの手法をまね、失敗することのないようにしているのである。

奇妙に思えるかもしれないが、シャリーア監督委員会の存在によって、イスラム金融は西側の金融システムに欠けた柔軟性と創造性をそなえた。なぜなら理論的には、マイクロ・クレジットから住宅ローン、石油の掘削から橋の建設にいたるまで、どんな商品でもシャリーアの原則にもとづいて計画できるからである。スポーツなどイベントのスポンサーになることも、シャリーア監督委員会が好意的なファトワーを示せば、イスラム銀行による融資の対象となる。多くの人々は、イスラム式金融システムが成功したのは、業務が行なわれている国での税負担を軽減することであれ、自己資金の調達であれ、イスラム銀行であれば顧客のニーズに応じて柔軟に対応できるという特徴ゆえではないかと考えている。

社会の結束や、文化的な均質性、人口の規模など多くの面で、イスラム世界は中国に似ている。

「指一本でなにができるだろうか?」ヴェネツィアのカジノ、キャ・ノゲーラの賭博台に向かっていた中国人男性が、イタリア人ジャーナリストのリカルド・スタグリアーノとラファエル・オリアーニに話しかけた。「見てみろよ。チップさえ拾いあげられないじゃないか。でももし手があれば、なんだってできる。親戚がいない人間は何者でもないんだ。手の一部になれなければ、その人間はおしまいなのさ」[9]。

第9章 ムハンマドから孔子へ

イスラム教はよかれ悪しかれアラブとイスラム世界を結びつける接着剤のような働きをしている。二〇〇五年七月七日、ロンドンを狙った自爆テロリストのひとりは、連合軍によって日々はずかしめを受けるイラクの「兄弟」たちのためにやった、と残されたビデオのなかで述べている。「兄弟」はヨーロッパのイスラム教徒、イラクやパキスタン、あるいはソマリアの人々の関係性を物語る言葉である。ウンマという文化、宗教的アイデンティティは、血縁と同じ力を持っているのである。

政治的なアイデンティティを「母国」に求める西側の人間が、血縁にも似たこのような関係性を理解することは困難だ。ちなみに母国とは、愛国的な「兄弟」が流した血であがなった、西側の国民国家にも重なる存在である。アメリカ人の間でも大英帝国に対して革命を起こした歴史が伝説のように語り継がれている。イタリア人にとってそれは、近隣国や植民宗主国であるオーストリアに抵抗した、イタリア統一運動の歴史であるだろうし、フランス人なら、近代史のなかで最初の国家樹立にいたる一七八九年の革命だろう。

イスラム教徒や中国人は西側の人々のようなとらえ方はせず、むしろ「文明国家」にみずからの源流を見る。それはカリフ（預言者ムハンマド亡き後のイスラム共同体の最高権威者の称号）の地位であり、そして五〇〇〇年続く文明である。これは時空のみならず、政治をも超越した世界観だ。こうした考え方のよりどころとなるのが、イスラム教徒の場合はムハンマドであり、中国人にとっては孔子なのである。[1]

孔子の思想については西側ではほとんど知られていない。多くの人々は彼を預言者か、グル（導師）のような存在ではないかと誤解している。実際には孔子は、西側文化におけるソクラテスやプラトン、アリストテレスのような哲学者であり、儒教と呼ばれるその思想は中国文明の基本となり、長年にわたってこの国の知的発展に影響をおよぼしてきた。イスラム社会もそうだが、中国社会の中心をなすのが、大家族制度である。個人は大家族のなかで尊重され、大家族は人々のアイデンティティそのものになっている。

中国文明の繭としての家族

家族は儒教倫理の核をなしている。儒教によれば、社会は支配者と支配される側、父親と息子、兄と弟、夫と妻、そして友人同士という具合に、五つの関係性からなり立っている。最初と最後以外はすべて血縁にかかわる関係である。この五つの関係は、たとえ友人同士であっても対等になることはないなど、明確な社会価値や規範と、儒教が理想とする「仁」に根ざしている。

仁は中国人の個人に対する見方にも通じており、漢字そのものにもそれは表現されている。ひとりの立った人間と、その隣の二という複数を示す要素からなるこの漢字は、「ある人間の状態は他者との関係性で決まること」、「他者との関係性によって初めて人間となること」[2]を意味する。

このように中国人にとって個人は他者との関係性のなかで初めて意味を持つ。家族の結束を重んじる中国の人々は祖先をうやまう。生と死ははっきりと分けてとらえるのではなく、サイクルのなかで交互に繰り返されるものとして理解している。中国人の思考は、互いにぶつかり合い排斥し合いながら、合致点を見出すヘーゲル弁証法とは性質を異にしている。人々は、昼と夜が交互に訪れるのに似たサイクルのなかに生きているのである。(3)

中国で貧困撲滅に取り組む非政府機関（ＮＧＯ）「貧困をなくすためのグローバルなキャンペーン(Global Call to Action Against Poverty)」のコーディネーターを務めるリー・ジュアンは、中国の人々に社会の重要性を訴え、成果を上げてきた。彼は「ボランティアをやりたいという中国人は、四川大地震後、ますます増えてきています。政府はボランティアの地位を正式に認めるべく、ボランティア・サービスに関する法律の草案づくりに取り組んでいます」と語る。(4) このように政府は共同体の結束と安定をはかり、それをつかさどるものとして、人々の意欲に形を与える役割を果たす。

理想的な支配者とは、「北極星のように、その場所にいながらにして、ほかの星がその周囲をまわるよう仕向ける存在」なのである。このような原理にもとづいて、儒教は法が厳格であるかどうかを問わず、臣下にとって支配者は重要であると強調する。つまり君主が善であり、徳をそなえているならば、その臣下も同様であり、社会は調和に満ちたものになる、というわけだ。これは「人の支配」（中国にはそのような傾向がある）と「法の支配」（西側に普遍的）の違いの根本にもかかわる考え方である。

統一と安定がよりどころとするのはヒエラルキー、つまり階級である。個人や家族、国家はあらゆる階級に共通する倫理原則にしたがう。家庭内では子供は両親をうやまい、社会では若者は老人を重んじる。国家においては役人は支配者にしたがう。儒教はこうしたふるまいを「仁」と定義づけた。そして仁こそ、個人の本質をなすものであるとされた。

ホッブズとは違い、儒教は人間の本質を肯定的にとらえている。[5] 適切な教育と家族の導きがあれば、個人は社会で正しく他者とかかわるための、行動上の価値観や倫理観を身につけることができる、とされているのだ。同時に、みずからの功労によって、社会の頂点へとだれもが上り詰めることができる、と示唆する。中国は西側諸国のように、王や皇帝がその地位にふさわしいかどうかが神権によって裏づけられる、などという考え方をしたことはいまだかつてない。だれもが皇帝になることができ、その権力を濫用しなければ、だれでもその地位にとどまっていることができるのである。

孔子に続くもっとも重要な人物である孟子が説く「天命」では、皇帝や王朝が統治権を手にするかどうかは、生まれの善し悪しとは関係がないとされている。そもそも皇帝や王朝は統治するにふさわしい人物でなければならない。そうでなければ、天は彼らを罰し、国に天災を与える。統治者としてふさわしくない人物に対しては反抗し、王朝を刷新してもかまわないとされているのだ。「天吏為《た》らば則《すなわ》ち以《もっ》て之を伐《う》つべし（天意を奉じた者であるならば、無道のものを討ってもよろしい）（『孟子』公孫丑章句下）」。イエスが生まれる何世紀も前から、中国人はすでに欧米人よりはるかに民主的だったのだ。

儒教が楽観的なのは、西側思想の土台をなす個人のエゴイズムが不在だからなのかもしれない。中国では個人が共同体の外で生きることはできない。つまり西側哲学では個人の責務でもある「汝自身を知れ」は、中国では「人間を知れ」となるのである。ウンマのような社会の結びつきが、中国ではとてつもなく強い。人は仲間に助けられながら、よりよい生き方をすべく、変化していくよう求められる。つまり永遠の救済のためであってさえも、自己実現を求める余地はない。儒教はメタフィジカルでもなければ観念的でもなく、あくまで現実的である。「天国」は人間とともに現世のなかに築かれるものであって、それ以外の場所にあるわけではないのだ。

あまり知られてはいないが、儒教思想にも「己《おの》れの欲せざるところ、人に施すことなかれ」(『論語』衛霊公)という、イエスの教えに近い黄金律がある。そして孔子の社会哲学の核をなすこの教えは、イエスに五世紀余先んじるものなのである。

孔子からマキャベリへ

孔子が生きたのは、政治がきわめて不安定な時代だった。内戦に引き裂かれ、暴力に倦《う》む人々にとって、孔子の哲学は単に生存することにとどまらない、生きるうえでの価値ある倫理を与えてくれた。孔子がみずからの思想を語ったもっとも有名な作品が、その弟子たちが記した『論語』であり、そのなかで孔子の叡智は皇帝に役立てられるものとされている。戦いの嵐が吹き荒れる当時の中国に、魅力あふれる選択肢を提示したこの政治マニュアルは、集団の和をうながした。良好な統治という普遍的なテーマを導くにいたった儒教は、誕生から二五〇〇年が過ぎたいまも実際的な価値を失っていない。

ニッコロ・マキャベリもまた、混乱の時代に生きた。その名高い著書『君主論』は、現代に生きる私たちにもいまだに多くのことを教えてくれる。マキャベリはふたたび相談役としての地位を取り戻したいと考え、ロレンツォ・デ・メディチのために『君主論』を著した。『君主論』も権力者のためのマニュアルであったが、ロレンツォ・デ・メディチが内容を評価しなかったため、マキャベリが宮廷に戻ることはなかった。それでもマキャベリの理論は以後、いく世代にもわたって政治家たちを魅了し続けた。

孔子とマキャベリはともに混乱する貴族政治体制下に生きた。ふたりの時代の人間関係をつかさどっていたのは個人の利害だった。ところが同じような環境に身を置いていたはずのふたりは相反する結論にいたったのである。孔子は政治の混乱ぶりと、国家統治におけるモラルの欠如を批判した。他方、マキャベリは政治目的のためにはいたしかたないと、ウソを奨励した。いまなお東西を隔てるこうした文化の違いは、世界に対する見方の違いから生じたのだろうか？　マキャベリが目的が間違っていなければ手段は正当化されるとしたのに対し、孔子はあくまで調和を重んじた。西のマキャベリに対する東の孔子、ふたりが説いた原則は、現代にいたるまで受け継がれるふたつの思想を象徴している。

「『和を貴しと為《な》す』と孔子は言った」と二〇〇五年二月に胡錦濤主席は述べた。[6] 一方、イラクに対する予防的先制攻撃（敵の有利な攻撃を予防するために先制的に発動する攻撃）を正当化しようと証拠をでっちあげた根底には、「目的は手段を正当化する」とのマキャベリの教えがあった。

しかしマキャベリが腐敗した理論家であるなどと考えるのは間違っている。国家のかなめは倫理などではなく、力と狡猾さであると説いた『君主論』は、野蛮な文明の象徴だなどという見方も正しいとはいえない。また、人々の手本となるべく支配者をいましめ、道義性をうながすために暴力に反対したからという理由で、孔子を平和の提唱者と見なすことも適切とはいえない。

マキャベリも孔子も共同体（都市国家フィレンツェと中国）の善を重視していた。共同体の善は、マキャベリにとっては道義性や倫理価値よりも重要であり、孔子からすれば、共同体の善を実現するためなら武力介入でさえも正当化できた。両者の大きな違いはそれぞれの社会がなにに根ざしているか、つまり、社会そのものの性質の違いから生じているのだろう。この点についてふたりはコメントを残している。ひとりが生きたのは平等主義的で、実力主義を評価する国であった。いまひとりは当時の寡頭政治の内部で手腕をふるっていたことから、他者にも「特別な」関係を取り結ぶよう奨励した。

孔子は君主が独裁性を強めれば、その者はやがてその地位を失い、平民へと戻り、処刑されることもあり得ると認めている。これは中国の人々の基本的な考え方でもある。神権という概念にとらわれていたマキャベリにとって、暴虐な君主であってもそれを誅《ちゅう》することは受け入れがたいものだった。現代風に言えば、君主に対して前者が同志として接しているのに対し、後者は臣下として接しているのである。

この違いは、なぜ中国で共産主義が成功したのかを理解し、専制的な政権をくつがえした共産革命も中国人にしてみれば民主的であった理由を認識するうえで重要な鍵となる。奇妙なことだが、中国人がいとも簡単に馴染んだ、実力主義、国民の幸福、エリート嫌いといった共産主義原則は、マルクス主義や儒教とも共通するものだった。毛沢東の過ちは、文化大革命など、人々が馴染んできた哲学に反するような行動やふるまいをするよう国民に強制した点にあった。共産党を家族にまさる存在と位置づけようとする試みは失敗に終わったばかりか、強い反発を招いた。このように儒教が説く孝行はいまなお中国人家族のなかに深く根づいているのである。(7)

中国的文明国家

西側文明にとってのギリシャの形而上学のように、儒教は中国文明のなかで一貫した理論基盤をなしている。人はみな歴史の所産である。中国人ほどそれを強く感じている国民はほかにいないだろう。中国で新たに有名人の仲間入りした作家の于丹《ユーダン》は、儒教の教えにもとづくセルフヘルプ本を著し、たちまち一〇〇万部を超える大ベストセラーとなった。于はスターさながらにたびたびテレビ出演しては、孔子の教えがいかに有益であるかを人々に伝えている。だが同じようなことが西側で起きるとは想像しがたい。たとえば著名な女性歌手が、日々の暮らしにアリストテレスの哲学を活かすよう熱心に勧める姿を、思い浮かべることができるだろうか？　それ以上に想像できないのは、マキャベリの教えを日常生活に応用すべくテレビ番組を通じて視聴者に奨励することかもしれない。そのくせ西側の政治家はマキャベリが説いた原則にしたがって行動しているのである。

この五〇〇〇年来、政治構造が基本的に変化していない中国では、人々が歴史に親しむ頻度はほかの国々よりもはるかに高い。昔ながらの版図内で受け継がれてきた中国文明は、西側のようにばらばらに分断されてはいない。中国の歴史や文化を掘り下げていくと、その根っこに西側文化とは根本的に異なる点を見出すことができる。先の経済調査会社ドラゴノミクスの代表取締役アーサー・クローバーは次のように述べている。

いま中国で起きているほとんどの出来事は、過去から受け継がれたもののうえになり立っています。中国では、ヨーロッパよりはるか昔に通貨という概念が発達しました。通貨を生み出すことに関して、中国はヨーロッパ諸国に対してとても重要な役割を果たしました。それとは逆に、民間レベルで人々が互いに協力するという考え方はローマ時代にさかのぼるものです。中国では一九二〇年代にそうした試みはあったものの、本当の意味で議論されるようになったのは一九九〇年代に入ってからのことです。このように国家がかかわる力は、中国のほうがヨーロッパよりずっと強いわけですが、民間の参加という面では弱く、そうした活動をする機関は皆無だと言っていいでしょう。(8)

中国とは違い、古代ギリシャ、壮麗なローマ帝国、そしてメディチ家のフィレンツェなど、あらゆる古き西側文明は破壊されてしまった。廃墟と化した過去の栄光を乗り越えてなお、人々を結びつけるのは政治文化であり、それを基盤としていまの私たちがある。しかしそれは国民国家が誕生した時点にさかのぼる比較的最近の歴史の産物である。西側文明という古代からの流れのなかでは一番新しいものにすぎない。

このように論じていくと自然に疑問がわいてくる。中国という国家が稀に見る長寿を誇ることと、中国人的な、そして儒教的な世界観とはさほど関係がないのだろうか。儒教思想のなかでは、国家は中国文明のシンボルであり、また守護者でもある。そして国家は統一を維持しようと努力してきた。つまり国民国家と違って、中国という国家が介入する範囲は国防や法の順守にとどまらず、無限なのだ。一般に広く受け入れられている存在のなかで、国家に近い存在は父親だろう。父親の権威は無限である。つまり国家は父親のような存在だ、ということになる。父親も国家も、成員を保護する一方で、子供や国民に対してみずからを尊敬するよう求める。

他方、西側のローマ帝国で指導権を握っていたのは、退廃的なエリートたちだった。だが軍事や政治面で過剰なリスクをとるその統治下で、帝国は崩壊した。一方そのころ、万里の長城に守られた中国の人々は安全な暮らしを送っていた。この閉ざされた空間のなかでは、西側と同じようにいく度となく大変動が起きている。たとえば中国の三国時代から隋の全国統一までの時代（三世紀初頭〜六世紀後半）は、ヨーロッパと同じような状況にあった。ヨーロッパと同様、中国では宗教がさかんになる一方、各地方が分裂を繰り返しながら勢力を増していた。しかし従来とは違う国民国家が台頭することはなく、隋・唐王朝によって、帝国はふたたび統一された。中国では革命が起きるたびに新しい国がつくられても、その中身はなんら変わることはなかった。なぜならどんな変化が起きようと、中国の人々は引き続き、孔子のメッセージを大切に受け止め続けていったからだ。

毛沢東主義革命の最中でさえも、儒教的な国家観は衰えることなく受け継がれていった。つまり政治エリートたちは、人々からは隔たってはいても、こうした国民の期待に応えなければならない、ということだ。卓越した権威者としての中国共産党の役割もまた、父親国家という、昔ながらの同じ価値観を体現する最新バージョンにほかならない。中国を理解するには、この国の人々がなにに忠誠心を抱き、なにを誇りとしているかを知る必要がある。それは西側とは異なる、中国のモデルなのである。

「毛沢東主義の時代も中国社会には現在と同様、儒教思想が浸透していました」と、インタビューのなかで認めたのは、北京大学国際戦略研究センターのワン・ドン教授である。(9)

儒教の著作を読めば、中国人が私たちの民主主義に対してほとんど関心を抱いていないことがわかる。現代の儒教理論家・蔣慶《ジャンチン》は、政治に関する儒教の概念は、西側の民主主義モデルと比べれば、はるかに中国に合っていると語っている。儒教が基盤とするのはあくまで調和であり、民主主義がその根幹で人々に一定の基準にしたがうよう求めるのとは大きく異なる。(10)

しかし中国人が法の支配を無視しているわけではない。すでに述べたように鄧小平は法を重んじる国になろうと訴えた。しかし孔子が言わんとしたことはそれとはまったく違っていた。好ましい統治を確実なものとするには法のみでは不十分だ、と孔子は考えていたのだ。仁なる徳、つまり支配者みずからがそのために尽力することが必要である、さもなくば国家は頂点に立つ人間個人の所有物になり下がってしまう、とも説いた。まるでそうなることを予見していたかのように、孔子の言葉はいまの私たちが置かれている状況にぴたりと当てはまる。

孔子の説く国家とは、厳密にヒエラルキーによって区分されたものであり、政府が大衆に働きかけることは期待されていない。しかし政府は自己批判を重視する。そして模範的労働者であるはずの各成員は、他者の手本とならなければならない。政府の成員にとっても、そうすることが有益なのである。なぜなら人々には政府をひっくり返す力があるからだ。事実、過去五〇〇〇年の間、中国ではそうした事態がたびたび起きた。たとえば毛沢東は、西側の影響に毒された共産党を浄化しようと文化大革命をはじめたわけだが、これも毛の立場からすれば自己批判であった[11]。

政治活動の失敗は、大いなる恥として世間の非難の対象となる。四川大地震後の再建の失敗、そして汚染牛乳をめぐるスキャンダルに関与した当局者たちは、正式に辞任する前に国民に許しを乞わなければならなかった。政治家が侮辱されることが滅多にない西側では、この種の行動は見られないだろう。それが現職の閣僚であるならばなおさらだ。イラクに関する議会報告を意図的に改ざんしたと、トニー・ブレア政権のスタッフが詫びただろうか？　だれも詫びようとしなかったどころか、実際にはそれと正反対のことをやったではないか。二〇一〇年一月、イラク戦争の真相を究明するチルコット審問会で、アリスター・キャンベルはブレアがアメリカに対して送った有名な報告書の虚偽について、熱心に弁護してみせたではないか？　公金やみずからの職権をあつかましくも利用したベルルスコーニは、そのつぐないをしただろうか？　中国にいたなら、彼もそうせざるを得なかったはずだ。共産主義国の政治家にとってなによりも重要なのは、人々の信頼にそむかないこと、そして国を守ることである[12]。それに対して、西側の政治家にとって大切なのは、責任を持つこと、有権者の代表者たること、政策決定に参加することである。要するに、究極の権威は市民にある、ということなのだ。

現代基調の伝統経済

紀元前五世紀、孔子の生きた中国とヨーロッパの文化的違いは、その後の長い歳月のなかでいくらか縮まりはしたが、いまなお中国の人々の思考パターンを理解するうえで最大の妨げとなっている。

経済は文化の影響を受けるものではないから、どんな経済モデルでもほかの地域に輸出できるなどと考えること自体が間違っている。そこには大きな壁があるのだ。なにより壁は人々の心のなかにある。人は壁を築き、それを利用して生きている。

中国やアラブの人々が異質なものとの融合を拒んできたのは、もしかすると彼らの文化や宗教が経済のなかで重要な役割を果たしてきたためなのかもしれない。だからこそ彼らは市場にしたがおうとはせず、伝統的な経済を近代化する道を選んだのかもしれない。

中国のビジネス文化の基盤は、五〇年にわたる共産主義と、ほぼ三〇〇〇年近く受け継がれてきた儒教を通じて築かれてきた。中国と同様、アラブやイスラム世界でも、ウンマという日常のなかに、奥深いイスラムの影響を見ることができる。

中国のビジネスシーンはつねに「関係《グワンシ》（個人と個人が結びつくシステム、いわゆるコネ）」をよりどころとしている。それは揺るぎない儒教倫理のうえになり立つものでもある。儒教に根ざすこのような関係性は西側に移民した中国人たちの間でも重要な役割を果たす。当地の中国人コミュニティーは成員が豊かな暮らしを送れるよう、特に経済面で支援する。この関係性を通じて人々には、銀行サービスなど、西側国家によって提供されるのと同様に広範で、しかしよりメリットの大きいサービスが提供される。

イタリアのラ・リパブリカ紙に毎週付随して刊行される雑誌ヴェネルディで記者を務めるリカルド・スタグリアーノは、ラファエル・オリアーニとの共著『中国人は決して死なない（I cinesi non muoiono mai）』（未邦訳、二〇〇八年）のなかで、関係《グワンシ》にまつわる次のような証言を紹介している。

人という要素が意味を持つのだから、銀行よりはるかにいい。SARS（重症急性呼吸器症候群）が流行したころ、多くのレストランは深刻な現金不足に苦しんだ。借金が増えたのに、客足は途絶えて店は空っぽだった。もしこうした状態が銀行に知れたら、店を失っていたかもしれない。だが我々は互いに助け合ってなんとかしのいだ。重要なのは、債権者に自分が全力を尽くしている姿を見せることなんだ。(13)

スタグリアーノはさらに、関係《グワンシ》にもとづく秘密の銀行ネットワークについても述べている。

あらゆる中国人を家族やパートナー、同僚、友人たちという網の目につなげる関係《グワンシ》に間違いがないのは、知り合いから知り合いに対する融資だからだ。彼らは金を返済せずにおこうなどとは絶対に考えない。もし返さなかったら、ありとあらゆる経済活動から永遠に締め出されてしまう。そこに待っているのは社会的な死だ。中国語で言えば『黒人《ヘイレン》』になる、つまり身内から相手にされなくなるということだ。面子を失うことは、中国の人間にとってはかり知れない痛手となる。銀行用語で言えば、『債務超過』に相当する。中国人にとって、恥は容易に水に流すことのできないものなの

だ。(14)

西側文化においては罪の意識という考え方が発達した。過ちをおかし、悔い改め、再生することに加えて、原罪、つまり「堕罪」の概念はキリスト教にもある。中国では罪の意識に相応するのは恥である。恥は社会的に非難され、所属する仲間のグループから締め出されることで生じる。「仁」も社会的な側面を無視しては存在し得ないことを考えれば、中国人のこうした姿勢は理解できるだろう。ただし中国文化のなかで人々が懺悔《ざんげ》することはない。恥はあくまで一方通行なのである。中国語で体面を意味する言葉は「面子《メンツ》」「臉子《リエンツ》」とそれぞれ二文字であらわす。「面子」が社会的な名誉や個人の地位を意味するのに対して、「臉子」はグループの信頼にふさわしい道徳面での誠実さをあらわす。信頼を失った人間は、決してそれを取り戻すことができず、結果、その人間は社会のなかで自分の役割を果たすことができなくなる。

あらゆる人々がグループを中心に生きていることを考えれば、結婚式が資金調達の確実な方法であったとしても不思議ではあるまい。それは関係《グワンシ》という銀行システムのなかでは、窓口のような役割を果たすからだ。ある若い中国人男性がスタグリアーノに語ったところによれば、彼は友人の結婚式で一〇六人の招待客から四万六〇〇〇ユーロを集めたという。その手順は毎回決まっている。披露宴にあなたが到着すると、だれかがコートを受けとり、別のだれかがどこに座ればいいかをあなたに教え、さらに別の人間が金の入った赤い祝儀袋を集めてまわる。帳簿係は袋を開いて、入念に金額と寄付をした人間の名前を記録していく。

関係《グワンシ》は社会銀行のような働きをする。そこで重要なのは利益ではなく、恥とともに、関係にまつわるもうひとつの顔、つまり信用である。トスカーナ州の若い企業家はスタグリアーノにこう語っている。

おじがレストランをオープンしたところなんです。おじは二〇万ユーロを投資しましたが、そのうちの一万六〇〇〇ユーロは私が出したお金です。利子もなければ、返済期限もなにもありません。次はきっとだれかが自分を助けてくれるでしょうよ。できれば両親が電話してくれたらいいと思っていますが。なぜって……金を貸してくれと頼むには自分はまだ若すぎますからね。(15)

共産主義経済から新しい企業経済へと、中国モデルの移行をうながすのもまさにこの関係《グワンシ》である。この考え方は共産主義システムにぴたりと合致する。その証拠に、関係という考え方は社会に衝撃をもたらすことなく生き残っているではないか？　しかし長期的に見て、もし人々がいつまでも金融機関より、個人的なつながりを好むようであれば、それはより洗練された資本主義経済の発展を妨げかねない。

第10章

再生可能エネルギーという新たな長城

北京から快適な超高速の「弾丸」鉄道に乗れば、わずか三〇分で天津に到着する。映画「スター・ウォーズ」に出てくる宇宙ステーションではないかと見まがうような、巨大な風車が林立する「風の都市」。ここは中国でもっとも重要な風力発電基地のひとつである。

風車のある風景は中国各地に広がっている。その多くは中央アジアの砂漠地帯である。環境にやさしいクリーンエネルギーを生み出す建造物を監視するのは中国の人民解放軍だ。イラク南部のように平坦で乾燥した甘粛省には、光起電力パネルがパンテオンのようにそびえ立ち、柱の形をした光を反射する鏡板がサッカーコート三つ分もの広さのある土地に沿ってずらりと並んでいる。見わたすかぎりの白い砂丘に囲まれたこの地は、まるで月面のようでもある。新疆省や内モンゴル自治区の砂漠の衛星画像を見ても、そこにはやはり同じような光景が広がっている。これを見れば、中国政府が荒涼とした、人がまったく住めない広大な土地を、クリーンエネルギーの発電基地へと変えていることがわかる。

クリーンエネルギー国家実験室の李燦《リーツアン》主任はこれについて次のように説明する。

太陽は中国の未来にとってなによりも大切だ。中国には農業に適さない広大な土地がある。甘粛省と新疆省には一面、砂漠が広がっている。農業に適さない地域の三分の一から半分を太陽電池でおおい、そこに注がれるエネルギーの一〇分の一を取り込むことができるとしたら、今日の中国全土のエネルギー需要をすべて満たすことができるといわれている。[1]

太陽光エネルギー産業は、風力発電とともに、年率二〇パーセントから三〇パーセントと、着実に成長してきた。二〇一一年末までに、敷設された太陽電池の容量は、二〇〇九年の一五倍、二ギガワット(二〇億ワット)に達する見込みだ。[2] 中国で最初の「太陽都市」になったのは、北京の南に位置する山東省・徳州市である。二〇一〇年九月、徳州市では太陽光エネルギーについて論じる「太陽都市」国際会議が開催された。未来都市モデルであるこの「太陽都市」では三三〇ヘクタール以上が開発され、そこに設置された光起電力パネルで生み出される太陽光エネルギーによって、給湯器やエアコンといった機器を含む、ありとあらゆる建造物や設備に必要なエネルギーをまかなっている。この都市を建設したのは、光起電力発電で先端を行く中国企業の皇明太陽能股份有限公司である。同社は年間、二〇〇万平方メートルに相当する太陽熱温水器を販売しているが、これは記録的な数値である。二〇一〇年末以前の推計では、この種の温水器の利用により、中国では年間二二五〇万トンの二酸化炭素の排出が削減されるというデータが出ている。[3]

今日の中国に広がるこうした光景は、新種の万里の長城とも言えるかもしれない。ただし新たな長城が急速に築かれつつあるのは、乾燥し、人気のない中央アジアの真ん中である。風力タービンや光起電力パネル、バイオマス用タンクや水力発電、原子力発電施設などの巨大な施設が立ち並び、ベルトのように伸びているこのエネルギー地帯には、一〇〇〇年前にシルクロードを経てやってきたアラブ商人たちが目にしたのと同じくらい壮大な光景が広がっている。しかしその目的はモンゴル族の大群の侵入を防ぐためではなく、この国につねにエネルギーを供給できるようにすることにある。これは中国の近代化という野心的な取り組みを完成させるために、欠くことのできない大切な栄養素のようなものだ。この新しい長城なしに鄧小平の夢は実現されず、中国共産党の威信も失墜してしまうことだろう。

再生可能エネルギーの長城は、ますます少なくなる資源をめぐる闘いという現代の脅威から、中国を守っている。過去と同様、わざわいは西側からやってくる可能性があるのである。

いまやすべて緑の旗のもとに

軍隊の監視下にあるとはいえ、新しい長城がどのようなもので、そこにどれほどの能力がそなわっているかを知るために直接、施設に足を運ぶことも可能だ。発電所は長年にわたって世界の大国として君臨してきたアメリカ以上の規模を誇る。今日の中国は思考し、開発し、産み出している。

甘粛省の武威《ぶい》の郊外に行くと、絶滅の危機に瀕した動物が入れられた動物園の檻ごしに、光起発電所が目にはいる。パンダ一家の背後に、通常の三倍以上の大きさのあるタービン翼に囲まれて、カテドラルのようにそびえ立つパネルが、光を反射しているのが見える。この発電所では五〇〇キロワットを生産している。中国で最大規模というわけではないが、砂漠地帯でこれほどの規模で、この種の試みが行なわれるのは初めてであり、また送電網に連結されたものとしても初めてである。

再生可能エネルギーには、蓄積できず、またある地点から別の地点へと運ぶことができないという根本的な問題がある。石油や天然ガス（液体ガスやＬＮＧ）、石炭は簡単に船舶に積むことができる。しかし太陽光エネルギーや風力エネルギーは蓄積することも輸送することもできないので、その場で電気エネルギーに転換しなければならない[4]。そのため、運営範囲は数千キロメートル以内にかぎられることになる。原子力発電も同様の制限を受ける。既存の技術では、この種のエネルギーを炭化水素のように、ひとつの大陸から別の大陸へと移動させることはできない。こうした限界のせいで発電の試みが失敗に終わったアイスランドの事例についてはすでに紹介した通りだ。島内で生み出されたエネルギーは島内で消費するしかなかったのに、政府は間違った選択をしてしまったのだ。

中国にはそれ以外にも技術的、政治的な問題がある。生産された風力エネルギーはすべて構築中の送電網に送り込めるわけではない。三〇パーセントほどは残ってしまうのだ。送電網に送り込めないかぎり、だれも産出されたエネルギーを買うことはできない。国の送電網へのアクセスを管理する中国企業は強大な力を持ち、長年にわたり送電網に電力を供給してきた石炭発電所との間にしばしば「特別」な関係を取り結んでいる。中国で消費される電力の七〇パーセント以上は、環境をもっとも汚染する石炭によって生産されており、環境汚染のおもな原因ともなっている。石炭生産にかかわる人々がクリーンエネルギーに好意的でないことは言うまでもない[5]が、政府は炭化水素の消費量を削減すると謳っている。

エネルギー供給は、めまぐるしく変化する中国の主要都市でとりわけ切迫した問題となりつつある。環境汚染以外にも、炭化水素のコストが、経済成長の長期的かつ深刻な妨げとなる可能性があるのだ。数千万人が暮らす都市では、エネルギー消費量はおそるべきレベルにまで達し、既存のシステムの供給能力の限界にまで近づく可能性さえある。たびたび停電が起きれば、市民にとって不便というのみならず、中央政府も面目を失いかねず、へたをすれば政府に対する抗議の声が上がる危険性がある。エネルギー政策の転換はいまや喫緊の政治課題であり、これをめぐっては内部の権力闘争が繰り広げられることになるだろう。ただしこの問題に関しては、中国共産党だけでなく、地方当局者も権限を与えられているのである。

国内の送電網建設の動きの背後には、新しいモデルをつくろうという中国政府の意図が感じられる。世界全体を結びながら、同時にエネルギーを分配し、相互に交換可能な知的な送電網建設を提唱する、ジェレミー・リフキンらエコノミストたちが考案するモデルである。「未来の都市ではすべての建物が送電網に結ばれ、エネルギーを生み出すと同時に、それを送り出すようにもなる」とリフキンは語る。[6] つまり充電可能な巨大な電池のような高層ビルを想像すればいいのだ。ひとつの高層ビルでエネルギーが枯渇しても、別の場所から再充電ができるといった具合だ。このようなシナリオのなかでは、クリーンエネルギーはひとつのビルから別のビルへと、ひとつの村から別の村へ、さらには都市から都市へと容易に移動できるようになる。現代の技術では実用化が不可能なサイエンス・フィクションにすぎないのだろうが、中国はすでに熱心に取り組んでいる。上海に立ち並ぶ、見上げるような高層ビルや沿岸に設置された風力タービンが、とてつもない量の太陽光エネルギーや風力エネルギーをたくわえると同時に、グリッドの配電盤の役目を果たす様子は、容易にイメージできる。

しかし現時点では、中国人も西側の人々もごく狭い範囲に限定された再生可能エネルギー送電システムで満足しなければならない。つまり現状では、環境に配慮した世界をめざす動きは、グローバルな規模ではなく、国内でのみ展開されているということだ。中国政府もこのことは十分に理解しているらしい。新しいエネルギー源に対するありとあらゆる投資は国内の銀行が管理しているからだ。

国際的な商業銀行のアナリスト、クラウディオ・ヴェスコヴォは「中国共産党がとりまとめるエネルギー転換プロジェクトにかかわりたいと思ったら、地元銀行の仲介を通さなければなりません。大手の国際投資銀行はエネルギー部門には容易に参入できないのです」と述べている。[7] 中国は非常に野心的なクリーンエネルギー転換プロジェクトを展開し、それを進めるための潤沢な資金を保有しているが、一方で西側がこの種の戦略的部門にかかわることをおそれている。とはいえ、だからといってクリーンエネルギー関連の西側大手企業が意欲を削がれることはなく、大挙して中国に進出している。内モンゴル自治区では、アリゾナ州テンペを拠点とし、太陽電池モジュールの生産ではアメリカ最大のメーカーであるファースト・ソーラーが、風力や太陽光、バイオマス発電を組み合わせた発電所を建設している。その生産能力は一二ギガワットであり、天然ガスや石炭発電所のおよそ一〇倍に達する。ゼネラル・エレクトリックはエリオン・ケミカル・インダストリーと共同で、内モンゴル自治区経済の中心地オルドスに、伝統産業が黄河に排出する汚水の削減をめざすプロジェクトを完了させている。

環境を取り戻すには、クリーンエネルギーの拡大が不可欠だ。しかしこれには実現可能な目標という以上に、クリーンエネルギー転換政策の重要性を印象づけ、それに必要な推進力を付与するための、強力なプロパガンダとしての意味がある。工業化によって中国の自然環境が破壊され悪化したことはだれもが知っている。荒涼とした風景にモノクロのイメージがあるのは、白黒フィルムで撮影したからではなく、環境汚染があらゆる色彩を奪ってしまったからだ。そしてこの状況は世界中が知るところとなった。このイメージこそがいま、再生可能エネルギーへの転換をうながす作戦を展開するうえでの武器となっているのだ。

中国環境保護部の潘岳《パンユエ》副部長は二〇〇三年以来、環境保護運動を導いてきた。この活動は最近になって中国共産党の全面的な支援を得るようになった。二〇〇八年、環境問題に対して人々が声を上げたのを機に、大衆の意見が政府に聞き届けられるよう、潘は新たな取り組みをはじめた。

「環境に関する情報の透明性を高めることで、環境を破壊する人々に対して世論を通じて圧力をかけられるようになる」と潘岳はニューヨーク・タイムズ紙に語っている。(8) 世論は重要である。二〇〇六年だけでも、環境関連の抗議行動は六万回も行なわれている。そして中国政府が打ち出した新しい環境保護キャンペーンは、共産党がみずからをつくり変えられることを示す証左だ。二〇〇〇年の前半、香港に近い東洲という小さな漁村で、何基目かすらわからない石炭発電所の建設に反対する抗議デモを武力で鎮圧した同じ機関が、いまではクリーンエネルギーを推進しているのである。(9)

三〇年にもわたり、工業化によって生じた汚染問題を無視し続けてきた中国は、いまようやく環境保護という旗のもとに結束した。潘岳はさらにこう語る。

経済によってすべてが決まると考えていた我々は間違っていた。景気が良ければ政治も自然に安定すると我々は考えていた。好景気になれば、政治も安定し、人々も十分に腹を満たして、生活に満足してくれると思っていたのだ。景気さえ良ければ、あらゆるところに金が行きわたる。物質文化が豊かになれば、人口や資源、環境、社会や経済、そして文化をめぐる危機的状況を防ぐことができると考えていた。しかしこうしてみると、それだけでは不十分のように思える。(10)

環境保護への関心は、北京から西へと全国に広がり、高まっていった。クリーンエネルギー源を財政面で支援しようと力を入れるのは、内モンゴル自治区だけではない。甘粛省や青海省も同様だ。これら三つの省や自治区はそれぞれ二〇メガワットを上まわる規模の太陽光発電所を建設する計画を発表している。もちろんこうした意欲的な取り組みは中央政府みずからが評価したうえで、財政的に支援する必要があるだろう。そのために必要な投資は相当の規模に上ると思われるからである。甘粛省で建設中の風力発電所は、二〇ギガワットと世界最大級の規模になると思われ、その建設コストは一七六億ドルに上る。二〇〇九年の夏、中央政府は環境保全プロジェクトに二一八〇億ドルを計上したが、それは国家の経済刺激策の三四パーセントに相当する。一方のアメリカでは、環境保全施策の占める割合は同国の経済刺激策の一二パーセントにとどまっている。[11] つまり中国は戦後最悪の世界経済危機を乗り切るために、ほかのどの国にも増して、環境維持プロジェクトに重点的に投資を行なったということだ。

二〇一一年から二〇一五年にかけて、中国は水力発電エネルギーを三二四ギガワットに、太陽光エネルギーを二ギガワットに、そして風力エネルギーを二〇〇ギガワットにまで増大する計画である。現在、水力発電は中国のエネルギー需要の六パーセントを満たしている。ちなみにアメリカは三パーセント、ドイツは一パーセントである。しかしもっと重要な意味を持つのは、この国がエネルギー効率を高めるプロジェクトに投資しようとしている金額だろう。それは五兆元、つまり六〇〇〇億ドルにも達する。しかもそれによって今後一〇年間で一五〇〇万人分の雇用を生み出すとされているのである。[12]

当然のことながら、中央政府は各自治体にも財政面で寄与するよう期待している。内モンゴル自治区の経済活動の大半が集まるオルドスは中国で一番富裕な地域のひとつであり、石炭埋蔵量でこの国の第六位、天然ガスで第三位の埋蔵量を誇っている。人口わずか一六〇万人のこの地域ではひとり当たりの所得が一〇万元と、中国で第三位である。ほかの無数の地方自治体と同じく、オルドスも、クリーンエネルギー拡大に代表される環境プロジェクトは地域経済を発展させ、上海や北京、深圳に匹敵する豊かさをもたらしてくれるものと考えている。

中国産業革命の第二段階

地方自治体当局が環境保護運動にかかわるということは、中国がいわば産業革命の第二段階に入ろうとしていることを示唆している。開発が遅れた地域の近代化に、中国は国を挙げて取り組もうとしているのだ。第一段階に際して、鄧小平は万里の長城の先を、香港から見つめていた。西側に設置されたこの窓をうまく利用して、中国は世界に向けて門戸を開放したのだった。鄧の計画の目玉は、経済特区を南部沿岸に設けることだった。成長の駆動力となるのは安価な労働力であり、海外資本はそれを搾取した。すでに述べたように、この段階での中国はいわば世界の実験室となり、コストをとびきり安く抑えて地球村の消費者のために安価な製品をつくった。そしてこの実験はとてつもない富をこの国にもたらしたのである。一九七八年から一九九四年までの間に、中国のひとり当たり所得は三倍に、GDPは四倍に、そして輸出は一〇倍に増えた。

一九九七年に鄧小平が亡くなったとき、なおも発展を続ける中国経済は、世界でもっとも強力な国のひとつとなっていた。しかしすでに述べたように、奇跡の経済成長のつけは重く、多くの労働者の人命が奪われ、また環境破壊も深刻化した。製造コストを引き下げようと強引に工業化を進めれば、生態系に深刻なダメージを与える危険性があったにもかかわらず、中国政府はそれを無視した。その結果、被害はまず経済特区にあらわれた。環境汚染は危険なレベルにまで達し、経済特区の人々は次々とそれに公然と抗議するようになった。地理的に見ていくと、二〇年以上にわたって続いた産業革命の第一段階を経て、沿岸地域は内陸部よりずっと豊かになった。なぜそうなったかは明らかだろう。沿岸地域の経済が大躍進を遂げたのは、輸出に依存していたからである。低コストの「メイド・イン・チャイナ」製品を満載した船が、港から輸出先へと次々に出航していったのだ。

それとはまったく逆に、第二段階の中国は、万里の長城から西方向を眺めることはない。その目は東へ、つまり自国の内部に向けられている。エネルギーと国内消費こそ、中国政府にとっての新しいキーワードなのである。それに加えて、現在の国際ビジネスの置かれた状況は、中国の近代化のプロセスに有利に作用している。これまでのようなライフスタイルをもはや続けていくことができなくなった西側諸国は、反省を強いられているわけだが、中国政府は貯蓄と消費がアンバランスである点に注目するようになった。西側の人々がありもしない金を使うとしたら、中国の人々は使わなければならないときでも貯蓄をする。とりわけ危機が起き、その後も不況に見舞われるなかで、中国共産党は、状況がよかったらはたして可能だったかわからないほどの、思い切った経済決定を迫られた。それでも余剰資金の投入先として彼らが選んだのは代替エネルギー部門であり、またそうした資本を集中的に投入しようと選んだのは中央アジアだった、という事実は残る。たしかに内陸部は今日にいたるまで、もっとも開発の遅れた地域であった。

いまの中国を見ると、毛沢東による統治が終わった直後にこの国を特徴づけていた状況とは、さまざまな意味で正反対であることがわかる。その当時の中国では資本が欠如していることが一番の問題だった。ところがいまは家計も企業も高い貯蓄率を示し、流動性は過剰な状態にある。それもあって政府は外国銀行がエネルギー関連プロジェクトに参入するのを阻止しているのだ。この国はもはや蓄積するのではなく、使わなければならない状況にある。ところが巨額の貿易黒字を抱えた国にしては、国内支出の水準があまりに低すぎるのである。

クラウディオ・ヴェスコヴォはこの点について、インタビューのなかで次のように述べている。

二〇二〇年までに、中国政府は少なくとも一〇ギガワットを誇る巨大な風力発電所七基を建設するつもりです。これについて少し説明を加えると、現在、風力発電所として最大の出力を誇る施設がアメリカのテキサス州ロスコーにありますが、そこでの発電量は一ギガワットにも満たないのです。甘粛省、河北省、吉林省、江蘇省、新疆省、そして内モンゴルに建設が予定されている発電所は総計で一二〇ギガワットを生み出すといわれています。つまり政府の計画のなかでは、原子力よりもむしろ風力エネルギーが、この国のエネルギー需要を満たすのに貢献することになるわけです。ちなみに原子力エネルギーは二〇二〇年までに六〇から七〇ギガワットに達する見込みです。[13]

再生可能エネルギーの輸出が困難であることを考えれば、辺境の地に投資を行なうということは、つまりはそうした発展の遅れた地域で産業をはぐくみ、インフラを建設することにほかならない。そして、現実にそうなっている。中央アジアに広がる地域は近代化されつつある。したがってエネルギー消費は今後、増えていくことが見込まれるわけである。タマネギの皮を一枚一枚はぐように、鄧小平の政策によって、まずは南部沿岸地域やその周辺部が発展した。そして第二段階にいたって、タマネギの中心である中央アジアの開発にとりかかり、そこから外側に向かって広げていこうとしているのである。砂漠で生み出されるクリーンエネルギーは、周辺地域の近代化に役立ち、やがて送電網を通じて沿岸地域の諸都市に運ばれるようになるだろう。

このように再生可能エネルギー源という新たな長城は、新しい中国の境界を示している。それをたどっていくと近代化がどのように広がりつつあるかがわかるのである。もちろん中国はその境界を越えようとしないばかりか、そうすることを望んでもいない。

中国的パラドックス

中国の工業化が第一段階から第二段階への過渡期にあるということは、現時点では世界でもっとも環境保護に熱心なこの国が、同時にもっとも多くの環境問題を抱えていることをも意味している。中国は世界最大の代替エネルギー生産国であり、その生産量はアメリカ（四〇ギガワット）の二倍近いおよそ七六ギガワットである。中国は小規模水力発電によるエネルギー生産では世界第一位を占め、風力発電では第四位であると同時に、GDP当たりのエネルギー消費量が二〇〇六年から二〇〇八年の間に一〇パーセントと最大の減少を示したことでも知られている。この国の環境保護に向けた目標は、すでに述べたように国のエネルギー生産に占める代替エネルギーの比率を二〇二〇年までに一五パーセントに引き上げることなど、世界でもっとも野心的なもののひとつである。二〇〇九年一一月に中国政府の特別委員会が明らかにした計画では、二〇三〇年までにエネルギー消費の五〇パーセントを代替エネルギーおよび原子力エネルギーでまかなうようにするという。

一方、二〇〇八年の時点で、中国は環境を汚染する当事者としても世界最大規模である。汚染はいたるところで目につく。環境保護に世界一熱心な国が、環境汚染でも世界一であるという事実には思わず疑いの目を向けたくなるわけだが、実は第二次産業革命期に当たる一八八〇年以降のアメリカもそうだった。そのライフスタイルゆえに、ひとり当たりの環境汚染の割合では、アメリカはいまなお世界最大である。一方、中国で環境を汚染しているのは、GDPの四八パーセントを占める産業界だ（中国政府はこの数値を二〇三〇年までに四一パーセントにまで減少させるとしている）。この割合はサービス業を基盤とするいまの西側諸国経済に比べればずっと高い。また中国の産業の大半は重工業（化学、冶金工業）など、エネルギー消費量の大きいものであり、また電力の七〇パーセントは石炭による火力発電によって生み出されている。

アメリカや西側諸国全般について言えることだが、環境汚染の原因はその国のライフスタイルにも関係がある。地球の温暖化が進むいまではショッキングでもあり、不思議としか思えないようなライフスタイルが存在するのだ。たとえばアリゾナ州の砂漠には、秋の数カ月間だけ、新たに大富豪の仲間入りしたアメリカ人ばかりが暮らす小さな町がいくつかある。町全体が塀で囲まれ、門では警備員が監視しており、ゴルフコースやプール、フィットネスセンターなども完備されている。気温が摂氏四三度を超える夏になると町は空っぽになり、ゴルフコースも一面砂におおわれた元の姿に戻る。だが秋になって住人が戻るころには、もう一度芝生を生やさなければならない。草を生やすのに必要な水はこの砂漠の地ではきわめて貴重だ。しかも水を供給するには法外なエネルギーコストがかかる。これなど西側の人間がいかにエネルギーを浪費しているかを物語る事例と言えるのではないだろうか。

こんな贅沢など存在しない中国では、いまなお近代化プロセスに多くのエネルギーが消費されている。だからこそ近代化の第一段階に多くの工場が建設された沿岸地域では、大気が汚染され、人々の健康に悪影響をおよぼすことになったのである。二〇〇八年のオリンピック大会中、青空を取り戻すため、中国政府は北京やその近辺にある工場の操業を三カ月間にわたって停止した。北京に駐在するアメリカ大使は、ずっと当地の大気の状況をツイッターで報告し続けているが、やはり「危険」という言葉をしばしば使っている。

環境保護運動に熱心に取り組む人々は、こうした状況を変え、中国を世界初のクリーンエネルギー国にしたいと考えている。だが自分をあざむいてはいけない。たとえばアメリカは一二〇年にもわたって経済発展だけを重視し、GDP成長につきまとう環境問題を無視してきた。アメリカがいかに立派なことを言って働きかけようと、中国政府がそれに心動かされることはないのである。しかし中国政府にも超大国としての責任感が欠けていると言わねばならないし、この一世紀というものアメリカ政府に特徴的だったエゴイズムが垣間見えるのも懸念材料だ。中国共産党は中国のことだけを、そして国が生き残ることだけを考えている。クリーンエネルギーの開発も経済的なメリットを考えてのことなのである。

とはいえ、そこにはなにも目新しいものはないのだろうか？　やはりなにかが変わったのではないだろうか。たとえ帝国という帝国がみな一様に自国のことだけに傾注してきたのであったとしても、そのプロセスは国境や支配領域を越えて、海の向こうにいる人々の生活にも影響を与え、変化させる。中国政府が乗り出したエネルギー革命という技術上の冒険も、この世界に望ましく革命的な変化を与える可能性があるのだ。

一歩退く

産業革命後、おびただしい炭化水素を消費したことで、人口増加や環境の状況など、あらゆる角度から見て、この地球は変わってしまった。工業化によってマルサス的なサイクルは終わり、農村部の人々は飢え死にすることはなくなった。医学は大いに進歩し、圧倒的な数の人々の生活が改善され、人口は激増した。一〇〇〇年の時点で、世界の人口はいまのアメリカの人口をわずかに下まわる三億人だったのが、その後、産業革命の前夜にいたる七五〇年間で七億人と、五七パーセントも増えた。一八〇〇年には一〇億人を数え、その後の一世紀の間に倍近くなり、一九〇〇年には一六億人、一九二七年には二〇億人に達した。

進化の過程のなかで人類は繁殖し続けてきた。一九五〇年以来、人口は一〇年ごとに一〇億人増え続けている。つまり一三年ごとに、いまの中国と同じだけの人口が世界では増えている計算になる。人口の増加は、地球の温暖化と同じぐらい深刻な問題だ。そして中国人たちはだれよりもこの事実をよくわかっている。中国の指導者たちは数十年にわたるひとりっ子政策によって、産児制限を行なってきたからだ。それでもこの国の人口増加は環境にすさまじい負荷をかけ続けている。

西側諸国をこれほどまでに強大にした技術革新は、その実、諸刃の剣であった。産業革命が生み出した諸問題のなかに、いまの中国が抱える矛盾を見ることができる。一九六六年製作のアルベルト・ソルディ主演の名高いイタリア映画『ロンドンの煙』にも描かれていたように、一九五〇年代と六〇年代、家庭の暖房に石炭を使っていたロンドンなどの大都市には、つねにスモッグにおおわれた陰鬱な景色が広がっていた。人々が環境汚染に無頓着だったのは、炭化水素という資源が無限であるかのように思い込んでいたからだ。それが一九七三年の秋になって初めて、ＯＰＥＣに加盟するアラブ諸国が石油の輸出禁止措置をとったことで、石油は富裕な国々を危機的な状況に陥れることのできる経済的な武器となったのだった。それを機に石油を代替し得る再生可能エネルギーをどこに求めるべきかという真剣な論議がはじまった。しかも第二次世界大戦後、炭化水素を今後もどれくらい使い続けられるかという見通しは、少しも希望の持てるものではなかったのである。

一九四九年、アメリカの地質学者M・キング・ハバートは、石油はやがて枯渇するだろうと警告した。今後もエネルギー需要は増加し続けるだろうが、アメリカの原油生産は一九七〇年にピークに達した後で減少するだろうと見積もったのである。しかしこの予測を耳にしても、アメリカの油田の石油生産量が減少をはじめるとされた一九七一年ごろまでは、世間はほとんど騒ぎ立てなかった。これまでのところ、ハバートのいわゆる石油ピーク説が正しいことは明らかだ。人々はみな一様に、地球が発展していくうえでエネルギー問題が最大の障害となることが明らかになった、とこの説を評価している。

クリーンエネルギーの供給は、人類の生死にかかわる重要課題であり、だれもが先を争ってこの分野に参画しようとしている。前述のように中国は二〇一〇年までに世界最大のエネルギー消費国となった。[14]人口一三億を擁する開発途上国・中国にとって、未来のエネルギー需要をどう満たすかは喫緊の課題だ。その理由を示すにはいくつかの数値を挙げてみせるだけで十分だろう。リフキンの推測によれば、もし中国とインドが韓国と同じレベルにまでひとり当たりの石油消費量を増加させるとしたら、それだけで一日に一億一九〇〇万バレルの石油が必要になるという。それは今日の世界全体の需要量のざっと二倍に相当する。また、もし中国がアメリカのひとり当たりの石油消費量と同じレベルで消費するようになったとしたら、一日にさらに八一〇〇万バレルが必要となる。つまり西側に匹敵するような豊かさを中国が実現しようとするなら、石油以外にもエネルギー供給源を探さなければならないということだ。

このように、現状ではエネルギー資源は不足している。そしてクリーンエネルギーに投資を行なう国々は中国にとどまらず、アメリカ、ドイツ、スペインも他国に先駆ける形で熱心に取り組んでいる。[15]二〇〇八年、世界の太陽光エネルギー発電所の生産能力は前年比で三倍となり、風力発電による生産量は三〇パーセント近く、またエタノール燃料の生産も三四パーセント増えている。クラウディオ・ヴェスコヴォが次に述べているように、クリーンエネルギー生産は歴史に残る節目を迎えているのである。ヨーロッパとアメリカでは近代史上初めて、再生可能なエネルギー源（太陽、風、バイオマス）による電力の生産能力が、従来のエネルギー源（天然ガス、石油、石炭）を上まわったのです。[16]

生産能力が増加したのは、国際金融機関による熱心な支援によるところも大きい。国際機関によるクリーンエネルギー生産への投資額は二〇〇四年から二〇〇八年までに、二〇〇億ドルから一二〇〇億ドルにまで増えた。イタリア資本市場仲介業者協会（ＡＳＳＯＩＭ）の刊行誌「ニュー・エナジー・ファイナンス」によれば、そのうちの九七〇億ドルは金融市場から直接投資として入ってくるという。[17]

多数の法則

ここ数年、中国はレアメタルの世界最大の生産国となっている。二〇〇九年に世界中で消費されたレアメタルの九五パーセントは、中国の鉱山で産出されたものだった。なかでももっとも重要な鉱山は、内モンゴル自治区の都市・包頭《パオトウ》にある。かつてのアメリカのゴールドラッシュを彷彿させるような街だ。中国の鉱山のうち国家の管轄下にあるのは包頭だけである。とはいえ、九万五〇〇〇トンを産出することの鉱山が生み出す利益は一〇億ドルにも満たない（比較のために、同じ地域の鉄鉱山の例を挙げてみると、年間で一〇億トンの生産量がある）。

しかしレアメタルは戦略的に重要な役割を果たしている。クリーンエネルギー産業はレアメタルを太陽光パネルや風力タービンに利用する。ハイブリッド車の触媒マフラーやバッテリーにも使われている（トヨタのプリウス一台につき、一二キログラムのネオジムを充電式バッテリーに使用する）。レアメタルは電子機器にも欠くことができない素材だ。精密誘導ハイテク兵器は言うにおよばず、携帯電話やコンピュータ、プラズマ・テレビの内部にもごくわずかではあるが使われている。鄧小平は「中東には石油が、中国にはレアメタルがある」と述べ、すでに一九九〇年代にその重要性を認識していた。

一九九四年、中国は全世界で生産されるレアメタルのうち四六パーセントをすでに支配していた。その後、この一五年間で、中国政府は海外の鉱山や、鉱山に関連する戦略産業の多くを買い入れている。一九九五年、北京三環新材料高技術公司と中国有色金属有限公司の二社は、アメリカの提携会社二社とともに、ハイテク兵器関連産業が使用するレアメタル部品の八五パーセントを製造するインディアナ州の企業、マグネクエンチを買収した。買収後、製造部門をひとつずつ中国に移転していったため、現在アメリカではこの種の部品の生産は行なわれなくなっている。(18)

西側世界はレアメタル輸出が激減することをおそれている。中国政府は公式には認めてはいないが、レアメタルを使う産業の大部分を国内に移転させる心積もりであることは明らかだ。ネオジム供給に関して中国ととり決めを結んだトヨタは、レアメタル鉱山の近くに組み立てラインの一部を移転させることに同意した。レアメタル産業はエネルギー転換を進めるという野心的な計画の実現にも役立っている。クリーンエネルギーは中国の産業革命のかなめであると同時に、中国の優位を裏づけるものでもある。この産業はまた「数の多さ」という観点から見て、歴史的に重要な段階を画する可能性がある。

一八世紀の技術やエネルギー分野でのイノベーションがやがて産業革命へと発展したのは、その変化がきわめて大きかったからだ。人類は史上初めて大量生産をはじめ、それにともなって思考の規模も広がった。「工業化」と「数の多さ」というのは表裏一体をなす思考だ。マルクスの著作も、アダム・スミスやリカードの著書も私たちにそう告げている。社会科学としての経済学は、工業化とときを同じくして誕生した。経済や産業面での選択が、大衆の生活を決定づけるようになったからだ。この関係性を推進するのは利益である。歴史上初めて、個人からなる新しい階層も利益に手が届くようになったのだった。この階層は、思うがままに一部の利益を我がものにしてきた以前の独裁的な少数権力者に比べれば、いっそう規模が大きく、たやすく相互に結びつくことができた。

中国の産業革命の第二段階でも、「数の多さ」は中心的な役割を果たそうとしている。中国は地球上でもっとも人口が多く、もっとも広大な国でもある。こうした特色はグローバリゼーションのプロセスにおいては大いなる利点となる。取り返しのつかない環境破壊を食い止めるためには、地球規模で考えることが必要だ。要するに、富裕な国々に暮らし、特権を享受する少数派ではなく、多数派のことをまず考えることが重要なのである。いままさに不況のただなかにある西側諸国が感じているように、政治的パラダイムをくつがえすことは簡単ではない。しかし生態系という観点からしても、エリートたちがこの地球を支配するという状況には限界があることははっきりしている。

共産主義・中国は私たちを環境ホロコーストから救ってくれるのだろうか？　いま多くの人々が自分にこう問いかけている。もちろん、中国よりも大きな規模で思考し、行動できる国は現時点では存在しない。この国が新しいクリーンエネルギーにおけるモデルケースとなり、知的で効率的な送電網を生み出すことに成功すれば、産業革命当時と同様、だれもが中国の例に倣おうとすることだろう。その時点で、西側の優位は終わりを告げ、世界の重心がワシントンから北京へと移動して、新しい時代が幕を開けることだろう。

第3部

グローバリゼーションと民主主義

第11章 中国の目でワシントンと北京を見る

二〇〇九年の終わりに、バラク・オバマは中国を訪問した。[1] とはいえ一九七二年のニクソンと毛沢東の会談という歴史を画する出来事には比べるべくもなければ、世界中に衛星中継されたビル・クリントンの訪中ほどメディアを挙げてのにぎにぎしさもなかった。はたまた、ほかのＶＩＰとともに北京オリンピックを観戦したブッシュのような存在感を、オバマが発揮することもなかったのである。現アメリカ大統領の訪中は、ワシントンと北京の関係によく使われる形容と同じく、うすぼんやりした印象を残すにとどまった。[2]

この短い訪問の間、オバマは慎重にふるまおうとしている、と人々は感じた。快活な態度はいつもと変わらなくとも、言葉選びを慎重に、対話相手の胡錦濤とは一定の距離を崩すまいとしているかに見えた。アメリカ大統領が訪中する際に必ず持ち出される人権問題に話がおよぶと、中国側は冷淡な態度で応じた。実は、中国共産党政権はたいていアメリカ大統領の訪中に合わせて、西側民主主義に「過剰な」熱意を示して投獄された反体制主義者をひとりふたり釈放するのが慣例になっている。ところがオバマの訪中時はだれも釈放されず、数少ない例外となった。

政治や経済面でも、はかばかしい成果はほとんど上がらなかった。対イラン経済制裁への支持を求めたアメリカの要請も聞き入れられなかった。記者発表の席上、オバマは自国通貨の対ドル相場を固定させていると言って中国を批判した。そうすることでアメリカや世界の市場での中国製品の競争力を人為的に高めている、というのだ。胡錦濤は反対にアメリカを批判してきた。実質的には手ぶらで帰国することになったオバマに、支持者たちは落胆した。

中国側も明らかに失望していた。匿名を条件にインタビューに応じてくれた北京在住のジャーナリストは次のように語っている。本書では仮にこの人物をリー・チャンと呼ぶことにしよう。

中国の人々はクリントンが大好きでした。でもそれは当時のアメリカ社会が抱えていた問題を知らなかったからです。いまの学生たちはアメリカについてもっと情報を得ることができるようになっています。もちろん中国の体制に問題があることは中国人ならみな知っていますが、だからといってアメリカの状況が中国よりいいわけではないことも、わかっているんです。オバマ大統領の訪中は外交関係の延長にすぎず、中国の人々にとって特になにかのはじまりを意味するものではありませんでした。アブグレイブや拷問をめぐるスキャンダルが広くメディアに報道されていたにもかかわらず、ブッシュ時代のほうが中国との関係はずっと良好だったのです[3]。

こうした違いに気づいた国際メディアも、オバマの前任者たちはもっと長く中国に滞在し、大きな成果を上げたというのに、オバマの訪中は短かったばかりか、アメリカにとって屈辱的な結果に終わった、と指摘することを忘れなかった。中国の心境は、多額の融資をしたのに、貸した金が戻ってこないのではないかと心配する銀行家と同じで、だからこそあんな冷たい態度をアメリカに示したのだ、と分析する者までいた。事実、中国はアメリカ国債の購入額を大幅に減らしている。二〇〇六年にはアメリカ国債の四七パーセントを中国が購入していたが、二〇〇八年にはその割合は二〇・二パーセントとなり、二〇〇九年にはわずか五パーセントにまで下がった。[4]

中国共産党に比べれば、アメリカ大統領など脆弱な存在にすぎないとわかっているからこそ、中国側はアメリカに対して敬意を示さなかったのだ、と考える者もいた。アメリカで一番人気あるブログのみならず、ニューヨーク・タイムズやウォール・ストリート・ジャーナルなどの伝統的なメディアもこの点を論じた。だれもが認識していたのは、アメリカ大統領としての任期はかぎられており、しかも医療保険制度改革をめぐる闘いで明らかになったように、その間は議会の人質となり、政財界の各勢力に突き上げられ、つねに譲歩を余儀なくされる、という事実だった。対照的なのは中国共産党で、みずからを一枚岩の、異論の余地なき、中華人民共和国を体現する確たる存在と見なしていた。

経済危機、ふたつの戦争、そしてグアンタナモ収容所の閉鎖などの公約実現に多くの困難が立ちはだかったことで、ジョン・F・ケネディ以来もっとも人気ある大統領のひとりであったオバマに対するアメリカ国民の信頼は揺らいだ。つまり中国共産党の赤い星は上昇し、オバマが率いる星条旗は落ちていく、ということだ。

東側から見た中国とアメリカ

オバマと胡錦濤の会談からは、わずか二年足らずで中国とアメリカの力関係がいかに変化したかを見てとることができた。こうした変化の背後には、中国でのメディアや情報伝達の自由が増しているという事情がある。この点についてリー・チャンは次のように述べる。

海外からのニュースはこれまでより頻繁に入るようになってきました。以前なら、一日に一五回だったのが、いまや五〇回、もしくはそれ以上になっているのです。しかも検閲されないので、これまでよりずっと有益な情報が得られます。信用危機についてのニュースも中国で逐一報道されましたが、それは中国も不況に巻き込まれるのではないかとみんながおそれていたからです。中国のメディアはよくやったと思いますが、西側メディアは評価できません。外国人の同僚たちとも話し合ってみましたが、西側メディアがニュースを『売る』のに対して、中国のメディアは情報を提供するのみならず、この国がどうなるかに関心を抱いている、という印象を受けました。こうした違いが生じるのは、西側メディアは政府を批判したがる傾向があるのに対して、中国のメディアは読者を教育したい、と考えているからではないでしょうか。(5)

中国とアメリカが互いに冷淡さを示すという現実の裏で、信用危機とそれに続く不況が、両国に正反対の影響を与えていることに西側は気づかされる。外交面にあらわれたこの傾向を、西側の人々にはあまり馴染みのない中国人の見解という観点から分析することは、有益だと思われる。

二〇〇九年末にバラク・オバマが訪れた際の中国の変わりように比べると、二〇〇八年八月にジョージ・ブッシュが訪問したときの中国は、その一〇年前にビル・クリントンが訪れた当時とさほど変わってはいなかった。とはいえ、アメリカも変化はしている。クリントンが政権の座にあったのは「活況あふれる一九九〇年代」である。共産主義に勝利したとだれもが有頂天になり、世界は規制緩和に揺れていた。ネオコンが「国家に与《くみ》するかテロリスト側につくか」とマントラのように唱えながら愛国主義なるものを国民に叩き込む一方、ブッシュは「対テロ戦争」という危険な道を歩んだ。オバマが政権の座に就いたのは経済危機の最中であった。国中が不況にあえぎ、だれひとりとして支持する者のいない戦争はこう着状態にあった。

だからといって三人の大統領の現実がそれぞれ別個のものだったと見なすのは正しくない。オバマが受け継いだ経済危機、そして国民のアイデンティティをも含む価値観を揺るがす現実は、実のところベルリンの壁の崩壊直後からはじまっていた。もちろんこの現実が形づくられるのには、ホワイトハウスのすべての住人がかかわっている。二〇〇〇年代の初めの時点でアメリカ政府はすでに、第二次世界大戦後に打ち立てた覇権を維持すべく悪戦苦闘していた。レーガンに言わせればアメリカの力こそがベルリンの壁を崩すにいたったのだそうだが、クリントンが推進したグローバリゼーションによって事態は混乱し、アメリカの手から力はすり抜けていってしまった。他方、規制緩和は中国をはじめとする他の国々に想像を絶するほどのチャンスを与えた。ところが不況がはじまる二〇〇七年まで、一体なにが起きているのかだれも気づかなかったのである。

地球村で超大国としての地位を維持するには、権力というコンセプトそのものをつくり替えなければならなかったのだが、それに気づいた者はだれもいなかった。権力の上層部の人間など特にそうだった。これからの現代社会の普遍的な問題は環境や健康なのであって、軍事的な優位でもなければ民主主義でもない。つまり新しい世界情勢のなかで、冷戦時代のようにふたつの超大国が対立を通じて均衡を保つ構造を再現するなど、絵空事にすぎないのである。それは実現不可能であるばかりか、時代錯誤でもあり、はたまた危険でさえある。ところがブッシュ政権はまさにそれを実現しようともくろんでいた。奇妙なことに、九・一一同時多発テロ後、ほかの西側諸国もアメリカに同調した。過ぎ去った時代への郷愁の念に駆り立てられての行動ではなく、傲慢さと怠慢ゆえにそうしたのである。結局のところ、西側諸国にはみずからを刷新する気がなかった、ということだ。

中国やアジアの人々にとって、世界最強の人物であったはずのアメリカ大統領は、今後もこれまでと同様に分不相応な暮らしを続ける国家のシンボルにほかならない。一九九七年のアジア金融危機の際、アメリカの大手銀行が一斉に市場から逃げ出すさまを目撃し、ＩＭＦに屈辱を味わわされた人々は、アメリカが過去の、そしていまもおかし続けているみずからの過ちのつけを払わされている、と感じている。上昇の一途をたどる失業率を無視し、大恐慌の再来とおそれられる危機的状況に世界を陥れておきながら、なぜなおも残虐な金融システムを存続させようとするのだろうか？　しかも選挙キャンペーン中、大手金融機関を改革すると公約で力強く訴えたというのに、オバマには事態を変える強さが欠けている。市民の預金のあつかいに関して銀行の規制を求めたボルカー・ルールをめぐっては、金融ロビイストとホワイトハウスの間でせめぎ合いが続けられ、アメリカ政府もこのルールを好意的に受け止めていない。しかも金融機関の将来的な悪行を回避するには、このルールはあまりに曖昧で、たとえ実施されたところで成果は上がらないだろう。

バラク・オバマ大統領率いる国家は、イラクとアフガニスタンでいまも戦闘を繰り広げているわけだが、その費用は中国の預金でまかなわれている。ふたつの戦争を前任者から引き継いだこと自体はオバマにとってさしたる問題ではないらしく、いまや戦争は彼の指揮下にある。中国メディアは一年以上にわたってアメリカ側の敗北をあげつらい、このばかげた状況を読者たちに知らしめようとさかんに報道した。中国は、グローバリゼーションのおかげで底知れぬほど強くなったが、平均的なアメリカ人はそんなことは知らない。だがその事実をうすうす感じている一般の中国人たちは、いまのアメリカを二〇世紀の超大国として見なし続けるのには無理があると考えている。むしろウォール街とネオコンという過去の亡霊の人質と化した国、ととらえたほうがぴったりくるのだ。

中国とアメリカの命運は、まるでコインの裏表のように、きわめて密接に結びついているらしい。つまり経済や外交、社会面で中国の運気が上昇すると、逆にアメリカは衰退していくように思われるのだ。

中国版ニューディール

中国政府は過去二〇年間の莫大なたくわえを使い、昔々のアメリカのニューディール政策の路線に沿って、経済救済策を打ち出した。道路や学校、病院、「時代を先取りした」鉄道ネットワーク（武漢と広州を時速三五〇キロメートルで結ぶ鉄道のような）、そして広範囲におよぶ高速道路システムなどを建設しようというのだ。こうしたイノベーションのすべてが、再生可能エネルギー部門への大掛かりな投資と足並みをそろえる形で行なわれる。要するにこれはケインズがルーズベルトのために考案した政策の、共産国における「修正アップデート」版というわけだ。なぜそれが可能なのだろうか？　パトリック・ホバネツは次のように説明する。

中国政府は資源をうまく分配しました。まず破産しかかった企業に短期融資を与えて支援することで、雇用を支えたのです。それから長期融資にとりかかり、この時点で住宅ローンやビジネスローンの問題に対処することになったわけです。(6)

ニューディール政策の「オリジナル」版と同様、中国の経済救済戦略はすばらしい成果を上げた。その結果、西側諸国の予想に反して、この国の国内需要は刺激され、海外向け輸出の落ち込み分をおぎなうことができた。経済成長のペースはゆるやかにはなったものの、ストップすることはなかったのである。フィナンシャル・タイムズ紙やエコノミスト誌などのメディア、西側の大手銀行、そしてヘッジファンドのアナリストにいたるまで、このような奇跡が起きると予測した経済専門家はきわめて少なかった。金融面では中国の救済策はもちろん、アメリカの救済策に比べてもはるかに大きな成果を上げた。西側諸国のように銀行準備金を引き上げはしなかったが、政府による金融・銀行システムに対するコントロールが功を奏し、銀行に注入された資金は最終的には中国の人々の手に渡った。

中国はつねに自国経済を注視している。二〇一〇年の初めと二〇一一年の後半にインフレ懸念が生じると、共産党は利率を上げ、貸し出しを制限した。前述のドラゴノミクスの代表取締役アーサー・クローバーは次のように述べている。

景気刺激策は西側と同じく、財政出動ではなく、金融政策でした。中国政府は銀行に流動性をもたらしたのです。将来、銀行に対して行なった融資のなかで返済されないものも出てくるでしょうね。それは避けられないでしょうし、そうなれば政府が介入することになると思われます。しかし中国のやり方は西側よりずっと賢明でした。中国政府は銀行から有害なローンを買い取る際も、全額は支払いませんでした。しかも支援を必要とする銀行ほど、提示された融資条件は悪かったのです。(7)

中国が西側で行なわれたような規制緩和をする可能性はほとんどない。たとえ今後、成長するために、この国が資金の流れに対するコントロールを弱めなければならなくなったとしても、規制緩和が行なわれなかったことは幸いであった。クローバーは続けてこう語る。

市場は、資金をもっと効率よく蓄積する必要があります。アメリカの規制システムは失敗でした。これが失敗したために、銀行は容認しがたい行動に走り、その結果、市場が大暴落したのです。いまの中国のシステムが崩壊することはないでしょうが、非効率的であることには変わりありません。中国は債券市場を必要としています。地方自治体当局にはその手段があり、しかも実際に利用してもいます。金融危機はたしかに、債券市場の活用も視野に入れた金融改革をめざす、中国財務部の政策決定をうながしたのです[8]。

経済危機に対処する際に際立っていたのは、中国政府の迅速さだ。自由が少ないからそれができたということなのだろうか？　西側の政治家がロビイストの人質であることを考えれば、これは当然の疑問である。イギリスでは、イングランド銀行総裁は金融政策をめぐって政府と公然と衝突する。前者がインフレを防止するために金利を引き上げたいのに対して、後者は市場も、市場のスポンサーたちも望んでいないと言って反対する。

中国の立場からワシントンや北京を見れば、国際社会での力のバランスが東側にかたむいているという厳然とした事実がいやおうなしに目に入る。ここで、アメリカ大統領が訪中した直後に時間をさかのぼってみることにしよう。ワシントンに戻ったオバマは「銀行国家」中国に対して、さらなる保護主義的な措置を講じた。二〇〇九年一一月、オバマは中国製タイヤに新たな輸入関税を課すことに決めた。

そうやって自国経済を活性化させ、東側でアメリカが受けたあつかいに不満を抱く反対派をなだめようとしたのだ。中国政府の反応？　なにもなかった。アメリカが保護主義的措置をとった程度では、いままでになく安定した中国経済を困らせることなどできないのである。中国の輸出依存度が減少するにつれて、中国にとってのアメリカの重要性も低下していく。中国の経済の大半を支えるのはいまや国内市場だからだ。

他方、アメリカ政府はこれまでになく中国を必要としている。九・一一同時多発テロ以来、コストのかさむ軍事活動を中国人労働者の貯金でまかなってきたアメリカは、経済回復をなし遂げるためにも、アジアの支援を必要としている。過去、現在、そして将来にわたる債務は、規制緩和と絶大な政治権力の確立をめざしたブッシュ時代と分かちがたい関係にあった。だがオバマ政権はいまなおこの国の針路を変えられずにいる。ジョージ・W・ブッシュは後継者の手には負えないような遺産を残していったようだ。いまのアメリカ政府の弱さを理解するには、近年この国がおかしたあらゆる政治的愚行の元凶となった、「対テロ戦争」にまでさかのぼる必要がある。

対テロ戦争

二〇〇一年九月一一日以後、ブッシュ政権はオサマ・ビンラディンやその側近たちをテロリストと断じ、対テロ戦争をはじめた。アメリカが国家としてこうした行動に出たのは前代未聞のことだった。機構組織や制度など、さまざまな領域にも重大な影響がおよんだ。世界貿易センタービルが攻撃される前、テロリスト対策の責任は司法組織がになっていた。警察がテロリストを追跡し、裁判所で裁いていたのである。つまり一般の犯罪者と同じあつかいをしていたわけだ。事実、世間の人々はみな、テロリズムを犯罪の一種ととらえてきた。言い方を変えるならば、テロリズムはだれの目から見ても国家にとっての明確な脅威だ、とはとらえられていなかった、ということだ。体制全般を標的とするこの「政治的な」目的は、国家からすれば実にあつかいにくい。テロリストの攻撃にどう対応すればよいのだろうか？　ブッシュが言ったようにテロリストは国家の安全保障をおびやかす存在なのだろうか？　たとえ特異なやり方であったにしても、ヨーロッパの人々が二〇世紀の後半を通じてとらえてきたような意味での犯罪なのだろうか？

このような疑問に答えてくれるのが、イギリスの大学で政治哲学を教えるポール・ギルバートである。彼はテロリズムとは戦争意図をともなう犯罪だと説く[9]。多国籍テロ集団アルカイダを含むあらゆる政治的暴力に当てはまる、シンプルだが便利な定義だ。九・一一同時多発テロ前は、アメリカを含むあらゆる国家がこの定義を使っていた。一九九三年に世界貿易センターを初めて攻撃したラムジ・ユセフはアメリカの重犯罪刑務所で終身刑に服している[10]。中国であれば、二〇〇九年に死者まで出した一連の暴動にかかわったとされるイスラム教徒・ウイグル族のグループが、ここで言う戦争目的を持った犯罪者に当たるだろう。

ふたたび九・一一同時多発テロ直後に戻ってみよう。ブッシュが対テロ戦争をはじめて以降、時間が経過するにつれ、だれもがオサマ・ビンラディンをアメリカ国民最大の敵と見なすようになっていった。イラクとアフガニスタンの二カ国に戦争を仕掛けなければ抹殺できないほどに強大な敵であるというイメージが定着したのである。いまは私たちもアルカイダがアメリカの安全保障をおびやかすほどには強力な敵でないことを知っている。ブッシュ政権が戦争を決断した陰には、イラクという戦略的に重要な地域でアメリカの覇権を確立したいという意図があったことも知っている。ネオコンは、開戦に踏み切ることによってアメリカ政府が抱える難問が解決できる、と考えた。冷戦時代とは違って、「快適な」領域に分断されてはいない世界を、アメリカはあつかいかねていたからだ。

つまり九・一一同時多発テロは、過去の世界秩序の再現という実現不可能な目的のため、戦争をはじめる口実をアメリカに与えたのだった。ネオコンのプロパガンダ機関が大きく騒ぎ立てたせいで、だれもがだまされてしまった。オサマ・ビンラディンの名前など一度も聞いたことがないという世界の大半の人々のみならず、イスラム教徒までもが、世界最強の国をおびやかすほどの人物だと信じ込むようになった。

プロパガンダは経済や政治をはじめ、あらゆる分野に劇的な変化を引き起こした。国債市場でアメリカ国債を売りやすくするために、ブッシュは九・一一同時多発テロ前には六パーセントだった利率を、二〇〇三年の初夏の時点で一・二パーセントと、大幅に引き下げた。その間、アメリカ政府は「任務完了」という有名なフレーズをひたすら繰り返していた。ふたつの戦争の費用をまかなうため、財政赤字は風船さながらに膨らんでいったが、税収は減り続けた。ジャンク債バブルがとてつもない規模に増大し、投機熱が流行病のように広まるのにはまさにうってつけの環境といえた。結局、すべてを可能にしたのは中国人の貯蓄だった。中国の銀行が国民の貯蓄を使ってアメリカの財政赤字を支えたからだ。しかし財政赤字は世界のリーダーとしてのアメリカの役割に影を落とした。イラク戦争が若いイスラム教徒たちを国のための命がけの戦いへと駆り立てたように、アルカイダが世界最強の軍事力を誇るアメリカの宿敵とされたことも、イスラム圏のテロリズムをあらためて刺激する結果になったからだ。

九・一一同時多発テロ以降、イスラム原理主義者によるテロはなくなるどころか、野火のように世界中に広がっていった。しかし「対テロ戦争」によってアメリカがこうむったもっとも手痛い打撃は、軍隊を母国に引き揚げてこの悲しい一幕を終わりにできないことだった。しかも「対テロ戦争」の敵とは、ネオコンのプロパガンダ機構の産物にすぎなかったのだ。現実に存在しもしない敵に対して、もっともらしく勝利を宣言することはむずかしい。オサマ・ビンラディンを捕まえもせずに、アフガニスタンから撤退することなどできただろうか？　近隣の市場に雨あられと爆弾が降り注ぐなかで、イラクを放棄することなどできただろうか？

正規の軍隊でもなければ敵国でもなく、刻一刻と変化する実体のない敵を相手にしていたのでは、戦いはいつまでたっても終わらない可能性がある。そもそも「イラクとアフガニスタンを民主化する」という目標は、実現させるにしてもあまりに曖昧模糊としている。一体、民主化というのはなにを意味するのだろうか？　普通選挙権、共和国の政策決定への国民の直接参加、独裁者サダム・フセインを取り除くことだったのだろうか？　あるいはカブールを奪回することなのか？　西側の大衆だけでなく、アメリカ政府もその目標が不適切だったことには気づいていた。しかしだからといって、問題をどう解決すればいいのかだれにもわからなかった。

タリバンを一掃（名目上は）し、サダム・フセインを処刑するなど目標のいくつかが達成されはしても、状況は良くなるどころか、さらに複雑になった。パンドラの箱は開かれ、いまやふたつの戦線で戦いが繰り広げられている。アメリカの過ちはことのはじまりにあった。ペンタゴン（国防総省）の専門家やブラックウォーターの傭兵たちが述べているように、「対テロ戦争」というのは、アメリカ海兵隊将校向けの雑誌「マリーン・コー・ガゼット」の表現を借りるなら、現代国家が戦場で勝つことができない、回避するか少なくとも異なるアプローチを使うしかない「最新の戦争」だからである。

第四世代の戦争というのは広範囲に分散し、ほとんどとらえどころがないので、戦争と平和の区別がはっきりせずぼやけてしまう。これははっきりとした戦場や戦線など、直線であらわせるものがない戦争なのだ。『文民』と『軍人』という区別もなくなってしまうかもしれない。戦闘はそれにかかわる者すべての、文化をも含む（物理的な意味にとどまらない）社会の深い領域にまでおよびつつ、同時発生的に起きる。(11)

中国がオリンポス山の神々のように大国が居並ぶ高みへと上り詰めたことと、近年のアメリカ大統領たちが戦略的な過ちをおかしたことは無関係ではない。このふたつの事柄の結びつきを理解するには、まず自分自身に質問を投げかけてみる必要がある。なぜ帝国アメリカは、もはや存在しない世界を再興しようと、頑迷なまでにこだわるのだろうか？　しかもそのために九・一一同時多発テロを現実とは違うものに見せかけようとして、プロパガンダ機関を動員したのだ。こうした過ちを単にネオコンの愚行と片づけることは妥当ではない。社会が崩壊するのは、社会を動かす人々がときの流れに適応するすべを知らないからなのであって、誤った考えにとりつかれた狂信者が数年ばかり権力を握ったからといってそうなるわけではない。ソ連圏が崩壊したのは、政治局もノーメンクラトゥーラ（エリート層のこと）も、ソ連成立後の最初の数十年の間には機能していたシステムが時代遅れとなり、変えていく必要が生じていることに気づかなかったためだ。そのことに気づいていたＫＧＢは新しい秩序に適応しようと準備を整えた。だからこそロシアのシークレットサービスの親玉（プーチンはＫＧＢの後身であるロシア連邦保安庁長官だった）だったプーチンがいま、新生ロシアを掌握しているのだ。一方、鄧小平はたぐい稀な見識をそなえていたからこそ、世界中で共産主義が崩壊する最中にあって、中国にとっての新しい方向性を打ち出すことができた。

しかし二一世紀のはじまりの時点で、アメリカ政府は一九七〇年代のソ連政府同様、そうした先見の明を欠いていた。ネオコンや彼らに敵対するアメリカの民主党も同じだった。アメリカの政権を取り巻く政治組織はさびついて時代遅れとなり、国際社会の変化にどう適応していいのかわかっていなかったのだ。ネオコンはアメリカ政府と優位を争う外国の勢力にうち勝つには、軍事介入という戦略が適切だと確信していた。しかしそんなことをすればどれほどの代価をだれが支払うことになるのかは考えようとさえしなかった。突発的な出来事、過去に起きたのと同じような善と悪のぶつかり合いさえ起きればそれでいい、と思っていたのだ。

アメリカ人は自分たちがかかわる戦争なら、壮大で英雄的な世界規模の聖戦、世界の命運をかけた光と影の戦いであってほしいと期待していた(12)。

私たちはそれと気づかぬ間に、アメリカ帝国の消え行く灯火を目にしているのだろうか？　街が燃えていることに宮廷が少しも気づかぬうちに瓦解したローマ帝国のように崩壊しようとしているのだろうか？　この質問の答えは先になってみなければわからない。ローマとの類似がいかに重要な意味を持つかを理解するには、過去の事例に目を向けるしかない。だから私たちも歴史を振り返り、再検討してみよう。

第12章 現代のアッティラ——オサマ・ビンラディン

フン族の起源についてはほとんどなにも知られていない。一般的に伝えられているところでは、フン族は中央アジアの好戦的な遊牧民、匈奴《きょうど》の子孫で、四世紀までおよそ一〇〇〇年近くにわたって中国をおびやかし続けていたという。紀元前二世紀に中国最初の皇帝・始皇帝が万里の長城の建設に着手したのは、フン族を北京から遠ざけておくためだったと言われている。

匈奴は中国人とは違って、帝国はもとより、文明を生み出すことさえなかった。統制された軍隊も持たなかった。彼らは狩猟と戦争に熱心な部族であり、いまのモンゴルや満州、そして中国のシベリア地方の一部を征服した。しかし彼らの子孫で、ローマを包囲したフン族とは違って、匈奴が北京に押し寄せたことはなかった。彼らの行く手をはばんだものこそが万里の長城であった。

五世紀の初め、この遊牧の民は突如として古代中国の歴史から姿を消す。それとほぼときを同じくして、フン族はローマ帝国の年代記に登場する。ヨーロッパ南部に略奪者として登場した彼らのやり方は、匈奴に実によく似ていた。多くの文化人類学者がふたつの民族の間には血縁関係があるのではないかと考えるのはそのためだ。ほどなくして、フン族は西ゴート族と東ゴート族を打破したが、ゴート族の支配領域はローマ帝国の西から東にかけての緩衝地帯に相当していた。ローマ人に「新しい野蛮人」と呼ばれたフン族がコンスタンティノープルに進撃したのはそれからまもなくのことだった。

フン族をおそれる東ローマ皇帝テオドシウスは帝国を救おうと、毎年、貢物を送ることに同意した。この協定にしたがい、フン族は数年間はいまのハンガリーに相当する広大な原野にとどまった。四三二年、この広大な原野でルギラ王がすべてのフン族をまとめあげ、新しい王国を築いた。二年後に王が死ぬと甥のブレダとアッティラが権力を掌握し、ふたたびローマ帝国の心臓部めがけて進撃を開始した。

教皇レオ一世はローマ帝国の入り口で、帝国の住人たちに「神のわざわい」と呼ばれていたアッティラを押しとどめた。アッティラはローマは略奪しないと約束して撤退した。その後、四五三年にアッティラが病死すると、リーダーを失ったフン族の王国は瓦解した。

ラヴェンナの宮廷ではローマ帝国は安泰だと考えていたが、それは幻想にすぎなかった。フン族がローマ軍を撃退し、帝国の中央にとどまった事実は、この国が無敵であると信じていた東ローマ帝国の民や、征服されて服従を余儀なくされていた者たちの思い込みを打ち砕いた。ローマ帝国が数世紀にわたって維持してきた超大国としての地位は、人々の心のなかで消滅した。

現代のラヴェンナ＝ワシントン

ワシントンをちょっと眺めてみただけで、ラヴェンナとの共通点があることに気づかされる。はたして、アメリカの首都は現代版ラヴェンナなのだろうか？　官僚機構はオバマの選挙公約も、「チェンジ」という言葉とともに各地でマントラのごとく説き続けられた主張をも呑み込んでしまった。いまやその響きすらかき消されてしまっている。オバマはブッシュから受け継いだ戦争を拒絶することもできなければ、世界の覇者たらんとするネオコンの実現不可能な夢を打ち砕くすべも知らない。彼を大統領に選んだ人々が期待を寄せていても、それがホワイトハウスに聞き届けられることもない。

そして共通点は随所にある。アメリカの地政学者ロバート・ストラウス・ヒュープは、今日のアメリカで少数の人間たちに権力が集中するさまが、衰退期にあったローマ帝国のラヴェンナ宮廷に似ていると記している。トーマス・ジェファーソンが思い描いたような、ヨーマンと呼ばれる自由農民の民主主義の時代に戻れないことはわかっているが、社会の上層部を占める人々にとてつもない権力が集中すればどのような問題が生じるかを、私たちがローマの人々よりも理解しているとはかぎらない。[1]フン族が勝利をおさめていた時期、貧しく弱い人々から税をしぼり取る一方で、裕福な者の税負担を軽減してやるといった体制の不平等に対して、帝国の人々の間では強い怨嗟の声が上がっていた。[2]八年続いたブッシュ政権もまた、金持ちを優遇する差別的な財政政策をとった。二一世紀初頭のアメリカは、すでに先進国のなかではもっとも社会的不平等のはなはだしい国であった（人口の一パーセントがGDPの六〇パーセント以上を手にしていた）[3]が、ブッシュ政権時代になるとそれはさらに悪化し、中産階級の存続自体が危ぶまれるほどになった。人々が強く待ち望んだオバマの財政改革も、状況を解消できなかった。ブッシュの政策を考案し、「ブッシュのブレーン」とあだ名されたカール・ローブは、「援助に値しない貧困者たち」などと貧しい人々を社会のくず呼ばわりし、社会の不平等を賛美したほどだった。一九六〇年代に都市部のスラム街で暮らしていた「社会から締め出された人々」は、民主党が彼らを犠牲者と見なす文化を推進していたこともあいまって、リベラル主義的な福祉政策の悪影響と結びつけられていた。[4]彼らは働く意欲もなく、国家の施しに頼って生活していた。もちろんネオコン陣営は冷戦時代の偉大なるアメリカ再興をめざす戦争に、躊躇なく彼らを徴兵する。統計を見てもわかるように、新兵は社会的にも経済的にも、アメリカ最下層の出身者であるからだ。

新アッティラとしてのオサマ・ビンラディン

アッティラは、ローマの入り口に到達した最初の野蛮人ではない。四一〇年、アラリック一世（西ゴート族の王）は街のさらに内部に進み、略奪を働いた。この出来事を受けて、宮廷は守りやすいラヴェンナに移っていたのである。しかし東および西ローマ帝国の両軍に勝利したのは、アッティラと彼が率いる軍隊が初めてだった。当時、偉大なるローマ帝国はすでに衰退しており、戦場で勇敢に戦ったのはむしろアッティラの臣下と指揮官たちのほうだった。

フン族は生まれたときから死ぬまで、飢えと渇きに耐えることを学び続ける……フン族のような遊牧民戦士の社会がなぜ成功したかを理解するには、そのリーダーシップがいかに効果的なものだったかを知る必要がある。偉大なリーダーだけが内輪もめをおさめることができた。リーダーは臣下から大変な尊敬を集めていた。しかし型にはまった官僚的な軍隊では必ずしもそうはいかない。[5]

これはこの時代を専門とする歴史家たちの言葉である。他方、皇帝はローマに対する愛国心ではなく、ソリドゥスという報酬によって雇われた傭兵からなる軍隊を使って権力を維持した。異邦人の傭兵を用いるならわしは、コンスタンティヌス（在位三〇六～三三七年）の時代にさかのぼる。世界最強の軍隊の忠誠心は、生まれでもなく、市民であることでもなく、富に依存していたのである。

帝国軍の条件はフン族に比べればはるかに恵まれていたが、それでも彼らを破ることはできなかった。なぜだろうか？　遊牧民戦士たちが勝利したことから、もっとも裕福で最高の軍備がある国が有利というわけではないことがわかる。むしろ敵を慣れない場所に追い込み、あるいは敵が知らない戦術を使う遊牧民たちのほうが軍事的にはすぐれていた。要するに、非対称戦争（戦略、戦法、戦力等が著しく異なる軍や集団間の戦争。正規軍対ゲリラ戦など）がしばしば行なわれた、ということだ。

このあたりで「共通点」という話題に戻ってみる。ブッシュ自身は、世界最強の軍事国アメリカなら、イラクに侵攻しても短期間で一定の成功をおさめることができると確信していた。そして開戦から一カ月ほど経ったとき、公式に「任務完了」を表明した。しかし彼の判断は間違っていた。イラク戦争はとてつもない人的・財的資源を呑み込む、終わりのない戦争になってしまった。イラクで反乱を起こす人々は、アメリカ軍とは違い、戦い方を知っていた。B－52戦略爆撃機やペンタゴンの技術をもってしても、敵に勝つことはできなかった。この戦いでは戦場で敵と直接対決するか、敵陣をひとつずつつぶす必要があったのだが、アメリカ兵はそのための訓練を受けていなかった。しかも人命が危険にさらされるこうしたやり方は、高度に文明化された西側社会では受け入れがたいものだった。事実、ブッシュはフン族の攻撃を受けたヴァレンティニアヌス一世と廷臣たちのような反応を見せた。みずからの力を過信するあまり帝国がいまなお全盛期にあるかのように、大軍を送り込んだのだ。[6]

しかしワシントンとラヴェンナの命運が実際に交わったのはアフガニスタンである。アフガニスタンに平和をもたらし、安定化をはかるはずの「民主的」軍隊の役割を過剰に評価したばかりでなく、アメリカ政府はタリバンやアルカイダの信奉者たちの戦術を見くびっていた。彼らの戦闘力は、すぐれた機動力でローマ軍を出し抜いたフン族をまざまざと彷彿させるものであった。[7]

ムジャヒディン（イスラム教の大義にのっとり異教徒との戦いに参加する戦士たち）の進軍について述べたソ連政治局の報告書や、一九八〇年代のアフガニスタン占領時に当地に配備されたソ連の将軍たちの文書、そして今日アフガニスタンでタリバンと戦うアメリカの将軍たちがワシントンに送った報告書のなかにも、同じような泣きごとが述べられている。連合軍が村を征服してもすでに敵は山中に消えており、追跡することは不可能だ。そして軍隊が引き揚げたと見るや、彼らは舞い戻ってくる。かつて駐留していたソ連軍と同じように、連合軍は決して勝利を宣言することができないでいた。たとえ勝利したと思ってもそれは一時的なものにすぎず、最終的な勝利を手にすることはできないのだ。

このようにアフガニスタンではここ一〇年の間、さえない戦士の一団が、世界最強の軍隊、そしてもっとも裕福な国々をけん制してきたのであった。アメリカ一国だけでも、イラクとアフガニスタンで一カ月に一二〇億ドルもの金を使っている。しかもその金のないアメリカは、他国から借金しなければならないのだ。こうした状況は、一六〇〇年前にフン族がローマ人たちから勝利を奪い取ったのと同じようにばかげており、また理解しがたい。そしてフン族のアッティラのように、サウジアラビア出身のオサマ・ビンラディンも勝利をもたらしてくれる伝説的な人物として、信奉者たちから仰がれるようになったのだった。

汝の敵を知れ

アフガニスタンのカンダハル撤退から九年が経ってなお、タリバンは巧妙で手ごわい敵として、この戦争を遂行するアメリカを経済面で追い詰めつつある。なぜそのようなことができたのだろうか？　孫武（古代中国の武将・軍事思想家。兵法書『孫子』の著書。孫子は孫武の敬称）は「汝の敵を知れ」と述べたが、ペンタゴンでこの言葉に注意を払おうとする者はいない。正規軍でもない彼らが、一〇年にわたって続く戦争の費用をどうやってまかなってきたのだろうか？　その答えはヘロインにある。

タリバンはいまや麻薬産業には不可欠な存在となっている。国連によれば、栽培した大麻の輸出とその加工処理を請けることで、彼らは二〇〇六年以来、年間三〇億ドルを稼ぎ出しているという。二〇〇一年にムラー・オマール体制が滅んでから、その「売り上げ」は急上昇した。[8]「民主化」されたアフガニスタンで、タリバンは麻薬取引を通じて以前にはなかったような経済力を得た。タリバンがアフガニスタンで政権を掌握していたころ、組織のバランスシートは平均的な家計よりもっと単純だった。タリバンの収入源は、支配者によって認められ、課税対象となったそこそこの大麻栽培のほかは、アルカイダの訓練キャンプの賃貸料と密輸品の輸送に関連する税収しかなかった。そう、当時の彼らは、たしかに組織としてはさえない存在だった。しかしいま、状況は大きく変わった。

ワシントン・ポスト紙が明らかにした二〇〇六年六月のペンタゴンの機密報告によれば、タリバンは栽培から完成品の輸出までの大麻栽培の各段階で一パーセントの利益を得ている、ということだ。[9]大麻をヘロインに変える地元の製造所で使われる化学薬品にも、彼らは税金を課している。それは、麻薬産業がアフガニスタンで発展するような状況をつくり出したのは彼らタリバンにほかならないからだ。大麻を栽培する人々も、麻薬王も、密売人たちも、中央アジアで繰り広げられる麻薬ビジネスのおかげで繁栄する犯罪社会も、みなその事実を知っており、そのことに感謝もしている。支払いをしないで済まそうなどと考える者は、だれひとりいない。つまりタリバン軍が支配領域を拡大することで、麻薬密売の障害になるものはすべて取り除かれた、ということだ。二〇〇九年、国連が行なったアフガニスタンの大麻に関する調査によれば、危険な場所と大麻の栽培には関連性があるという[10]。

二〇〇六年以降、タリバン主導で、アフガニスタンは大麻の栽培国から、ヘロインの輸出国へと変身を遂げた。国連の先ほどの調査によれば、そのためにタリバンは地元の犯罪組織とビジネス上の提携関係を結んでいる。そしてこのジョイント・ベンチャーはタリバンの支配領域でヘロイン生産拠点を拡大すべく、資金提供を行なってきた。その結果、数年前までは、毎年生産される大麻の約半分を海外密輸前に白い粉に加工していたにすぎなかったのが、いまでは加工分が三分の二にまで増えたという。アフガニスタンはまもなく、大麻よりもヘロインを多く輸出するようになるだろう。それがタリバンの目標であることは疑いない。完成品であるヘロインは大麻の六〜七倍の価値があるので、それに課税したほうが儲けが多くなるからだ。二〇〇七年の売上高は三〇億ドル近くに上った。数年以内でおそらく売上高は倍になることだろう。

連合軍の砲火を浴び、アメリカの監視下にあったこの一〇年の間に、タリバンは二〇〇一年末に失った領土を取り戻そうと、自国の資産であるケシ栽培場を活用する方法を学んだ。他方、西側のバランスシートはマイナスである。

タリバンが豊かになるのに対し、西側は大恐慌以降もっとも深刻な経済危機に苦しんでいる。アッティラが西ローマ帝国のラヴェンナに与えた決定的な一撃は、軍事的なものではなく経済的なものだったことを思い出してほしい。四〇万の兵士や傭兵を支配地域の大部分に駐留させればコストがかさむ。三世紀初めのセプティミウス・セウェルスの時代にはすでに、それを理由に国民に重い税金を課していた。帝国の安全を保障するコストは非常に高く、税金の九〇パーセントを負担させられることになった農村は、支払いに苦しんだ。徴税人たちの間には腐敗が広がり、ほどなくして国全体のシステムをもってしても戦争の費用はまかないきれないことが明らかになった。[11] そして国民は、将来、異邦人の侵略で命を落とすのであろうが、いますぐに飢えて死のうが大差はない、と考えるようになった。

異邦人の攻撃に立ち向かい、西部国境沿いで緩衝地帯の機能をになっていたゲルマン部族の忠誠にむくいるため、ローマの宮廷は保有していた金《きん》で報酬を与えた。やがて金は底を尽き、四七六年、ラヴェンナはいく度となく繰り返される異邦人の攻撃に反撃するだけの経済力を失い、西ローマ帝国は崩壊した。その三〇年前にはじまったアッティラの事業はこうして完了した。

西ローマ帝国の崩壊をアメリカの優位の終焉と同一視することはできない。アメリカの優位がいまなお、ある程度は残っているとすれば、それは融資に依存しているからである。ローマ帝国時代は外国から借金をするなどということはしなかった。しかし祖先がおかした過ちを知ることで、なぜ東側に暮らしていた人々には、西側が見過ごしてきた弱点が認識できたのかがわかる。弱点のひとつは軍隊である。戦いはしても、戦場で多くの命を失うわけにはいかなかった。ほかにもある。中国やほかのアジア諸国に金を借り、戦争のコストをまかなうしかない破綻した金融システムだ。あるいは諸国を困窮へと追い込む持てる者と持たざる者の格差、みずからの利益しか眼中にない特権エリートが牛耳る寡占化した民主主義、そして現実に対する認識をゆがめてしまうプロパガンダ機構などはどうだろう?

ベルリンの壁が崩壊し、自分たちは進歩していると夢見心地だったのが、実は衰退に向かっていたという悪夢に変わったのはなぜだろう? だがそれこそが現実なのである。創世記と同じく、このすべてのはじまりにも、原型をなすふたりの人物が存在する。ネオリベラル革命をはじめたロナルド・レーガンとマーガレット・サッチャーだ。彼らこそ国民国家の破壊者であった。

第13章　国民国家の破壊者たち

文化大革命期、迫害の犠牲となった鄧小平は自宅軟禁されていた。そしてこの特異な場所を観察の拠点として、彼は一九七三年から七四年にかけての最初の石油危機のなりゆきを見守った。石油の禁輸措置に対する資本主義システムの巧みな反応を目にしたからこそ、彼はめまぐるしく変化する世界に適応すべく、共産主義・中国もみずからを刷新しなければならない、と確信したのだった。初めの数章で述べたように、改革の長い歩みはこうしてはじまった。天安門事件によって一時中断されたものの、一九九〇年代の初めになると改革にふたたび拍車がかかった。

一方、「自由」世界では、マーガレット・サッチャーとロナルド・レーガンが、西側民主主義が生き残るためには、みずからを再生すべきであると訴えていた。ふたりが用いた政治論理は驚くほどよく似ていた。両国の首脳が十字軍さながらに繰り広げる反共産主義キャンペーンは、グローバル化されたポスト・イデオロギー世界に向かって歩みはじめるプロセスのほんの一部にすぎなかった。一九七九年のイラン革命が引き金となって起きた第二のエネルギー危機は、従来の西側政治のあり方を根底から変えるきっかけとなった。それは純然たる革命であった。なぜなら彼らは政策を通じて西側国家の役割をつくり変えてしまったからだ。アメリカでレーガンが、そしてイギリスで鉄の女と称されたサッチャーが行なった改革について語ること自体が、その本質を探ることにつながる。

無法のジャングルから市民を守る国民国家に代わって、レーガンとサッチャーは市場国家を導入した。それは豊かになるのに最適な状況を市民にもたらすための改革以外のなにものでもないはずだった。しかし残念なことに、世界はグローバル化されたものの、こと民主主義に関するかぎりまったく進歩しなかった。なぜそうなったのかについて、考えてみよう。

三人の破壊者

東側においても、西側においても、エネルギー危機は、過去にとらわれて時代遅れとなった政治的パラダイムとの決別をうながした。石油価格が突然上昇したことで、産業革命期にまでさかのぼる需給のバランスのとれた経済的な均衡状態に変化が生じ、それは以後、二度と元に戻ることはなかった。それまでの均衡状態のあらわれであった国民国家と西側民主主義は失敗に終わろうとしていた。石油の役割が一変したことを契機に、先見の明ある政治家の一群が変化の必要性を感じたというのは、なにやら象徴的である。かつて産業革命を可能にしたエネルギーは、西側諸国や共産主義国の影のような存在に甘んじてきた石油産出国の武器となった。産油国が世界の檜舞台に登場すると、まずプレーヤーの数が変化した。そしてベルリンの壁が崩壊すると、政治ゲームのルールまでもが変わってしまった。

一九七〇年代末までには、サッチャーとレーガンは歴史というカレンダーの新たなページをめくり、西側で二〇〇〇年にわたって続いてきた国民国家を破壊する手はずを整えていた。東側でも鄧小平が毛沢東主義について同じことを考えていた。そして三人の偉大な破壊者たちはその任務に着手した。まず鄧小平は「毛沢東は七割は正しかったが三割は間違っていた」というスローガンを打ち出した。そしてレーガンとサッチャーは選挙キャンペーンを通じて、「政府は我々の問題を解決するのではなく、政府そのものが問題だ」と訴えた。

こうして西側では政府が国民の敵となった。そうした風潮をうながす政治的な潜在要因がフランス革命以降存在していたからというわけではない。政治機構に対して心底強い不信の念を抱くようになった市民たちは、みずからの利益を代表してくれる存在として、今度は市場に期待するようになった。東側では、豊かになるよううながされた人々は、ぶ厚い共産主義のカーテンを通じて、初めて自由をかいま見た。西側では新たな勝者として支持が集まったネオリベラル主義の旗のもとで変化がはじまった。そして東側では、疑い深く人々を監視する独裁・権威主義的国家の体制が一変し、個人が最良の（そして最悪の）自分を自由に発揮できるような政策を通じて、まず経済から変化がはじまった。

三人の破壊者たちの直観はつねに時代を先取りしていた。一九七〇年代の終わり、世界ではグローバリゼーションという、近代化の新しい局面を開く下地づくりが必要とされていた。緊密かつ広域な社会的ネットワークや、市民社会を直接的に表現する方法など、わずか三〇年前には想像もつかなかったようなさまざまな新しい形が登場したことで、従来、市民と国家の間でフィルターの役割を果たしてきた政党のような存在は時代遅れとなった。だからこそ中国政府がインターネットに検閲を加えるたび、なおさらのようにグローバルな市民の力が感じられるのだろう。

ロンドンでも東京でも、ニューヨークでもブエノスアイレスでも、人々にとって一番重要な問題はみな同じだ。それは環境であり、健康であり、テロリズムであり、ひとつの国にとどまらない、世界全体にかかわる問題である。この意味では経済も問題のひとつであるといえるだろう。これから述べるように、政党はこうした問題を表現することも、対処することもできない。政党は企業幹部の道具になり下がっただけでなく、もはや中身も力も失っていた。そうした隙間を埋めたのが反グローバリゼーション運動や、世界社会フォーラム、グリーンピースといった多国籍組織や、非政府系組織だった。グローバル化された世界に適した、市民社会を直接的に表現するやり方を通じて、現代政治の真の声が伝えられるようになった。だがいまの西側の支配階級にはその声が聞こえず、耳をかたむけようとすらしていない。それは実に残念なことである。

では東側ではなにが起きているのか？　さまざまな意味で西側の政党に比べて「政治的」には発展していないかもしれないが、中国共産党はもっと市民社会の声を聞こうとしているように思われる。この一〇年間に、中国で最初の非政府系組織が登場した。北京にあるB型肝炎撲滅をめざすNGO、益仁平《イーレンピン》センターのチーフ・コーディネーターを務める于方強《ユーファンチャン》はインタビューで次のように語っている。

中国のNGOには政府の資金援助を受けるものと、独立したものとのふたつのタイプがありますが、どちらも民間企業として登録されています。ほかの企業と同じように、最初の三年間で総収益の八パーセント、その後は二五パーセントの税金を払わなければならないので、運営にはとてもコストがかかります。もちろん、企業として登録される以上、政府はいつでも閉鎖を命じることができるわけですから、リスクもあります。しかしこれは形式の違いの問題であって、それが活動の本質に影響することはありません。一九九九年から二〇〇八年の間に、これらふたつのタイプのNGOの数は増加しています。たとえば我々はB型肝炎撲滅に取り組む国際機関からの助成金を受けています。その大半はアメリカの団体ですが、最近になってヨーロッパ企業や大学からも援助を受けるようになりました。[1]

公式データによれば、中国では九三〇〇万人がB型肝炎に感染しているというが、益仁平センターの情報では、その数は一億に近いという。これは人口の七パーセント以上に相当する。感染者が一番多く集まっているのが、広東省、海南省、江蘇省といった南部地域だ。問題はきわめて深刻である。

于方強は、政府はNGOの助言や提案に耳をかたむけており、たとえ話し合いは行なわれなくとも、コミュニケーションをする道は開かれている、と語る。益仁平センターは定期的に政府に調査結果を送り、メディアや政府に近い人々、大学教授、弁護士、医療関係者など、さまざまな方面を通じて、国民の健康関連政策に影響をおよぼそうと働きかけている。また北京大学と協力し、セミナーや講演なども行なっている。

国民の健康に関する分野で活動するNGOが増えることは、政府を支えることにもつながる。政府はNGOの活動を参考に、適切な政策を調整することが多いからだ。[2]ちょうどいいので、ここで簡潔に貧困について述べておきたい。中国政府は貧困者に対してどんなことをしているのだろう？　先に紹介したリー・ジュアンは次のように語っている。

中国には異なる種類の支援を必要とする三つのカテゴリーがあります。そのひとつは、たとえば病人や障害者など、医療を必要としながら、自分の状況を改善するのに必要な手段を持たない人々です。それから農村で働く人々がいます。方策はあっても、たとえばどのような穀物を生産し、販売したらいいかなど、それを活かすうえでの支援を必要としているのです。さらには、かなりの期間失業していたり、経済的な援助や住居、医療などを必要としていたりする都市部の低所得者層です。この一〇年間、政府は三つすべてのカテゴリーに対して多くの支援を行なってきました。そしていまは貧困撲滅のための法律の制定に取り組んでいます。外国人のほとんどはこうした試みを知らず、中国は全体主義的な国だと思っているわけですが、そうではありません。中央政府はうまく機能しています。いまのところ一党体制は中国にとっては多党制よりも適しているのではないでしょうか。[3]

直観にしたがって行動したマーガレットとロナルドだったが、その三〇年後に西側に停滞が広がったことからもわかるように、望ましい成果を上げることはできなかった。ところが中国では、成長のエンジンは鄧小平がめざした方向へとこの国を導いていったのである。その結果、NGOも発言力を持つようになり、貧困との闘いも成果を上げた。

なぜ西側の民主主義は失敗したのだろうか？　なぜ西側諸国は一般の人々の求めに耳を貸そうとしないかのように見えるのだろうか？　それは誤解があるせいだ。つまり市民社会の声は市場の声と混同され、ひどいときには同一視されるようになってしまった、ということだ。市場の力こそが、市民社会を生み出した原則のひとつであると考えていた西側の大衆は、信用危機や不況を経験して、経済を完全に市場にゆだねることが愚劣のきわみだったことに気づいた。だが依然として、市民社会と市場は混同されたままだ。

自由放任主義戦略の導入で、権力の濫用から市民たちは身を守るすべもなくなり、されるがままになった。大手商業銀行を救済するため、とてつもなく膨れ上がった西側諸国の財政赤字をちらと見るだけでそのことはわかるはずだ。給与明細から社会保障給付の項目が実質的に消え、あるいは、一生不安定な立場で働くことになるであろう子供たちと将来について交わす会話からも、それはすぐにわかる。市場を支配するのは市民社会ではなく、政党や組合を動かすエリートたちであることをすべてがはっきりと示している。彼ら力を持つエリートたちは、政治ピラミッドの底辺にいる大衆が求める変化などには関心もなく、変化を妨害しようとすることも多い。

世界の反対側で、共産主義・中国の経済が成功をおさめたことは、国家とはエリートではなく国民の幸福を促進するためにあるのであって、国家の存在が外交政策上のみならず、経済においても必要であることを、私たちに思い起こさせてくれる。経済や国の安全保障を守ることは国家の義務である。あなたなら「見えざる手」に国の防衛をまかせようとするだろうか？　国境の防衛を傭兵にまかせようとするだろうか？　ではなぜ私たちはみずからの幸福をそうした人々にゆだねたのだろうか？　破壊者・鄧小平は政府が油断なく警戒を怠らず目を光らせるなかで、いくつもの改革が漸進的に進むような道を開いた。そしてその試みはこれまでのところうまくいっている。中国人は二〇年前に比べればずっと自由に、豊かになった。では私たちはどうだろう？

たとえ中国のようなタイプの政府がよいと思えなくとも、また、進歩という名のもとに社会が抑圧されていることを非難したいと思っても、西側民主諸国で政治・経済的な権力を握る人々がそれをいままで以上に濫用しようとしている事実を無視するわけにはいかない。自分たちの国家が、国民を「自由」にすると言いながら、その実、単に市場の奴隷となるにまかせるのではなく、きちんと国民の世話をしてくれるよう、私たちは期待すべきだと思う。中国はこのことを教えてくれている。新しい近代国家のあり方にふさわしいフォーミュラはどこかに存在するはずだ。鄧小平の時代から、中国はそれをずっと探し求めながら、ほかの政治的選択肢を試してきた。それなのに西側はもはやそれを探そうとすらしない。サッチャーとレーガンの後継者たちは市場を国民国家に置き換えようとの狂った目標を掲げ、国民国家を破壊し続けてきた。アイスランドを見舞った悲しい命運は、このモデルに危険がひそんでいる事実を私たちに訴えかける。

しかしいま中国の経験を通じて、西側諸国がどこで過ちをおかし、また政治的な怠慢という現在の道を突き進めばその先になにが待ち受けているかを理解するためには、最後にもう一度、現代史をさかのぼり、マーガレット・サッチャーとロナルド・レーガンはなぜあれほどの影響力をおよぼしたのかを理解すべきである。私たちのもの、すなわち政治をみずからの手に取り戻すためにも、いますぐ必要な新しい戦略を考えるためにも、それはとても重要になってくる。

ロナルドとマーガレット、市場国家のアダムとエバ

聖書は人間の世界が原罪から生まれたと説く。エバがアダムに、禁じられた木の実リンゴを与えると、その瞬間からすべてが変わってしまった。アダムとエバはいつのまにか近代化という概念を生み出した。そこには新しいものを試してみたいという欲望、そして変化の必要性という、進歩のふたつの顔がある。アダムとエバのように、ロナルドとマーガレットの結びつきはまさに牧歌的と称したくなるようなものだった。一九七五年四月九日、ふたりは初めて会った瞬間に互いに一目ぼれしたそうである。サッチャーはイギリスの野党・保守党の党首に選ばれたばかりで、レーガンはカリフォルニア州知事の職を辞し、大統領選に立候補しようとしていた。彼もまた野党に所属していた。ふたりはともに保守派の政治

家として過渡期にあり、手を結べる相手を探していた。会談は予定されていた四五分の倍におよび、側近たちの困惑をよそに、ふたりはさらに延長を求めた。政治的なソウルメイトとの出会いを、やがてアメリカ大統領となるレーガンは次のように述べている。「我々はともに、政府や経済、そして国民生活のなかの政府の位置づけなどのあらゆる点で、お互いの見方が実によく似ていることに気づいた」[4]。

大西洋をはさんでサッチャーと結びついたことは、レーガンにとって革命的と言えるほどに、強力な支えとなった。彼らが所属する政党のケインズ信奉者たちとは対照的に、ふたりはミルトン・フリードマンのマネタリズム理論にとりつかれていた。それはピノチェトがチリで試した理論であった。しかしそれはなんら驚くに値しなかった。なぜなら両者はともに、所属する政治グループの主流に属してはおらず、したがって大勢を占める見解を表明していたわけではなかったからだ。なお、ふたりのおもな目標のひとつは共産主義の打倒であったが、共和党も保守党もこれを優先課題としてはいなかった[5]。

一九七〇年代末の時点で、「アウトサイダー」なる中立的な政治家が選挙で勝利したのは偶然の出来事ではなかった。保守党も共和党もそれまでの数年間は、過半数を獲得しようと悪戦苦闘していた。当時、政権党は非常に評判が悪く、イギリスの与党・労働党も、アメリカの与党・民主党も、ほとんど支持を得られずにいた。それは驚きだって？ そんなことは少しもない。一九七〇年代、大西洋の両側では国の統治はますますやりにくくなり、経済は衰退の一途をたどっていた。持続的成長、インフレのコントロール、そして国際競争力の向上といった戦後のフォーミュラは、実現不可能な夢と化していた。その最大のダメージをこうむったのがイギリスとアメリカで、一九六二年から一九七二年の間に、後者は年率三パーセント、前者は二・二パーセントの成長を遂げていたが、いずれも先進六カ国のなかでは最低のレベルにあった。一九七二年から一九七九年の間に、アメリカやイギリスと、フランス、西ドイツ、イタリア、日本との差はいっそう広がった。[6]

成長にブレーキがかかったことで、福祉国家は危機的な状況に陥った。そして公共支出を続けようとして赤字に転落したのである。一九七五年にイギリスの財政赤字はＧＤＰの半分にまで達した。当時、内務大臣だったロイ・ジェンキンズによれば、このような事態は自由社会ではあり得ない、ということだった。アメリカの財政赤字は一九六〇年代は六三〇〇万ドルだったが、一〇年後には四億二〇〇〇万ドルにまで膨らんだ。[7]

しかもこの時代、インフレは静かに進行していた。西側諸国では一九六〇年代にはインフレ率は二パーセントだったのが、一九七〇年には六パーセントに跳ね上がった。最初のエネルギー危機が起きた一九七三年の終わりには、アメリカのインフレ率は一〇パーセントを超え、一九八〇年春には一四パーセントに達した。イギリスの状況はもっとひどかった。一九七三年の秋にはインフレ率はすでに一三パーセントを記録しており、その一八カ月後にはその二倍に当たる二七パーセントにもなっていた。この時点で、人々はハイパーインフレを心配すると同時に、世界的な経済システムの安定が失われるのではないかと懸念しはじめた。[8]

物価の上昇とＧＤＰの下落によって富は目減りしていった。こうしたなかで国民は政権党に対する不満を強めていった。もっと深刻な問題は、一九六〇年代半ばからサッチャー・レーガン革命がはじまった時期にかけて、西側の政治システムに対する信頼が揺らぎはじめたことだった。これはイギリスでもアメリカでも同様だった。

全米選挙研究センターによると、アメリカではいわゆる「シニカル・ボーター」と呼ばれる、政治にさめた目を向ける有権者の割合は一九六四年の一六・四パーセントから一九七八年の五〇パーセントに上昇した。同じ時期、政治システムを信頼する人々の割合は、五七・一パーセントから一五・一パーセントにまで下がった[9]。

市民と政党政治の関係は悪化した。CBSとニューヨーク・タイムズの調査によれば、一九六七年から一九八〇年の間に、政党システムの役割を信頼していると答えた市民の割合は、民主党で三分の一減り、共和党では半分に減っていた。イギリスでも同じようなことが起きていた。二大政党のどちらかに投票する有権者の数は、一九五一年の九六・八パーセントから一九七四年には七六・八パーセントに減っていた。

西側諸国の各地で投票に参加する人の割合は減っていたが、それが特に顕著だったのがアメリカとイギリスだった。伝統的にアメリカの投票率は低い。それでも一九六〇年には大統領選挙での投票率が六二・二パーセントだったのが、その一六年後にはわずか五四・四パーセントとなっていた。イギリスでは一九七四年の時点で、有権者の七二パーセント未満しか投票しなかった。これはヨーロッパでは最低レベルである。政治に参加すること自体が、伝統的なあり方からはずれてしまったのだ。一九六〇年代は圧力団体やロビイスト、政治アクション委員会などが全盛だった。議会内政党以外の政党が誕生し、学生運動がさかんに行なわれ、環境活動家たちが登場した。エネルギー危機をきっかけに、西側民主主義はとてつもなく不確かな状況に放りこまれ、その混乱のなかから市民社会という新しい勢力が政治デビューを果たしたのだった[10]。

いまではロナルドとマーガレットが、アダムとエバとは違って、地上の楽園ではなく、政治家たちをしばしば呑み込む沼地に暮らしていたことがわかる。ジミー・カーターは沼地に呑み込まれたひとりだった。選挙には勝利したものの、その四年後、彼の大統領としての評判は地に落ちていた。一方、サッチャーとレーガンはどんな危険をおかしてでも沼地を埋め立て、そこでまた狡猾に立ちまわろうとしていた。選挙キャンペーン中、ふたりは国家を運営する能力がないと対立候補を攻撃する代わりに、国家そのものを攻撃した。彼らは危機も国民の間に広がっていた不安も、政治システムのせいにした。そして福祉国家をコストばかりがかさみ、時代遅れになった古いモーターにたとえ、社会の近代化を妨げている、と批判した。こうして国家と国家を治める人々は、市民や改革派政治家の敵となった。一九九〇年代、世間には幸福感が広がっていたが、それは幻想にすぎなかった。イデオロギー革命はこのような錯覚のなかで進行していった。その結果、西側の人々はいまなおこのイデオロギーというレンズを通じて世界を見ている。もしかするとそれは牢獄のように人々をがんじがらめにしているのかもしれない。中国に関して西側が困惑を覚えるのは、その一党支配（しかし一体、どれだけの人々が私たちの政党はそれとは違うと考えているのだろうか？）体制に対してではなく、この国では国家の存在が隅々にまで感じられるという事実に対してである。

国民と国家の関係を完全にくつがえしたマーガレットとロナルドは、行政の役割はぎりぎりにまで削減する必要があり、どのように暮らすかに関して市民は完全に自由に決定できるようでなければならないと主張した。医療、教育、年金は公共部門から民間部門に移され、個々人に決定と選択がゆだねられた。そしてこの点でネオリベラル革命の生みの両親は最初の過ちをおかした。一国の政策はいつか必ず、この歴史的な変化と対峙しなければならない。環境や医療のように、個人レベルでは、ましてや市場などには解決できない、全世界に共通する問題と向き合うことになるであろうことが理解できなかったのだ。しかし一九八三年の時点では、地球の温暖化や癌の広がりは、かぎられたごく少数の人々の問題としてとらえられ、世界に共通する現象とは見なされなかったのである。

こうして国有財産は民営化されるべくオークションの対象へと仕分けられ、「市民の私有財産」になった。新興の商業銀行が唖然とするほど莫大なコミッションをとって、その販売を手がけた。ウォール街の銀行は国家サービスの残骸に群がり、ふところを肥やしていった。

二〇〇年以上にもわたり西側に安定と繁栄をもたらした社会契約も、「もはや役に立たなくなった」という理由で反故にされた。それに代わるものとして鳴り物入りで導入されたのが、市場国家であった。規模がはるかに小さい市場国家は、小まわりがきき、なによりも金がかからなかった。市場国家の究極の目標は市場の働きを促進することにあった。市民は、世界と同じぐらい歴史の古い市場を信頼するようにうながされた。一九二九年に株式市場が大暴落して以降、ウォール街の行きすぎをけん制し、市民の貯金を守り、経済の健全さを保つために施行された法律は、ひとつずつ廃止されていった。最初に廃止されたのがグラス・スティーガル法だった。こうして金融市場での時間外取引や、外国株式市場への参加を禁じた規制はなくなった。市場は一日二四時間活動を続け、西側社会の原動力となった。

国家の役割をぎりぎりにまで減らすことで、政治プロパガンダのレベルではあつかいにくかった減税についても、キャンペーンを展開できるようになった。減税を約束しておけば後は、すべての問題は国家のせいだ、と有権者に思い込ませるのは造作ないことだった。国家はまともに機能せず、人々の稼ぎを奪っては浪費している、と見なされたのだ。皮肉なことに、政府は国家から人々を守る存在となったのである。

第14章

サプライサイド経済学

　国家に対する攻撃を正当化する際、レーガンとサッチャーがよりどころとしていたのはマネタリズム（貨幣供給量の変化が国の経済活動を決定するという学説）だった。政府の役割と税負担を徐々に減らしていけば、企業の機能もおのずと向上するというふたりのスローガンは、この学説を煎じ詰めたものだ。

　サプライサイド経済学、すなわちマネタリズムはケインズの経済理論に代わるものとして生まれた。ケインズの理論では、一九七〇年代のエネルギー危機にともなうインフレと、その後のスタグフレーションを抑制することができなかったのである。高インフレに加えて経済成長が止まったために、西側諸国の富は目減りし、西側諸国は袋小路に追い詰められた。金融操作（利率を変動させる）も、財政再建（税率の変化）も効き目がなかった。

　たしかにケインズ理論では危機を食い止めることができなかったが、マネタリズムでもやはりうまくいかなかった。マネタリズムは経済システムの一面（通貨の需給）のみを研究した理論であり、大恐慌後に応用されたケインズ理論とは違って、現実世界で用いられたことは一度もなかった。

　しかし反福祉国家というゲームをはじめたサッチャーとレーガンは、この理論を「再生のドクトリン」として即座に採用し、サプライサイダーと呼ばれる、サプライサイド経済学の信奉者グループが打ち出した新しい政治路線に当てはめた。そして驚くべきことに、サプライサイダーは経済についても政治についても、乏しい知識しか持ち合わせていないという特徴をそなえていた。こう述べたのはノーベル経済学を受賞したポール・クルーグマンである。一九九二年、数人のジャーナリストから、サプライサイド経済学を提唱する学界で著名な人物の名を挙げてほしい、と求められたクルーグマンは口をつぐんだ。マネタリズムを研究するアメリカの大学はひとつとしてなく、サプライサイダーと見なせるようなエコノミストもいなかったのである。ではマネタリズムを提唱していたのは、一体だれだったのか？[1]

実際には、メディアの世界やアメリカ議会周辺にたむろするロビイスト、コンサルタント会社や研究機関など、雨上がりの朝に政界という下生えに群生するキノコのような存在であった。マネタリスト運動の先駆者といわれているのが、一九七二年に請われてウォール・ストリート・ジャーナルの論説委員になったロバート・バートレーが「改革者たち」と呼ぶ人々だった。そのほとんどはジャーナリストや、ジュード・ワニスキーら現状打破をめざすひと握りのエコノミストたちであった。やがてこの金融系日刊紙には、マネタリストの面々がずらりと名を連ねるようになった。

サプライサイダーに加えて、アーサー・ラッファーやロバート・マンデルといった保守派も何人か名を連ねていた。特にラファーは、税金が下がれば市民のふところに入る稼ぎの割合も上がり、労働意欲も高まるという理論の生みの親として知られていた。ただし彼の理論は経験によって実証されていたわけではなかった。[2]実はサプライサイダーたちのなかに、経験論者はひとりもいなかった。西側に不利な方向へ進む世界の現実から隔絶されたオフィスにこもり、ひたすら理論上の解決策を思いめぐらしていたのだった。

マネタリストたちがよりどころとしたのは、この説を論理づけてくれる一連の前提や議論、そして裏づけになる数式だった[3]。つまりこの説はどこまでもひとりよがりだったということだ。現実のほうこそ彼らの理論に合わせるべきだと言っているようなものだ。フリードマンも似たような理屈で、チリを新しい経済の実験室に変えるようピノチェトを説得した。そしてピノチェトは国民を武力で脅し、経済の転換を成功させた。

西側諸国は鄧小平の哲学からも、中国経済を改革した手法からもかけ離れたところにいる。川を渡るために足を一歩、また一歩と慎重に踏み出していくのが鄧のやり方なら、フリードマンやその信奉者たちは、確実に流れに押し流されてしまうようなやり方しかしなかった。

間違っているのは政府

マネタリスト革命が成功したのは、この理論が近代的だったからではなく、一九七〇年代は社会の不満が蓄積されていたからだ。西側にとっては困難な時期だった。成長のメカニズムが作用しなくなっていることにはだれもが気づいていたが、それをどうやって修復すればいいのかわからなかったのだ。戦後のあの輝ける時代はどうしたら取り戻せるのだろうか？　破壊者たちを含め、その答えはだれにもわからなかった。とはいえ、彼らは人々にまったく正反対の印象を与えようとしていた。

同じように、ミルトン・フリードマンが窮地に陥った西側経済を立て直すためのフォーミュラを知らなかったとしても、なんら問題にはならなかった。サプライサイダーは、確実に有権者の大多数の支持を取りつけられるスローガンを考え出していたからだ。こうして経済が抱えていた現実の問題は背後へと押しやられ、新たに人々の支持を得るにいたった政治・経済「戦略」におおい隠されてしまった。そして未解決のままとり残された問題が三〇年後のいまになって発覚し、西側諸国はかぎりなく深い絶望の念にとらわれている、というわけだ。

後で述べるように、問題をおおい隠すこと、ものごとを見えにくくすることは、スピン、すなわち情報操作の一環である。新たな状況のなかで、保守的なメディアはエコールーム（反射率の高い材料を用いて残響時間を長く得るようつくられた部屋）のような役割を果たした。大西洋の反対側で開陳されたサプライサイダーのばかげた考えを、メディアはこちら側にも伝えたのである。経済危機のためによい仕事にはありつけそうもないと不満を抱く最近の学生たちは、この問題を論じる社説を熱心に読むに違いない。それまで銀行を含む国の組織を動かしていた、地味で慎重で有能な人々は、徐々に若くて野心的なやり手たちによって片隅に追いやられていった。地球村にとてつもない経済危機をもたらすことになるのも、こうしたやり手たちなのである。

中国の共産主義を救うために毛沢東主義を破壊し、システムを改革した鄧小平と違って、なんの計画もなかったレーガンとサッチャーが権力の座に就いても、ただ破壊するだけで終わった。しかし彼らが国民国家に猛烈な勢いで襲いかかったことと、ウォール・ストリート・ジャーナル紙も削岩機のように騒ぎ立てて後押ししたこともあって、多くの人々はだまされてしまった。あんなに熱心なのだから、新しい政治システムをつくりあげるためのよく錬りあげられたプロジェクトがきっとあるのだろう、と考えたのだ。

こうしてベルリンの壁が崩壊すると、サプライサイダーは西側の政治経済に内在する大いなる弊害というより、ネオリベラル主義という名の円卓の騎士でもあるかのようにあつかわれるようになった。

進歩的なメディアに関して言えば、一九八九年の出来事によって保守主義が大いに躍進するなかで、イデオロギー上の均衡が失なわれ、沈黙を余儀なくされてしまった。こうして共産主義に勝利したとのよろこびに有頂天になる世間に異議を唱えるだけの力のある者は、だれもいなくなった。

ポール・クルーグマンは『経済政策を売り歩く人々』（伊藤隆敏監訳、北村行伸他訳、一九九五年、日本経済新聞社）のなかで、たとえ建前上のことであったにせよ、富める者だけに特権を与えようとする政策をたずさえたふたりの政治家が、なぜ大多数の人々によって選ばれるなどという事態が起こり得たのか、と疑問を投げかける。国家を敵と名指しし、あらゆる問題の解決を市場に求めようとするネオリベラル主義的フォーミュラの単純さが受けたのだろう、と多くの人々は考えている。しかし反国家的プロパガンダや混乱のなかでは、進歩的な勢力も説得力ある反論ができなかったせいだと言ったところで、このイデオロギーが引き続き人々に支持されたのはなぜなのか、説明はつかない。本当の答えとはなんなのか？

今日の西側諸国は、マネタリスト革命がもたらした偽りの幸福には、負債というもうひとつ別の顔があることを知っている。しかし一九八〇年代には、成功をおさめたかに見えた新しいドクトリンの陰に隠れ、その別の顔は見えにくくなっていた。借金をするのは一時的にすぎないかもしれないのだからと、西側の経済問題は曖昧にされ、国有財産の売却とベルリンの壁の崩壊を経て、さまざまな苦痛をともなう資本主義が復活した。そして財政赤字とＧＤＰの間には、両者とも膨らむ一方という完璧なまでの相関関係ができた。名目上は経済が回復した時期もあるにはあったが、一時的なものに終わった。なによりも金だけに情熱を燃やし、社会問題には無関心な世代が誕生したことで、現代民主国家の社会・経済構造は崩壊するにいたった。

金の亡者

一九八〇年代、イギリス人コメディアンのハリー・エンフィールドは、チャンネル4の『サタデー・ライブ』という番組向けに、いま述べたような変化を体現するさまざまな人物像を生み出した。そのなかにはギリシャ人のレストラン経営者のスタブロス、若い政治家のトーリー・ボーイズ、そして札束をふりまわしながら「金の亡者」とうれしげに叫ぶヤッピーがいた。「金の亡者」はそのままこのヤッピーのあだ名になった。スタブロスはギリシャ出身だが、名前を別にすればこの人物は「金の亡者」と同様、イギリスの典型的な労働者階級の人間である。「金の亡者」は大酒のみで、普通の人には通じないほどのひどいエセックスなまりがある。エセックスというのはロンドンの北東部にある郡で、シティの専門職以外のスタッフはたいていこの地域の出身者だ。スタブロスと同様、エンフィールドもまた、労働者階級が暮らすごみごみした地区で生まれた。第二次世界大戦中にナチスの爆撃を受けて破壊され、後に再建された地域である。

サッチャーの改革のおかげで、スタブロスはケバブ（トルコの野菜と肉のくし焼き料理）を売って金持ちになり、「金の亡者」はところかまわず取り引きをまとめていた。スタブロスはあまり税金を払わなかったが、それは民間会社を経営していたからだ。ふたりとも家族がなく、以前に比べれば収入はずっと増えていた。一九八〇年代に西側の各地から集まり、ロンドンのシティで働いていた若いヤッピーたちは、スタブロスや「金の亡者」の世代に属する。彼らは騒々しく横柄で下品な一方、勤勉だったが、あこぎでもあった。彼らは目的さえ間違っていなければ、どんな手段を使おうと正当化した。しかも目的はただひとつ、より多くの金を稼ぐことしかなかった。ネオリベラル改革で最大の恩恵に浴した金融業界が、彼らマキャベリの後継者たちのたまり場だった。

多くの人々の社会的な地位は向上したが、それは「鉄の女」が満足のいく生活をもたらしてくれたからだった。人々は高級車を買い、上流階級の人間が暮らしているような地区に住み、高級レストランやバーの常連客になった。あらゆる世代が金におぼれていった。人々は富を誇示し、貯蓄するのを止めて、金を湯水のように使うようになった。

サッチャーのおかげで、イギリスでも初めて、スタブロスや「金の亡者」のように、社会階層間を移動する人々が出てきた。そして労働者階級は教育ではなくビジネスを通じて成功を手にするようになった。食料雑貨店の娘マギーは、商人やビジネスマン、銀行家たちの地位向上を公然と唱えた。貴族たちからは評判が悪かったが、彼女は面と向かって王室に反対し、インテリを批判した。そして一般市民に対しては頭を高く上げ、国王の統治下で何世紀にもわたり社会に拒まれてきたものを金銭という形で取り返すよううながした。

しかし公約とはうらはらに、この社会革命は恒久的な幸せをもたらすこともなければ、イギリスの近代化に寄与することもなかった。ただ不平等だけが広がっていった。スタブロスも「金の亡者」も、マキャベリのモットーにしたがい、バリケードの正しい側を選んだ少数の幸運な人間だったのだ。この障害を越えられなかった者たちの境遇はいっそうみじめなものになっていった。

一九七九年から一九九四年、九五年にかけて、イギリスの貧困層の所得の伸び率は第二次世界大戦後、最低だった。しかしこの国の上位一〇パーセントの富裕層では、所得は最高の伸びを示していた。この時期は住宅コストが上昇していたことを考えれば、格差はもっと広がっていたものと思われる。そしてもっとも貧しい階層である下位一〇パーセントでは、ひとり当たりの所得は縮小さえした。

新しいヤッピー世代はこのような不平等をわざと無視した。トニー・ブレアが主導した一連の変化を通じて「新しい労働党（New Labour）」となった野党もそれを見過ごしにした。後に首相となったブレアは選挙に勝つため躊躇なく、保守党よりも有利な税や経済的な奨励措置を新富裕層に対して持ちかけた。以前よりもっと多くの国民が直面する、社会・経済問題に言及する者はだれもいなかった。それどころかまずサッチャーのモデルを通じて、さらに新しいブレアのモデルを通じて、こうした問題は、信用危機と不況が生じた最近まで、ヨーロッパ一帯に輸出され、広がっていった。

中国ではまったく異なる状況が起きていた。魔法のフォーミュラは市場ではなく、国家の側にあった。ここで中国を拠点とするフランスの衣料品貿易会社オハナシア社のオーナー、モーリス・オハナの言葉にもう一度耳をかたむけてみよう。


ドイツ首相のゲアハルド・シュレーダーは上海から浦東空港まで、超高速で乗客を運ぶリニアモーターカーの開通式に出席しました。ドイツ企業のシーメンスが生産したこの列車が、ドイツではなく、中国で組み立てられることになったのはなぜだったのか、とメディアは彼に質問しました。すると『ドイツでは最初は価格にはじまって、さらに環境保護運動家たちなどとの間で延々と議論が交わされる。中国でことを行なうのは政府だ。彼らは列車を必要としていた。中国では政府は人々のために、国民の利益のために働くのだ』と彼は答えました。一九九八年当時、中国にはコカ・コーラさえなく、だれもが自転車で移動していました。いま中国人はアメリカ人よりも多くの車を買っています。一〇年のうちに我々は総計三万キロメートルにもおよぶ高速道路を建設しました。

あらゆる大都市には広範囲を網羅する、効率のよい地下鉄があります。

中央政府は農村部にも食料が行きわたるようにし、教育を授け、発展できるようにしました。もし選挙が行なわれたら、人々はだれに投票しようとするでしょうか？　あなたがた西側の人々は、中国政府がムチではなく国民の熱意を引き出しながら発展を導いたことなど、知りたくないのです。(4)

今日、ネオリベラル主義の「奇跡」をこんな風に説明しようとする西側の人間はいないだろう。中国は地上の楽園ではなく、多くの国々と同じように大きな問題を抱えている。しかし現実は私たちの想像とは違うのだ。西側と同じような民主主義を夢見ることはなくても、中国人は世界のほかの国々の人々と同じように、経済的な不平等や、機会の平等について、そして政治家の腐敗について語る。ここでふたたび北京天則経済研究所理事長の茅于軾《マオユーシー》の意見を聞いてみよう。

富裕な人々は脱税します。国家税務総局はそれがだれなのか知りません。というのも彼らの所得のほとんどは賃金ではなく、海外への投資による利益だからです。だから政府もその存在を知らないわけです。つまり税金を払うのは給与所得者だけということになります。計画経済だったときにはだれも税金を払いませんでした。機構組織にもそうした伝統がなく、人々も税金を払うことに慣れていないのです。この点は、少しロシアに似ています。中国では内国税収のうち個人所得税はＧＤＰの一、二パーセントを占めるにすぎません。それを二〇パーセントに引き上げるというのが目標です。(5)

しかし中国の人々は政府の発展政策と国家機構に厚い信頼を置いている。ほかのアジア諸国と比べても、中国では大きな成果が上がっていることは否定できない。清華大学で経済学を教えるパトリック・ホバネツは次のように語る。

中国は発展への長い道を歩むことに決めたのです。ベトナムは近道を選びました。ベトナム政府はできるだけ短期間にできるかぎりの資金と賄賂を投資家から集めようとしました。もちろん中国でもこうした傾向は見られますが、それは政府の方針ではありません。中国政府は投資家たちが国内にとどまってもっと投資をするよう発破をかけています。この種の政策が実効を生んでいることは、WTOに加盟したことでも証明されました。中国にとって、加盟はとてもいいことだと思います。これまでのところ、中国政府は分別をもって行動しています。将来の計画を立て、経済を支えようと、確固たる政策を推進してきているのです。鄧小平の公約の大半は実現できたと言えるでしょう。[6]

この点、マーガレット・サッチャーは違った。彼女が政権からはずされたとき、だれもが彼女の公約などなんの意味もなかったことに気づいていた。公共支出に関する約束でさえ、まったく実を結ばなかった。一九七九年、サッチャーは「この国の経済問題の根幹をなすのは公共支出である」と宣言した。[7]そしてこれを前提として国有財産の民営化は行なわれた。それから一〇年以上を経て彼女が政界から退いたとき、GDPのごくわずかを占めるにすぎないと見られていた公共支出は、驚いたことに一九七九年と比べてわずか一パーセントしか減っていなかった。[8]民営化でもたらされた金はどこに行ってしまったのだろうか？　サッチャーのおかげで、みずからをとてつもなく強大なコングロマリットへと変化させた、商業銀行の収支を膨らませるために使われていたのだ。その収益はイギリス全体のGDPよりも大きかった。

アメリカでも幸福は絵空事に終わった。一九八〇年代のGDP成長率は、一九七三年から一九八〇年にかけての二度にわたる石油危機の間の時期と比べても低かった。政府の役割がぎりぎりまでそぎ落とされていたにもかかわらず、一九八〇年から一九九二年までの二期におよんだレーガン政権時代と、ジョージ・H・W・ブッシュ政権の終わりまでの間に、財政赤字は四倍になり、三兆ドルを越えた。その恩恵に浴したのは軍事産業だった。安全保障は国家に託された数少ない任務となっていたが、ふたりの大統領の支援を得て、軍事産業はさらに強大になった。

福祉システムを破壊しても公共支出の規模は大して減らず、結局は優先課題が変わって富の再分配を妨げただけに終わった。

一方、東側では鄧小平が経済を開放し、農民にも労働者になるよう奨励していた。中国は私有財産制への第一歩を踏み出していたが、西側は貧しくなるばかりだった。それは民主主義による政治参加という、昔から作用してきたメカニズムに大きな打撃を与えた。

第15章

フルモンティ

「フルモンティ」とは、通称モンティことバーナード・モントゴメリー将軍（イギリス陸軍の軍人）のすさまじい食欲をあらわすために生まれた言葉だ。なにしろ彼はエルアラメインの戦い（一九四二年一〇月、エジプト北部で英軍が独・伊軍に決定的勝利をおさめた）の最中に毎朝、正式なイギリス式の朝食をパンくずひとかけらさえ残さず平らげていたからだ。

しかしこれは抜群の興行成績をおさめたイギリス映画のタイトルでもある。一九九〇年代の初めの、イギリス北部のシェフィールドを舞台にしたこの物語については知っての通りだ。イングランド中部地方の誇りと言われながら、一九八〇年代のサッチャー夫人によるネオリベラル主義政策で完全に解体されてしまった製鋼業の元労働者たちの浮き沈みを描いた作品だ。映画は、切羽詰まった六人の主人公たちがストリッパーになる決意をし、最後に「思い切って」舞台ですっ裸になるという話である。

サッチャー政権時代にイギリス北部に暮らしていた人々なら、この「思い切って」という表現に鉄の女がマントラのごとくつねづね口にしていた挑戦的な文句を思い出すのではないだろうか。国家支援を受けた産業に対して、過去の経緯にかかわらず、先入観なしに新しいアプローチで臨む。そしてこれが北部という産業革命発祥の地で行なわれたということは、つまり保守党政権はイングランド中部地方の労働者に正面攻撃を行なったということだ。

サッチャーの戦歴のなかでもっとも長く、また劇的だったのは、鉱山労働者、すなわちイギリス極左の最後の生き残り、アーサー・スカーギル（イギリスの労働運動家。現在は社会主義労働党党首。スターリンを擁護するといった政治的発言でも知られる）率いる労働組合の「近衛兵」たちとの戦いだった。それは政府が労働者を完膚なきまでに打ちのめした激動の歳月だった。その結果、煙をあげる煙突も、産業も、海軍造船所も、かつては労働者でにぎわっていたパブも姿を消し、その代わりに失業者や、仕事はあっても不安定な労働者ばかりがあふれるようになった。これと同じ時期に中国ではまったく逆のことが起きていた。国営企業が解体される一方で、民営工場や製造所が生まれた。溶鉱炉が稼動をはじめ、農村から出稼ぎにやってきた人たちが、新しい労働者階級をなすにいたった。

　原油価格が一バレル一八ドルに上がり、イギリスの何分の一かの賃金で働いてもいいという無数の中国人労働者がいるのであれば、中部地方での工業生産には意味がなくなる、というのがサッチャーの理屈だった。鉱山労働者たちを前に一歩も引かなかったことで、鉄の女として歴史に記録されるこの人物が襲いかかったのは、実際にはきわめて弱い敵だった。海外との競争から国を守るべき立場にあるのに、保護すべき労働者たちと全面対決しようとする政府に、労働者たちは当然のことながらおじけづいた。労働者たちにはなぜ自分たちが必要とされなくなったのか理解できなかった。仕事を失ったらどうやって生計を立てていけばいいのかわからなかった。要するにイギリス首相は、本来彼女が保護すべき相手に戦いを挑んだということだ。

　サッチャーの過ちは、労働者階級が社会階層を移動したがらないという、イギリス特有の現実を無視したことだった。労働者たちがどん底の状況に耐えているのは、アーサー・スカーギルのスターリン主義とはなんの関係もなく、ただそれが鉱山労働者たちの強固なアイデンティティにつながっている、という事実が鉄の女には理解できなかった。鉱山で働くという生き方以外を知らない労働者たちは、よろこんで生きるための闘いを続けようとしていたのだ。この国の社会構造を引き裂こうとしたことは間違っていた。だからこそ変化をもたらそうと試みた数少ないプロジェクトでさえもうまくいかず、結局失敗してしまったのだ。国家の取り壊しによってプロレタリア階級は敗れ、失業者のあふれる都市部のスラム街へと追いやられた。軽犯罪の蔓延からやがてギャング組織が成長し、いまもこの国をおびやかしている。イングランド中部地方の社会・経済の衰退ぶりはいまなおはっきりと見てとることができる。かつてイギリス有数の漁港であり、また造船業の拠点だった東岸のハル港は、狼や野良犬が徘徊するばかりで人気もない。崩れかけた倉庫脇に打ち捨てられた波止場は、破壊者サッチャーの時代を雄弁に物語る遺物だ。イングランドでのネオリベラル革命がなんであったのかを物語り、市場は社会の主要なエンジンとしての国家に代わることはできないことを示す、反駁の余地なき証拠なのである。

しかしサッチャーとレーガンがおかした政治経済面での最大の過ちは、これではない。アジアに生産拠点（現在は民営化されている）の大半を移し、非ローカル化すれば、西側の、わけても産業革命によって獲得したイギリスの優位は終わる、と予見できなかったことだ。二〇一一年初頭の現時点で、イギリスは不況のなかから這い上がろうと苦闘している。同国のGDPは二〇〇九年には五パーセント以上も縮小し、二〇一一年にはマイナス成長となり、失業率はさらに上がっている。[1] 回復しつつある金融業界を除けば、この国の産業には苦境を脱する力がない。

本当の意味で革命が起きていたら、事態は違っていたはずである。一九七三年から七四年にかけて国有産業の収益を吹き飛ばしたエネルギーコストの上昇に対応するためには、エネルギー転換政策を打ち出すべきだったのだ。そうすれば長期的には西側の競争力は高まったことだろう。鉄の女は鄧小平のように先を見つめるべきだった。しかし近視眼的な見方をする彼女には、単にひとつのシステムをとりつぶしても、国に革命を起こすことはできず、さらに別の新しいものを創造する必要がある、ということがわからなかったのだ。仮にエネルギー転換政策で炭鉱労働者たちを救済できなかったとしても、少なくともイギリスの、そして西側の大半の産業インフラは破壊されずに済んだだろう。

組合との闘い

サッチャーの正面攻撃に炭鉱労働者がうろたえようが、アーサー・スカーギルがいかに頑迷であろうが、そんなことで驚く必要はない。イングランドは労働運動の発祥の地であり、またその地で労働運動が息絶えようとしていたことは、ある意味でふさわしいのだろう。これを抹殺したのはもちろん民営化という武器である。一九七九年から一九九三年の間に、イギリス政府は公共事業の三分の二を民間部門に売却した。(2)

当初、対象は最近になって国有化された航空機産業、そして造船業にかぎられていたが、ほどなくして、エネルギーや電気通信などの基本的なサービスを含む国営事業の大半におよんだ。民営化政策が大きな成功をおさめたのは、すでに述べたように、それにともなって「金の亡者」世代の社会革命が生じたからだ。一九八四年、成人人口の五パーセントに相当する二〇〇万人がブリティッシュ・テレコムの売却を支持した。同社の株主の数は日ごとに倍増し、急激に増えていった。(3)一〇年の間に、イギリス政府は国民国家の産業の柱を取り払っていった。ブリティッシュ・エアロスペース（一九八一年）、ケーブル・アンド・ワイヤレス（一九八一年）、アマシャム・インターナショナル（一九八二年）、アソシエイテッド・ブリティッシュ・ポート（一九八三年）、エンタープライズ・オイル（一九八四年）、ジャガー（一九八四年）、ブリティッシュ・テレコム（一九八四年）、ブリティッシュ・ガス（一九八六年）、ブリティッシュ・エアウェイズ（一九八七年）、ロールス・ロイス（一九八七年）、イギリス空港管理会社ＢＡＡ（一九八七年）、ブリティッシュ・スティール（一九八八年）、そしてあらゆる地域の水道会社（一九八九年）といった具合だ。

サプライサイダーたちが目を輝かせるなか進展していった民営化は、サッチャーの遺産として記録されることだろう。歴史家なら、民営化の目的は国家の役割を最低限にまで減らすのみならず、浮いた金で無節操な企業家階級を新たにつくりあげ、組合が資金源としていた公的資金にアクセスできないようにして彼らの力を削ぐことだった、と解説するに違いない(4)。イギリスの保守党は、経済回復を果たし、ネオリベラル主義を勝利させるうえで、組合を最大の障害と見なしていた。なぜだろう？　それは強力な組合運動を通じて、非ローカル化という論理のこじつけが暴き出されかねなかったからだ(5)。

ここで前章に紹介したクルーグマンの疑問について考えてみよう。ひと握りのエリートだけを利するに違いないとはっきり目される人物を、なぜ人々は選ぶのだろうか？　少なくともイギリスについて言えば、エネルギー危機の大きなダメージを受けて、無謀なストライキ、急激に上昇するインフレ、マイナス成長などが原因で、国全体が麻痺してしまったから、というのがその理由としてもっとも一般的だろう。結局、労働党政権は、なにが起きているかをほとんど知らず、お粗末なサービスであるにもかかわらず高い税金を負担させられた有権者に嫌われ、退陣した。サッチャーが組合や鉄鋼業など大量のエネルギーを消費する産業を批判したとき、怒れる選挙民たちは本気で彼らが悪者だと信じた。

しかし戦後、西側諸国の工業力が見せた桁外れの競争力は、石油コストが一バレル四ドルときわめて低いレベルに三〇年にもわたってとどまるなど、特異な現象が幸いしたためであることを人々は知らなかった。背後にアメリカとサウジアラビアの暗黙の約束があったからそれが可能となっていたものの、この約束もすでにほころびかけていた事実を、労働者や、特に企業家に伝える勇気のある政治家はひとりもいなかった。

もちろん組合も政党と同様、一九七〇年代の危機には大いに責任がある。これは西側諸国全般について言えることだった。福祉国家につけ込み、乳の出なくなった乳牛からなおも乳を搾り続けたのだ。資本家と労働者が直接対決しても、また労働者と企業家たちとの意思疎通をつかさどる組合を粉砕しても、問題は解決できなかった。だが現実にはまさにこうした取り組みがなされていたのだ。

中国では鄧小平が最初の改革に着手すると、党内ではときとして、それらをどのように組織化するかをめぐって激しい論争が起きた。保守党と労働党、共和党と民主党、ヨーロッパの右派と左派間のイデオロギー闘争は、メディアを通じて人々に伝わっていった。対立する両陣営の仲介役もいなければ、彼らが互いに協力しようともしなかったことは、実に残念であった。この種のプロパガンダ政治は国民に有害であるのみならず、民主主義国家の組織、すなわち組合や政党をむしばむものだからである。

組合が「敵」と見なされたイギリスでは、一連の労働法によって組合活動の自由が失われても、だれも反対しようとしなかった。そうしたなかには一九八〇年の職場外でピケをめぐらすことを禁じた法律、またサッチャーの右腕であるノーマン・テビットが署名した、ストライキや不法な抗議の座り込みをした人々を雇用者が解雇することを認め、団体協約を廃止した一九八二年の法律、サッチャー政権当時の閣僚だったトム・キングが打ち出した、組合の召喚理由を増やし、組合員に秘密投票を押しつけ、選挙区での組合の活動資金を減額した一九八四年の法律などがある。(6) そして一九八〇年代、これらの法を青写真として、ヨーロッパ中で同じような法律が制定されることになる。

奇妙なのは中国政府が団体協約を導入せず、それを施行しないと言って、西側がそれをことのほか激しく非難していることだ。一九八〇年代にサッチャー夫人が民主国たるイギリスで事実上、団体交渉を廃止していたことを考えれば、これは実に興味深い。ネオリベラル主義的レトリックの根底には、エネルギー価格の上昇でかさむ資本コストを、安い労働コストで埋め合わせようという気持ちが働いていた。しかしレーガンにもサッチャーにも、彼らの反組合的な政策がわざわいして、経済の生産性は後退し、やがてアジアと競争しなければならなくなることが見抜けなかった。なぜだろう?

一九八〇年代と九〇年代に、イギリスの二大政党によって行なわれた研究によれば、西側諸国の労働組合の影響力は一九八〇年から九〇年の間に弱まったという。この時期、団体交渉は、いまの民間部門がそうであるように、例外視されるほどに行なわれなくなっていった。[7]このように組合が労働者を代表しての、資本側対労働側という構図は消え、ルールや共通の言語といったものもなくなった。[8]津波のように襲いかかるグローバリゼーションに対して、西側諸国にはなんのそなえもできていなかった。発達した資本主義と労働者階級の組み合わせを、豊かな経験にしたがって導いていくことこそ、西側の真の強みだったはずだ。それなのに対話は中断され、産業界も、生産構造も分断された。そして西側はサービスの提供者となり、東側の工場からは煙が上がりはじめた。

しかし非ローカル化によって、ビジネス界が一息ついたのもつかの間、長期的には、西側諸国は中国のような国々との過酷な競争にさらされることになった。いまの私たちならこの現実がもっとよく理解できる。もちろん西側の計画と創造性は中国よりすぐれているのだから負けるはずはない、と自分自身をあざむこうとする人々はいまもいる。しかしそんなことはあり得ない。もし方向性を変えないのであれば、西側諸国全体がやがて都市博物館と化し、アジアからの観光客たちの施しで生計を立てていく羽目になりかねない。

政党株式会社

イギリスの試みは全ヨーロッパに輸出され、新たな政治家階級は各地で福祉国家を弱体化させ、代わりに市場国家を打ち立てようとした。これにはベルリンの壁の崩壊がからんでいる。右派と左派の対立に終焉をもたらし、イデオロギーの死滅によって生じた隙間に市場が入り込むきっかけとなったのが、この出来事であった。西側諸国ではおしなべて、左派政党と右派政党の差がなくなり、選挙区で投票する人々の割合が減り、政府に対する企業の影響力がますます大きくなっていった。議会制民主主義の衰退を示す数々の事例からも明らかなように、民主主義は疲弊してしまった。

民主化プロセスのなかで誕生した二大政党制や複数政党システムは、人口ピラミッドの底辺とトップ間のコミュニケーションを可能にしてきた。戦後期、こうしたシステムは議会制民主主義のなかで重要な役割を果たしていた。[9] たしかに政党のない議会制民主主義を思い描くことは困難であり、私たちが中国に向ける批判の最たるものも、この国に政党がひとつしかないという点だ。

二大政党や複数政党システムがあるということは、すなわち民主主義国家だという意味である。なぜならこうしたシステムは政権が変化することを前提にしており、市民は支持政党が選挙に負けても、次の選挙では勝てるかもしれない、と考える。[10] 政権交代は政治的暴力や独裁主義の横行を防ぐもっとも効果的な手法と見なされるようになった。イタリアで一九六〇年代と七〇年代に全盛だった好戦的な組織は、政治的に対立する問題の暴力による解決は認められる、と主張したことがある。彼らがそうした行動をとったのは、つねに一党か、特定の政党が率いる連立政権ばかりが続き、主要な野党が政権党になれない、いわば阻害された民主主義に対する反抗だった。

つまりサッチャーとレーガンによるネオリベラル革命こそ、政党をだめにした元凶だったということだ。その結果、政党は徐々に人々の支持を失い、ごく少数のエリートたちがあやつる政治機構と化してしまった。党の従来の特徴は変わり、支持基盤は縮小し、幹部ばかりが増えた。ピーター・メアーとイングリッド・ヴァン・ビエゼンによれば一九八〇年代には西側全体で変化が進んだという。[11]「民間の融資家」が登場したのはこのころだった。富裕なスポンサーである彼らは、特定グループの政治「目標」を支持した。イデオロギーが力を失っていたこともあり、支持政党内では自分に一番都合のよい市場に肩入れするビジョンを推進した。「新しい労働党」という形で新たな道を真っ先に歩みはじめたのは、またしてもイギリスであった。政党の所得のうち、党員からの収入は一九六〇年代には四九パーセントであったが、二〇〇四年にはわずか八パーセントに減っていた。[12]二〇〇一年から二〇〇五年の間に、鉄鋼業界の巨頭ラクシュミ・ミタルを含む三七人からの寄付金は「新しい労働党」が必要とする資金の四分の一を占めるようになっていた。二〇〇六年、政党資金に関するイギリス議会の委員会は、この国で起きつつある変化について、次のように述べて警告している。

過去一世紀にわたって政党を維持してきたシステムが破綻しようとしている。党員数が減ると、政党は選挙キャンペーンに必要な資金を、個人からの莫大な寄付に頼るようになっていった。[13]

一九九四年、イタリアでは世界の名だたる大富豪のひとりシルヴィオ・ベルルスコーニが、政党フォルツァ・イタリアを設立した。必要な資金のすべては彼が私財を投じてまかなった。これは西側の歴史上、前代未聞のセンセーショナルな出来事ではあったが、それによって民主的とは言えない事実が浮かび上がった。つまり金のある人間が政治を買い、それを支配するようになったということだ。

このように西側では、パトロン・システムがありとあらゆる権力の上部階層に広まっていった。エンロンは電気市場の自由化と引き換えにジョージ・W・ブッシュの選挙費用の大半を「支払って」やった。パトロン・システムに関してヨーロッパで先頭を行くのはやはり「新しい労働党」である。二〇〇六年、選挙資金を肩代わりしてもらった見返りを与えたというスキャンダルが発覚した。政党支持者のなかの金持ちグループが、党に対して二〇〇五年の選挙キャンペーンに必要な金一四〇億から一八〇億ポンドを「融資」したというのだ。選挙に勝ったブレア政権は、多くのスポンサーたちを準男爵に叙した。[14]

政党の基盤となる党員数が減ったことで、党は富裕でカリスマ性のあるリーダーのために存在する機構になり下がった。しかも機構そのものも骨格を残すだけとなっていた。党員の多くはネオリベラル革命という新しい信条にしたがって、市場の魔術を賞賛した。政治機構はいまや、自身の行動や決断により株主にもたらされる配当金について、定期的に取締役会に報告を行なう銀行かヘッジファンドのような働きをするようになった。そして、エンロン事件に見られるように、富裕な個人は当然、爵位の授与などをはるかに上まわる条件を呑ませた。

つまり寛容な出資者たちを満足させるには選挙に勝つことが肝心なわけで、さもなければこうした人々は愛想を尽かしてしまう。政権の座にとどまるために、古いイデオロギーや、古株の党員に象徴される長期的な忠誠心を当てにできなくなった政党にとっては、出資者を満足させられるかどうかが死活問題となったのだった。

西側での政治闘争はもはや塹壕戦ではなく、ビデオゲームのバーチャル戦争のような様相を呈している。対立する政党間には大したイデオロギーの違いもなくなり、選挙に勝てるかどうかは、相手が持っていない特別な武器を買うためにどれだけ金を使うかどうかで決まるようになった。戦いを行なうのは財団や研究機関など、いわば党の化身であり、そうした機関はひそかな信奉者たちから資金提供を受け、運営されている。党首という職務は、新世代の政治リーダーのために用意された戦闘マシーンとなった。従来のイデオロギーや政治的なプログラムの不在を、カリスマ性のある男女が埋め合わせしている。そしてもっとも強力な武器は、当然のことながらスピンと呼ばれる情報操作である。これはニュースをあやつる現代の魔術師が繰り出す錬金術にほかならないのだ。

第16章

メディアクラシー

ウォーターゲート事件のことはだれもが覚えているだろう。ニクソンは裁判にかけられまいとして辞任した。ホテルに盗聴器を仕掛けることを容認しても非難されはしなかったが、議会と国民に対してウソをついたと批判されたのである。その何年か後、「この女性とはセックスしたことはない」という言葉で、ビル・クリントンは面目を失ったが、奇跡的に辞任せずに済んだ。もっと最近の例ではヨーロッパ大陸全体を揺るがすほどのセックススキャンダルに見舞われたにもかかわらず、シルヴィオ・ベルルスコーニも権力の座にとどまった。また、一九九七年にフォーミュラワン（F1）・スキャンダルにかかわったトニー・ブレアも首相の地位にとどまった。これは単にアメリカ人が道徳主義者で、ヨーロッパ人が昔から自由放任だったから、という違いのせいなのだろうか？　いや、そうではない。時代が変わりつつある証だろう。いま起きている変化には、ふたつの基本的な要因がかかわっている。メディアの操作と、リーダーによる政党支配である。

政治家と有権者が相互にかかわり合う場合、そこにはメディアによる操作が介在することが多いわけだが、現代の民主国のなかで人々の同意を得ることに関しても同様である。レーガンとサッチャーは、メディアの専門家たちの手を借りた最初の政治家だった。専門家たちはまるでハリウッドの映画監督のように、慎重に行なわれた世論調査をもとにイメージづくりをした。

それ以来、政治家のイメージ・コンサルタントが西側民主諸国の黒幕となった。リーダー格は当然、アメリカ人である。二〇〇一年、イタリアのオリーブの木として知られる中道左派政治連合は、クリントン政権の戦略家だったスタンレー・グリーンバーグを招聘し、二〇〇四年に保守派の国民同盟はシカゴのレオ・バーネットを雇っている。[1] しかしアメリカ式の選挙キャンペーンを一九九四年に初めて展開してみせたのはシルヴィオ・ベルルスコーニだった。

ここではしかし、政治的コミュニケーションの生みの親から話を進めよう。当選するとレーガンはイメージづくりの魔術師たちをホワイトハウスに引き入れた。彼らは大統領のスピーチ原稿を書く人間には、なにを書くべきかを告げ、レーガンにはその伝え方を教えた。実のところ、アメリカの国民がテレビ画面に見た男は、絵空事を朗読する俳優にすぎなかったのだ。しかしそのことにだれも気づかず、財政赤字が増えたことも見過ごされた。人々が聞かされたのはただ、レーガンが減税を行なったばかりでなく、そうし続けることを国民に公約した、ということだった。そして彼は再選された。

人々はものごとをすぐに忘れてしまう。そればかりか、正確なデータにアクセスするすべもない。しかしメディアはもっと詳しい情報を知ってしかるべきである。民主主義国家にあって、メディアはいわば人々の政治にまつわる記憶の役割を果たす。メディアは一九八〇年から一九九二年のレーガン政権から父親のブッシュ政権まで、ふたつの政権の間に財政赤字が四倍になった事実をよく知っていた。ところが報道はしなかったのである。ではなぜ西側の人々は中国の検閲に対してこれほどまでに憤慨するのだろうか？　それは私たちがこうした問題をイデオロギーという視点からとらえるからだ。このような観点から見た場合、中国版の「検閲」とは、メディアの自主性に対する制限、すなわち思想や言論の自由の制限にほかならない。では国内でニュースが暗黙のうちに選択されている事実を、どう定義したらいいのだろうか？

ジャーナリストやロビイスト、そして保守派の理論家たちがまとめあげたネオリベラル革命は、言論界でも同じような革命が起きないかぎりうまくいかない。ウォーターゲート事件の数年後にホワイトハウス入りし、メディアがカーターを侮辱するさまを目の当たりにしたレーガンは、この点を十分に理解していた。

しかしメディアが政治家階級の広報機関と化した背後には、資本主義的陰謀がからんでいると考えたのでは間違っている。それはどちらかと言えば、逆だったのだ。変化を導いたのはメディア・コンサルタントや有能な専門家など、マスメディア、そして大衆民主主義の出現とともにあらわれたコミュニケーションなる新しい科学を、何年も研究してきた人々だった。(2)

ノーム・チョムスキーが記しているように、合意というのは政治機構の腹のなかで生み出されるもので、その原材料は情報である。言論の自由といっても、空箱に貼ったラベルのようなものにすぎないが、それがあるだけでいい気分になれるので、みんな気に入っているというわけだ。

一九八〇年代、この神話は強化された。ネオリベラル主義とピノチェトのペアとは、実質的にはネオリベラル主義と現代民主主義のペアであったと、レーガンやサッチャーは演説のなかで解釈している。彼らはさらに現代民主主義は世界に広がる共産主義を食い止める西側唯一の万里の長城である、と評した。しかしこれは純粋な情報操作の問題である。数値を見るかぎり、チリ経済はピノチェトの軍事政権によって略式で処刑される前のアジェンデが統治していた時代より、よい成果を上げていた。しかし良好な数値の裏には暴力と国民全般の困窮という事情が隠されていた。それがＧＤＰや工業生産といった不毛な統計に反映されることのない社会の現実だった。

政治的イメージをつくり出す専門家のアドバイスを受けたレーガンやサッチャーが、有害な情報を国民に伝え、国民がそれを清らかな泉の水のごとく鵜呑みにしたのに対し、その後の一〇年で政治とメディアを隔てる壁をはっきりと打ち壊してみせたのは「新しい労働党」だった。[3] ピーター・マンデルソンやアリスター・キャンベルといった有名人たちが登場したのはこのときだ。前者は職権濫用で二度にわたって公職を追放され、後者はデイリー・ミラーという、イギリスの日刊紙のなかではまったく権威のない新聞のジャーナリストであった。

ブレアという人物を、スローガンによって演出したのはこのふたりだった。彼らが考え出したスローガンのなかでもっとも奇異に思えるのが、「決してウソをつかない政治家」だろう。選挙に勝ったブレアは行政機構のなかに首相スポークスマンを組み入れた。そしてこの職務にあらかじめ選任されていたキャンベルは、党内の政治闘争にも加わることになった。こうして政府の声と党の声とが合体し、[4] トニー・ブレアは「新しい労働党」の化身となった。

首相の周囲に築き上げた複雑でコストのかさむ機構が幸いして、メディアは事実上、キャンベルの意のままにあやつられるようになった。キャンベルは町のごろつき同然のやり方で、かつての同僚たちをうまい具合に手なずけたのである。首相専属のこの機構の年間予算は四〇〇万ポンド、お抱えのコンサルタントは七四人もいた。要するに、政府内に秘密の省庁が出来上がったということだ。彼らは一日に二四時間働き、エクスカリバーと呼ばれるデータバンクを持っていた。そこにありとあらゆるニュースが網羅されており、担当チームは、広めたくないと思えばなんであれ即座に否定するという任務を与えられていた。こうした操作のブレーンとなったのはグリッドと呼ばれる、政府のスケジュールや発表など膨大な情報をつかさどる緻密なネットワークであり、政府高官はそれにしたがって、プロパガンダ上の必要性に応じ、ニュースをおおやけにする一番よい日時を選ぶことができた。二〇〇一年九月一一日、当時、運輸大臣ステファン・バイヤーズの報道担当をしていたジョー・ムーアはグリッドに向けて次のような電子メールを送った。「今日は隠してしまいたいと思うことを発表するにはもってこいだ」(5)。

ブレアやそのスピン・ドクター（情報操作スピンの専門家）たちの態度は皮肉きわまりないものだったが、彼らがウソをつく度合いもすさまじかった。一九九七年の選挙に勝利して三カ月後、記者会見でマンデルソンは政府が最初の一〇〇日の間に挙げた一〇〇の成果について発表した。これが単なるスローガンにすぎず、具体的な法律の提案や実際の決定は一〇に満たないことに気づいたジャーナリストはほとんどいなかった。キャンベルとマンデルソンによる情報戦マシーンの目標は「敵対する」メディアを混乱させることだった。そしてそれはすばらしい成功をおさめた。

また「友好的な」ジャーナリストには、ビジネス・ブレックファーストや、非公開の記者会見などでそれとなく情報を与えた。ただしそれらは世間から望んだような反応を得るために準備されたニュースにすぎなかった。過去のニュースにでっちあげをまぶして再利用すれば、つねに政権が実効をあげているかのような印象を与えることができる。グリッドは真実をにぎりつぶし、その代わりにトニー・ブレアを持ちあげるようなニュースをつくり出した。そしてメディアはもはや眠りにつくことなく、一日に二四時間、ニュースを吐き出し続けるようになった。要するに、メディアはまんまと罠に引っかかったのである。

公式には言論の自由があるとされているイギリスだが、実際にはプロフェッショナルとして独自にメディアを運営しているジャーナリストなど、もはや存在しない。サッチャーのスポークスマンだったバーナード・イングハムはニコラス・ジョーンズの著書『君主たちのスピン――メディアと新しい労働党政権（Sultans of Spin: The Media and the New Labour Government）』（未邦訳、二〇〇〇年）の序文のなかで、もしキャンベルに向けられたような非難の一部にでも自分がさらされれば、数カ月以内に辞任させられたに違いない、と記している。(6)

ここでもう一度、初めの質問に戻ろう。西側のメディアと中国のメディアはどう違うのだろうか？前者は読者には見分けがつかないようなニセの情報を伝え、後者ははっきりとした形で検閲を行なっている、という点だ。皮肉ではあるが、自分たちが中国について聞かされていることが真実であるかどうかも私たちにはわからない。西側の大衆が聞かされている内容は、西側の「自由なメディア」によって巧妙にでっちあげられた可能性がある、ということだ。民主主義を夢見る大勢の反体制派がいる抑圧された国家、というイメージを描き出すことが、メディアにとって多大なメリットとなる。中国式モデルが成功し、実は失敗したのは私たち自身だ、などと世間が考え、変化を要求するようになっては困る。そして変化こそ、体制側のあらゆる人間がおそれることなのだ。

中国に暮らす分別ある多くの欧米人たちも述べているように、単に中国の実情を知らないからそう考えてしまう、ということもある。オハナシア社のオーナー、モーリス・オハナにふたたび登場してもらおう。

私の娘は毎日六〇〇人の赤ん坊が生まれる大きな病院で出産しました。外には病院内に入ろうといつも大勢の人々が詰めかけ、警官たちが彼らを押しとどめていました。西側ジャーナリストたちはなぜ警官たちがそんなことをしようとするのかと思うでしょうし、なかにはその光景を見て、人々は抑圧されていると解釈する人もいるかもしれません。病院の管理責任者によれば、赤ん坊の親たちはたいてい出産後、四、五日、病院にとどまるということでした。つまり病院には常時、三〇〇〇人の職員と三〇〇〇人の赤ん坊、六〇〇〇人の親たちがいるわけなのです。もし病院の扉を開けでもして、三万人の親族が自由に出入りするようになったらどんなことになるでしょうか。

中国ではつねに数を心にとめておくことが必要です。肝心なのは数です。西側のメディアには、ひとりっ子政策について理解できないのと同様、このことがわからないのです。もしこの政策を実施していなかったらいまごろ、中国の人口は四〇億人に達していたに違いありません。これだけの人間を一体だれが養うというのでしょうか?[7]

西側ジャーナリストの多くは、中国についてもっと真実味のあるイメージを描きにくい理由はほかにもある、と主張する。これについてパトリック・ホバネッツは次のように説明する。

我々のメディアには経済と政治というふたつの要因が影響しています。人々は中国がまだまだ長い道のりを歩んでいかなければならないことを知らないまま、この超大国をおそれているのです。あたかも中国が、一九八九年の天安門事件当時の状態のまま行き詰まってしまっているかのように、人々がつねに色眼鏡を通じてこの国を見ているということなのです。

そのために、中国の実像を読者に伝えるのに必要な客観性が失われてしまうことになる。ホバネッツはさらに続けて次のように述べる。

西側では中国を独裁主義の囚人であるかのようにとらえがちです。そしてチャンスさえあれば、国民は政権を握る人々に反抗するに違いない、と考えているのです。しかし実際にはそうではありません。過去二〇年で、中国の個人の自由は増し、人々は西側の民主主義に対して相反する感情を抱くようになりました。彼らは自由でありたいと同時に、法を尊重したいとも思っているのです。(8)

中国は、世界に対してみずからのイメージを売るということができないのである。この国にはスピンも、コミュニケーションなる科学も存在しない。オンライン・マガジンDanwei.orgsの創立者ジェレミー・ゴールドコーンもそう見ている。

中国人はコミュニケーションについてなにも知りません。この国のリーダーたちの大半が工学部を卒業しているからかもしれません。いいニュースを広め、自国について好ましいイメージを与える能力が欠如しているのです。海外メディアがどのような反応を示すかに注意を向けないので、微妙な問題について論じる際、大変なミスをおかしてしまうのです。(9)

西側のメディアは、天安門に戦車や軍隊が突入した二〇年前と比べれば、中国では表現の自由がずっと認められるようになっている事実を伝えようとはしない。むしろ報道される内容からは、中国では表現の自由は狭められる一方であるとの印象を受けるのである。

魔術と民主主義の間

西側ではメディアがスピンの餌食となってしまったのに対し、中国では調査報道が発展し続けている。これは二〇年前には存在しなかった、とてつもなく強力な武器であり、それを市民社会は手にしているのである。山西省の溶鉱炉について記したイヴァン・フランチェスチーニの著書『中国の溶鉱炉からの物語（Cronache delle fornaci cinesi）』（未邦訳、二〇〇九年）は、この数年で明らかになったとりわけ痛ましいエピソードを伝えている。

二〇〇七年半ばにかけて、河南省の六組の両親が、地元テレビ局の記者・付振中《フージエンジョン》に助けを求めた。子供が誘拐されて、両親たちは必死だった。子供たちは山西省の溶鉱炉に連れて行かれたのだと、両親たちは考えていた。子供を奴隷のように働かせて搾取する、不法なれんが企業である。記者は驚いたが、両親たちにともなわれて山西省まで行くことにした。彼はすぐに自分の考えをあらためざるを得なかった。同行者たちに見せられたのはおそるべき世界だったのだ[10]。

この記者は隠しカメラを使って、筆舌に尽くしがたい悲惨な光景を記録し、データを持ち帰った。建設現場では一〇歳に満たない子供たちが、少しでも手を休めるとムチで打つ監視人に見張られながら、まったく休みなく働かされていた。鉱山に連れて行かれた若者は骨と皮ばかりにやせ衰え、自分の足で立っているのがやっとだった。付振中が映像を放映したところ、溶鉱炉での児童労働スキャンダルは中国全土に大反響を巻き起こした。

すべての国営メディアはこの話を取り上げたが、市民社会を動かし、政府に行動するように働きかけるきっかけを与えたのはインターネットだった。誘拐され、後に解放された子供のひとりの母親シン・ヤンホアが、「四〇〇人の両親は泣きながら助けを求めています。だれが私たちの子供を救ってくれるのでしょうか？」という声明文を各地に伝えると、数百万人が参加して激しい議論が巻き起こった。若い活動家たちが山西省に集まり、親たちのグループや行方不明の子供たちを捜すボランティアたちに合流して、溶鉱炉を探しまわった。中国政府は各省間で連携しての公安による捜査を命じる一方、人身売買撲滅のための五カ年計画を打ち出し、告訴を容易にするための労働法を承認した。フランチェスチーニの著書の序文には次のように記されている。

市民社会の反応は迅速で力強いものであり、中国の市民は消極的で権力に従順だとする固定観念が誤りであったことが示された……この物語の真の主人公は役人でも、人身売買をする当事者でも、拷問者でもなかった。それは両親であり、弁護士であり、ジャーナリストであり、日々、自分たちが生きる社会をよりよくしようと闘う普通の市民たちだった。(11)

私たちは中国の市民による調査報道の事例について、これまでに一度でも知り得ることがあっただろうか？

西側のメディアは、過去二〇年で中国の市民社会が成長したことも、それを通じて普通の人々と共産党幹部が対話をしつつあることについても、伝えようとはしない。そしてこの対話において中国のメディアは重要な役割を果たしている。この山西省の出来事のような話はたくさんある。いずれも、政府役人の腐敗ぶりや犯罪行為など、メディアによって明らかにされたものだ。

こうした調査報道の背後には、中国社会をよりよくしようと、命がけで活動を繰り広げるプロのジャーナリストたちがいる。そのひとりは中国版エスクァイア誌「時尚先生」の記者・鈄江明《ドウジャンミン》である。山西省の溶鉱炉をめぐる醜聞について、彼が立ち上げたブログは国内で大変な人気を集めている。フランチェスチーニの著書のあとがきのなかで、彼は次のように記している。

二年前に溶鉱炉スキャンダルが起きたとき、私の娘のシャオアンはまだ一歳半になったばかりだった。溶鉱炉の事件について報道すべきだと、なにがこれほど私を駆り立てるのかと言えば、それは娘のためだ。娘には自分が暮らすいまのような世のなかで成長していってほしくないのだ。(12)

鈄は反体制派でもなければ、中国の共産主義がこうした悲劇の元凶であるとも考えてもいない。彼はただこの国から人身売買をはじめとする社会・経済的な腐敗をなくすには、社会を動かすことこそが正しい対処の仕方だと考えているのだ。

西側でも市民社会はみずからの意見が聞き届けられるよう働きかけるが、メディアがそうした声を上げる場となることはほとんどない。イラクへの武力介入など、市民の声に政治家が聞く耳をもたないことを示すほんの一例にすぎない。

二〇〇二年一一月から二〇〇三年三月の間に、世界中の人々は街にくり出して、リーダーたちに自分たちがイラク侵略に反対であることをわからせようとした。何百万という人々が裕福な西側諸国や、南半球の発展途上国の首都で抗議デモを行なった。西側の政党内でも、とりわけ激しい反対の声が上がった。バラク・オバマは先制攻撃に反対票を投じた数少ないアメリカ上院議員のひとりだった。ヒラリー・クリントンも反対派を支持した。イギリスでは「新しい労働党」のおもだったメンバーであるロビン・クックはブレアが無条件でブッシュ政権の戦争を支持したことに抗議して辞任した。当時、外務英連邦大臣を務めたジャック・ストローでさえ、二〇一〇年一月になってようやく明らかにされたブレア宛ての書簡のなかで、イラク侵略が党に与えかねないあらゆるダメージを予想し、それに反対している。(13)しかしこうした声はすべて無視された。かまびすしくイラク介入を主張する人々のなかには、大勢の西側ジャーナリズムの著名人が含まれていたが、彼らはこうした反対意見をあざ笑い、愛国心が欠如しているか、臆病な証拠だと言ってやり過ごそうとした。

色とりどりの横断幕を掲げた平和主義運動が半島中を埋め尽くしたイタリアにも、イラク戦争を正当化するブッシュやブレア、ベルルスコーニらのスピン・ドクターたちが広めたウソ——それが実態だった——を好意的にあつかったテレビやラジオ、新聞や雑誌記者たちは大勢いた。そうした媒体や記者の数はこの本には書ききれないほどだった。そしてキャンベルのグリッドやそのワシントン版、そしてもちろんイタリア版が日々くり出すウソの実態をわざわざ暴こうとする者は、ひとりもいなかった。しかしわずかな時間でもインターネットを見れば、そこにはあらゆる新聞の編集局で回覧される最高機密文書に書かれていた正確な文章を目にすることができた。サダム・フセインの核兵器や、彼のアルカイダとの結びつきを示すまぎれもない証拠として提出された、有名なイラク関係書類の大半はインターネットを通じて入手されたものにすぎなかった。

そして、サダムが大量破壊兵器を保有し、ビンラディンと通じていた、とする証拠捏造の疑いで二〇一〇年にブレア政権の責任について調査を行ないそれを明らかにしたのは、ロンドンのチルコット審問会である。ではアングロサクソンや西側の調査報道はどうなのだろう、それによって明らかになった事実はあったのだろうか？　こう考えると、西側メディアの利害は、本来メディアが伝えるべき対象の市民の利害ではなく、政治家たちの利害に近いのだ、と結論づけないわけにはいかないことに気づかされるのだ。

イラクへの武力介入は、ウソや情報操作、西側メディアのプロ意識の欠如によってあおられたわけだが、これは国際法の原則に照らし合わせてみても違法であった。サダム・フセインを処刑したところで、一九七〇年代には識字率七四パーセントという、イスラム世界でもっとも近代化の進んだ国家・イラクには死と破壊がもたらされたにすぎなかった。イラク侵略によって、この国の主権も、イラク人の人権も侵害されたのだった。そしてすべてが民主主義という名のもとに、しかも西側の自由なメディアの承認下で行なわれた。

他方、天安門事件はテレビ画面を通じて、そして西側の新聞の紙面を通じて全世界に伝えられ、だれもが残虐な当局による抑圧であると非難した。それは当然の反応であった。とはいえ、血が流されなければ、中国政府のリーダーたちに変化が急務であると警告することもできず、また付振中や斜江明のようなジャーナリストが今日存在することもなかっただろう。山西省の溶鉱炉で奴隷になっている子供たちの解放を求め、子供の人身売買に反対するメディアによるキャンペーンが行なわれることなど、想像だにできなかったことだろう。このような重大な歴史上の転機に、プロパガンダで対処することは不可能である。こうした重大な問題の解決には人間の知的良心のすべてを動員する必要がある。

いま手にしているものは、自分が求めてきたはずの民主主義なのか、それとも別のものなのか、と私たちはみずからに問いかけなければならない。いまこそ西側は中国のジャーナリズムが挑みつつある社会的な闘いに目を向けるべきだ。それは中国のメディアが西側よりすぐれているからなのではなく、西側のメディアがいかにニュースをつくり出し、意見を形成し、社会反応を引き出そうとする者たちによって毒されてしまったかを理解する必要があるからだ。中国が必ずしも見習うべき手本というわけではない。しかしそれを試金石として、ゆがんでしまった国内メディアを正すよう、努力していくべきなのではないだろうか。

第17章 千人のエビータ

サルデーニャ島のポルト・セルヴォにある小さな広場に、大勢の若い女性が集まっていた。軽い夏のドレス姿で、よく日に焼けた素肌をあらわにした彼女たちは、みなやせて背が高かった。その界隈にはおしゃれなバーがたくさん並んでいたが、彼女たちはある店の入り口をゆるい半円を描くように取り囲んでいた。青いスーツ姿にイヤホンマイクを着けた、体格のいい男たちがだれも通すまいと壁をつくるようにずらりと並び、彼女たちに家に戻るよううながした。しかし女性たちはあきらめようとせず、なかにはバー内部の客たちをひと目見ようとハイヒールを履いたまま飛び上がる者もいた。そこへエレガントな年配の女性ふたりが、歩きながらバーのほうに近づいてきた。騒ぎに当惑した様子のふたりは、男たちのひとりに、一体どういうことなのか尋ねようと、こちらへ来るようにと手招きした。だが男はその前に、ふたりが群集のなかを通り抜けられるよう道を空けた。うらやましさのあまりショックを受けた大勢の女性たちが見つめるなかを、ふたりはややためらいがちにバーのなかへと入っていった。やがてふたりはシルヴィオ・ベルルスコーニの前に立った。

ふたりを暖かく出迎えた首相は自分のボディガードたちがふたりを親戚と間違えてしまったのだと詫びた。事実、彼女たちを通すようにと命じたボディガードは、ふたりのうちのひとりが首相の母ローザ・ベルルスコーニだと思い込んでいた。興奮の面持ちで自分をほめそやす女性たちの手をとると、彼はふたりの間に腰を下ろし、写真を撮った。数日後、額におさまった写真は彼の署名入りで彼女らのもとに届けられた。別れ際、彼は隣に座っていた友人の肩に手を置くと、彼にもあいさつをするようにとふたりの女性をうながした。そのときになって初めて彼女たちは、その男性がウラジミール・プーチンであったことに気づいた。

西側の政治家のなかでシルヴィオ・ベルルスコーニほど、「弱き性」とされる女性たちに対して、ポップスターさながらの魅力を発揮する者はいない。彼がつねに美しい女性たちを同伴しているのは事実だが、ポルト・セルヴォでのエピソードからもわかるように、女性の側が彼を追いかけるのである。たとえ年配の女性であってもこの男に魅了されてしまうのだ。事実、彼の祖母にあたる世代の女性有権者たちこそが、ベルルスコーニのもっとも忠実な支持者であることは統計からも明らかだ。そんな彼はみずからの女性に対する見解を隠そうともしない。二〇〇八年四月一六日の記者会見では、「ザパテロ政権には女性が多すぎる。彼はきっとなにかしら問題を抱えることになるだろう」と言ってのけたのだった[1]。

ペロン・コンプレックス

政治の世界で女性は少数派である。だからといって彼女たちがそのダイナミクスを理解しない、ということではない。事実、政党が個人そのものに感じられるほど、絶大な影響力を発揮した最初の人物は女性であった。それがエビータことエバ・ペロン（アルゼンチンの女優、政治家。ファン・ペロン大統領と結婚、ファーストレディとなり、一九五二年に三三歳で癌で死去）である。

一九四五年、エビータは恋人のペロン将軍（アルゼンチンの軍人、政治家。第二九代、第四一代大統領）の逮捕に抗議して、大々的なメディアキャンペーンをはじめた。これは彼を釈放するよう政府に迫った、国民を動員しての組合運動だったのだが、人々はエビータがペロンへの愛ゆえに、大衆を街角へと駆り立てたかのように感じていた。この瞬間から、アルゼンチンの政治史はどこかバラ色がかった、タブロイド紙的な性質を帯びるようになった。ペロンを中心に展開された政治運動の労働組合主義、社会主義的な意味合いも、そこに呑み込まれていった。エビータのカリスマ的魅力をリトマス試験紙のようにはっきりと世間に打ち出し、大衆を熱狂させるにいたったメディアの働きは大きかった。こうして彼女が敬愛する男を称える、ペロン主義が生まれた。

名高いミュージカル作品「エビータ」で永遠に人々の心に刻まれることになったふたりの政治的存在の生きざまは、いまなおコミュニケーション学者たちの間に畏敬の念を呼び起こす。エビータは未来の大統領に彼女自身のイメージを投影させた。つまり人々は彼女の目を通して、ペロンという男を見たのである。おだやかなポピュリズムに加え、驚くほどセンスよく選び抜かれた平等主義的なスローガンで、エビータは自分とペロンの関係を純粋でわかりやすいものとして国民に印象づけた。アルゼンチンの解放は、労働組合でも社会党でもなく、ペロン自身の選挙での勝利によってはじまった。そして社会党は「ペロニスタ（ペロン主義者）」（現在の名称は正義党。通称ペロン党。アルゼンチン最大政党にして、キルチネル大統領の与党）という名前で知られるようになっていった。

このように政治に個人が色濃く投影された時代に成長したいまの政治家たちは、ペロン・コンプレックスにさいなまれている。彼らは政党を自分個人の武器に仕立て上げたいのである。ブレアやベルルスコーニといった自分のイメージにこだわる政治家は、こうした気持ちをどこかに抱えているに違いない。

バラク・オバマやサルコジでさえ、エビータをまねて大衆に訴えかけるポピュリズム的なレトリックを用いている。二〇一〇年、フランスのサルコジ大統領はダボスで銀行やその弊害について長々と演説し、ヨーロッパ諸国やアメリカのリーダーたちに、経済システム改革のための協力を呼びかけた。「いま必要とされているのは新しいブレトンウッズ体制である」と彼は繰り返し主張した。その一年以上前、ロンドンで開催されたG20サミットで彼は、みずからが提案した銀行に対する厳格な決議案が受け入れられないのであれば、会議から離脱するとすごんでみせた。しかし結局は、恒例となっている最後の写真撮影まで会議にとどまった。

銀行改革キャンペーンは信用危機以来、フランス前大統領の十八番《おはこ》となったが、それはもしかすると、国民の手で転覆させた王政への憎しみを人々に思い起こさせたからなのかもしれない。しかしいままでのところ、銀行家の頭がパリの石畳に転がり落ちることはなく、銀行はかつての反乱者の子孫たちの金で救済されている。新聞の見出しも、政党やフランス議会でさえも、フランス前大統領の荒っぽいポピュリズムを非難すまいと自重していた。彼の鋭い口調をあらためさせることもできず、また彼の「口撃」は効果を発揮してはいたので、なにも言うまいとしていたのだ。

「チェンジ」の偉大なる支持者バラク・オバマもまた、演説のなかで巧妙なポピュリスト的レトリックを展開してみせる。しかし大統領に就任して一年が経った時点でも、選挙キャンペーン中の公約はひとつも実現されていない。レトリックの大家である彼は、ローマ時代の護民官を体現したような人物だ。巧みな弁舌でやさしく心地よい印象をかもし出し、すべてはうまくいくと聴衆を納得させるすべを心得ている。要するに、彼はつねに国民の善を考える政治家、完全なる利他主義者、と自分を印象づけることができるのである。しかし彼は単にテクニックの面で成功をおさめているにすぎない。二〇一〇年、ヒューマン・ライツ・ウォッチは世界の状況について記した報告書のなかで次のように指摘した。

アメリカ市民は広範な市民的自由を享受し、強固で独立した連邦、および州裁判所に依拠しているが、人権のあつかいに関しては深刻な懸念が残る。とりわけ犯罪に関する正義、移民、対テロ法や政策の分野でこのことが言える。オバマ政権はこうした問題の多くに取り組むことを表明しているが、オバマ大統領が就任してほぼ一年になろうとする現時点で、同政権は具体的な策をほとんど打ち出していない。(2)

環境の分野でもまた、レトリックの危険性は明らかになりつつある。コペンハーゲン国連気候変動会議に参加する前、オバマは二〇二〇年までにアメリカの二酸化炭素排気量を一七パーセント減らすと表明した。しかしこの発言にはなんら意味はなかった。なぜならこの問題を決定するはずの議会は、二〇一一年半ばまで環境問題にまったく関心を示していなかったからだ。だがニュースだけが世界中に広まり、新大統領はブッシュと違って地球のことを考えている、とだれもが賞賛した。減少するといってもそれは二〇〇五年の排出量を基準としているのであって、京都議定書を批准したすべての国々が用いていた一九九〇年のレベルではないことに、専門家を除いて気づいた者はほとんどいなかった。もし一九九〇年の排出量が基準になるのなら、オバマが約束した一七パーセントというのは、実際にはわずか四パーセントにすぎないことになる。

オバマ大統領のレトリックと、ペロン風のポピュリズムによって、真の問題はおおい隠され、大勢の人々を利するはずの環境や医療といった現在の重要課題は適切に解決されることなく見過ごされてしまう。ワシントンでは、石油や石油関連の圧力団体は、議員ひとりにつき三人の割合でロビイストを抱えており、しかも議員たちの選挙費用の大半を肩代わりしてやっている。そのため、環境問題そのものが、いまや破綻の瀬戸際にある世界最大の自動車会社ゼネラル・モーターズのような羽目に陥りかねない。同社はウォール街の銀行のアドバイスにしたがい、従来の車よりもずっと進んだ省エネ型自動車の開発に踏み切ろうとはしなかったからだ。しかし同社の取締役は議会の後ろ盾を利用して、あらゆる闘いを勝ち抜いてきたのである。要するにゼネラル・モーターズのロビイストたちは、アメリカが自動車業界を再編することのないよう、日本の自動車メーカーに負けない競争力をつけることのないよう、お膳立てをしたというわけだ。

政府を産業と区別することには理由がある。両者の間には相違があるからこそ、政府のリーダーたちは、産業界には不評でも、長期的には産業界にも国にも有益な政策を行なうことができる。ところが、いまの西側民主諸国では状況が変わってきた。

その理由はいつも決まって財政だ。今日、大流行しているレトリックやポピュリズムには、当然、弊害がある。その筆頭が、いまの政治家が選挙キャンペーンで必要とする莫大な資金だ。それはいまや天文学的と表現したくなるほどの規模に膨れ上がっている。オバマが全米各地を訪れ、語りかける言葉の一つひとつは金に等しい。金がなければ、彼のすばらしい言葉も語られることはないからだ。いまの有名政治家たちも同様だ。すでに述べたように「スーパー民主主義」なるリアリティ番組のコストを負担するのは党員ではない。ロビー活動や圧力団体を通じ、ローマ時代の原則「私はあなたがくれるものに対して与える」を地で行く、富裕な個人であり企業である。

中国では事情は違う。西側よりましとは言わないが、ともかく異なるのだ。この国で金をたくさん持っていたとしても、政治に関していえばどんなことでも可能になるわけではない。まずは中国共産党が綿密に吟味し、その許可を受ける必要がある。まるでイニシエーションの儀式さながらのこのプロセスは延々と続き、しかもあくまで実力重視である。

事実、中国では党員になることは容易ではない。理論的にはだれでも法定年齢（一八歳）に達し、ふたりの党員による推薦状を提出しさえすれば、申請は可能だ。だからといってすぐに許可されて訓練（一年続く予備的期間）を受けられるわけではなく、申請者のうち、訓練にまで進めるのはわずか五パーセントにすぎない。

西側と同じように、中国でも政治をつかさどるのはおもに男性である。かつて中国共産党の男女比は、女性党員ひとりに対し、男性党員が三人の割合だった。この数値は改善されたとはいえ、やはりいまでも男性党員のほうが圧倒的に多い。党員申請に関して、性別以外でもっとも重視されるのは教育レベルである。これまでは大学卒業資格を持つ人間のほうが党員として受け入れられやすく、政府内でキャリアを築くチャンスも多かった。しかし基本的に、党員を選ぶ基準はやはり能力主義なのである。たとえ学位がなくても、なんらかの分野ですぐれた能力を持っていれば、党員にはなりやすい。この点についてジョン・P・バーンズ教授は、「中国の多くの役人は実績にもとづいて選ばれていることを示す、相当の事例がある」と述べている。[3]

最近、成功をおさめたビジネスマンが党員になるケースが増えている。共産党は党員たちに民間部門で働くよう勧める一方で、実業界、特に重工業界の人間に入党を働きかけるよう奨励している。[4]チャイナ・デイリー紙によれば、二〇〇六年に民間部門で働く党員の数は二八六万人だった。これは党員全体のおよそ一五パーセントに相当し、そのうちの八一万人は個人企業家だった。[5]

こうした変化には、二〇〇二年の共産党第一六次全国代表大会で江沢民が表明した「三つの代表」という理論を採択したことが影響している。この理論には中国における過去八〇年の経験が反映されている。

我が党は今後も時代の先端に立ち、勝利をめざして進む人民を率いていかなければならない。つまり共産党はつねに、中国の先進的な生産力の発展によって要請されるものを、中国の先端的な文化の発展の方向性を、そして中国人民の圧倒的多数の基本的な利益を代表しなければならない、ということである。(6)

少なくとも理論上、中国共産党は、企業家を含むもっともダイナミックで生産的な社会勢力、この国でもっとも高い文化的な表現、すべての国民の利益を代表する存在たらんとしている、ということだ。

ただし党員になることと、政府の要員になることは別である。共産党と政府の関係は、時代とともに変化してきた。一九四九年から一九七七年の間に、党員資格を持つ人間が政府内でキャリアを築く可能性は、党員資格がない場合と比べれば七倍も高かった。一九八七年から一九九六年の間に、この数値は三倍へと下がった。そして最近のデータによれば、いまでは党員であるかどうかはほとんど影響しないことがわかっている。(7)中国では政界でキャリアを築くチャンスのある人間には四タイプがあると言われている。いわゆる「無・知・少・女」、つまりどの政党の党員でもない者（無党派）であり、インテリ（知識分子）であり、少数民族の代表（少数民族）であり、女性（女性）である。

つまり共産党内で出世しなければ中国政府の一員になれない、と結論づけては事実に反することになる。国家の最高機関である全国人民代表大会の代表の任期は五年であるが、代表を選ぶシステムは共産党の外にある。代表は省や自治区、直轄市、特別行政区、それから中国人民解放軍によって選出されるからだ。

政府の役職に就くために、党員である必要はもはやなくなった[8]。現時点では、閣僚のなかに党員がひとりもいない政府を想像することは不可能かもしれないが、二〇〇七年に科学技術部や衛生部の部長に就任した人たちは党員ではなかった。共産党は長年にわたってよりオープンでありたいとの意向を示してきた。繰り返しになるが、政府の役人になれるかどうかは、たとえアドバイザーのような仕事であっても、おもにその人物の能力次第である。中国でのエイズ蔓延を食い止めようと活動するNGO、北京愛知行研究所の所長を務める万延海《ワンヤンハイ》はインタビューで次のように述べている。「二〇〇九年一月、ウイグルの状況についての公開書簡を書いたところ、少数民族を担当する役所がそれを読んで、私に協力を求めてきました[9]」。

万延海の任務はイスラム共同体の発展をうながし、それを強化することだ。それにはイスラム共同体がみずからリーダーを選び、中国人社会のなかにコミュニティーを築くことが必要なのである。しかしこれはいまの政府の方針とはまったく違う。

もちろん中国にも腐敗や悪政はある。チャイナ・デイリーはしばしば汚職政治家の名前を公表する。そのなかには深圳元市長の許宗衡《シュゾンハン》や、寧夏回族自治区の元副主席も含まれていた。こうした人々の多くは、中国核工業集団公司の元社長・康日新《カンリーシン》や、中国の国営電話会社である中国移動通信の副社長など、国営企業のトップを占めていることが多い。二〇〇九年に、彼らの大半は党を追われ、私的利益のために賄賂を受けとったとして裁判にかけられた。中国ではこの種のスキャンダルがもっとも一般的だ。もちろん、イタリアのファストウェブやテレコム・イタリア・スパークルといった格段に規模の大きい詐欺事件に匹敵するものは、いま挙げたなかにはひとつもない。しかし中国共産党内や政府内でも腐敗が非常に広範囲におよんでいることは、周知の事実である。この点についてイヴァン・フランチェスチーニは次のように述べる。

> 数カ月前（二〇〇九年）、役人の腐敗ぶりを伝える、深圳の弁護士が寄稿したレポートが発表された。市民社会からの告発としては初めての事例で、二、三の新聞はこのニュースを一面に掲載したほどだった。共産党はこの成果を誇らしげに宣言したわけだが、中国の政治環境のなかでは、腐敗との闘いが内部の政治闘争で武器として役立つ印象を受ける。たとえばこうした観点から、江沢民前国家主席の政治拠点である上海の政府高官を粛清する、ということも考えられるわけである。いま挙げた例以外でも、腐敗の撲滅というのは、名を上げ、党内の地位を押し上げる手段になり得るということだ。たとえば、重慶市で腐敗撲滅キャンペーンを行なった薄熙来《ボーシーライ》がそうだった。これらふたつのケースから見ても、腐敗一掃運動は、政治派閥がみずからの目的を達成するための手段以外の何者でもないことがわかる。

この問題についての党の誠意のなさは、亡命中の犯罪者・頼昌星《ライチャンシン》と結びついた賈慶林《ジャチンリン》や、エイズスキャンダル時に河南省党委書記だった李長春《リーチャンチュン》など、相変わらず腐敗ぶりで悪名高い人物が政治局内に居座り続けていることからも明らかだ。

中国で腐敗撲滅に動けば、必然的にさまざまな役人同士の「関係《グワンシ》」ネットワークに行き当たる事実は無視できない。ひとりが失脚すれば、それがドミノ式にトップにいたるまで波及することになる。[10]

このように東側世界も万里の長城の西側に広がる世界と大差ないわけである。しかし中国では腐敗は政治ピラミッドの頂点にまで達する深刻な問題であるにもかかわらず、この問題は社会で広く論議されている。また調査報道に従事するジャーナリストたちは、手出しすることなど不可能だと思えるような相手であっても、そのしっぽを捕まえようとする。こうしたニュースを目にすることは、西側の民主諸国のほうがずっと少ない。その原因は、メディアが政治家に手なずけられて、彼らの言いなりになっている場合が多いからだ。そして多くの西側諸国とは違って、中国では司法の判決を受けた人間、係争中の人間、司法当局の捜査対象となった人間は公職に就けなくなる。

ベルルスコーニと女性たち

エビータの時代から数十年が過ぎてなお、彼女ほどカリスマ性があり、人々から敬愛され、尊敬されている女性はいない。有権者から絶大な支持を受け、なおかつプロの男性政治家を支えつつ、愛によって結ばれた夫と有権者たちの絆を象徴するような存在になった女性は、いまもってだれひとりあらわれていない。

シルヴィオ・ベルルスコーニはエビータのような特定のひとりの女性ではなく、大勢の女性たちを利用した。女性たちはみな美しく、彼の言葉すべてを聞き漏らすまいとする。前大統領であり前首相でもあったフランチェスコ・コシガは、ベルルスコーニが成功したのは、イタリアのメディアが詳細にいたるまでことこまかに報じるショーへと、政治を変えてしまったからだ、と指摘した。テレビで高視聴率を獲得するフォーミュラとは、美しく、できれば裸に近い格好をした女性たちを、どんな状況でもかまわないからたくさん画面に登場させることである。すると一番魅力的な人間が最終的には注目を集め、選ばれることになる。エビータもそうしたなかのひとりだった。彼女のメディアキャンペーンは美しかったからこそあれほど成功した、と考えて間違いないだろう。タブロイド紙であれ、リアリティ番組であれ、この種の政治ショーに登場する人間は、見た目が感じよくなければならないのだ。

つまり新しくイタリアの閣僚になった四人の女性たちが世界中に知られることになっても、なんら不思議ではないわけだ。若く、美しい彼女たちは、パンツスーツ姿とはいえ断然セクシーなのだから、彼女たちの姿がヴォーグ誌に取り上げられたとしてもおかしくはない。ベルルスコーニをとり巻く千人のエビータたちには、この国がリーダーに望むイメージが投影されているのだ。ペロンもそうだった。エビータにそなわっていた美徳によって、ペロンは誇り高く、純真な、典型的にして真のアルゼンチン人として、人々の目に映ったのだ。

一方、ベルルスコーニという政治家は、イタリア産のドン・ファンに近い。抗いがたい魅力を有してはいても、これはペロンとは異なる種類の寓話であって、そこに妻との全面対決という要素を加えてもまったく問題は生じない。そもそも夫をとり巻く千人のエビータたちとは違って、ヴェロニカ・ベルルスコーニは熱烈なプロパガンダ志向とはきっぱりと一線を画し、つねに「政治に無関心」であり続けてきた。

もちろんイタリアでは、フェデリコ・フェリーニが映画『青春群像』で見事に描き出したように、女たらしはなにをしようと許される。シルヴィオとヴェロニカのメロドラマを見ればわかるように、イタリア女性は解放されているにもかかわらず、ジェンダーに対する観念は、私たちの祖母の時代から固定化されたまま大して変わってはいない。一九六七年、ヨーロッパの統合とともにフェミニズムがさかんになり、私たち女性の可能性も広がった。しかし相手を食い物にする女たらしの男、それに対して、挑発的で餌食になりやすく、みんなと同じでありたいと望む女、というお決まりの構図は少しも変わることなく残った。そして家庭も社会も男たちを許し続けた。なぜならアダムとエバの時代から、悪いのは誘惑した側であるからだ。怒るヴェロニカに対して謝るシルヴィオという組み合わせは、要するに、イタリアで何世紀にもわたって繰り返し演じられてきた道化芝居なのであって、ふたりの役割は囚人に着せる拘束服のごとくイタリア社会を縛り、この国の近代化をはばんでいるのである。ただし一番心配なのは、この古風な茶番劇が国家の政治に舞台を移して再演されようとしていたことだ。

中国でこんなことが起きるとは思えない。毛沢東の妻になった女性は複数おり、最後の妻はエビータのようにふるまおうとした。しかし中国のリーダーたちには私生活などないかに見える。私たちは彼らの妻や家族を目にすることがないばかりか、リーダーたちの姿勢もおもて向きは慎ましい。女性やセックスをどう理解しているのかはともかく、彼らはおおやけの場では努めて性とは無関係であるかのようにふるまう。

正反対なのがイタリアだ。政治家のセクシャリティーはタブロイド紙ばかりかもっとまじめなメディアにとっても売れる商品であり、それがセールスポイントにすらなる。イタリアの支配階級の男性たちは、ベルルスコーニが美しい女性に弱いからこそ、彼に対して強い連帯意識を抱くのである。しかもばかげたことに、こうした弱点があることで女性有権者の間でも彼の人気は高まる。

ベルルスコーニに何百人もの愛人がいたとしても、そんなことはどうでもいい。重要なのは、平均的なイタリア人が成功者と見なす典型、そして偉大なるラテン系の愛人をこの男が体現しているという事実だ。彼の政治手法はイタリアでは少しも目新しくない。ジャンカルロ・フスコは最近になって再版された著書『ムッソリーニと女性たち（Mussolini e le donne）』（未邦訳、二〇〇六年）のなかで、一九一四年にミラノでようやく日刊紙ポポロ＝ディタリアを創刊する資金を得た際、ムッソリーニは有名なサン・ピエトロ・アロルト通りにある売春宿で祝ったと記している。ムッソリーニはそこで愛人となる女性に出会った。ムッソリーニにとって女性は征服すべき餌食だった。彼は女性たちを、賃貸料を払って借り受け、あるいはただで所有した。やがてリーダーとなるこの男によれば、そのひとりが「作家にして画家、リバタリアン（個人の自由を最大限尊重すべきだと主張する）、アナキスト、ハープ奏者、千里眼」にして、「ミラノでもっとも美しいオーラル・セックスの名手」[11]、レダ・ラファネッリ・ポッリだった。

男らしさを崇拝したファシストの時代が終わりを迎えた後、戦後期や平等主義がさかんだった一九六〇年代や七〇年代には、そうした傾向はなりをひそめていた。これ見よがしの男らしさがイタリアで復活し、政治に革命的な変化をもたらしたのはごく最近である。皮肉にも、政治家にとって自分の妻を裏切ることは名誉とすらなってしまった。家族の大切さを訴え、ローマ法王の言葉に忠実なピエル・フェルディナンド・カジーニ（イタリアの政治家）もジャンフランコ・フィーニ（イタリアの下院議長。ベルルスコーニ政権下で副首相や外務大臣を歴任）も、愛人と結婚するために妻を捨てた。不貞をよしとする別の事例が必要なら、愛人クララ・ペタッチと同棲したムッソリーニはどうだろう。「女性は家庭にとどまって、子供を育て、そして裏切られるものだ」というこの独裁者の言葉を忘れられようか？　そしてその一方では未婚女性のふしだらぶりを品定めしながら彼女と楽しむ、というわけだ。

当然のことながら、現実社会では、結婚する権利を認められない同性愛者、あるいは未婚者やキャリアウーマン、といった別種の人間はこうしたショーに入り込む余地がない。ムッソリーニ風に表現すれば、美という武器を行使し、妻を裏切る女性しかそこに入ることはできない、というわけだ。つまりムッソリーニに尽くす千人のエビータにしかできないことなのだ。

ペロニズム株式会社

エビータことエバ・ペロンが起こした革命は、コミュニケーション学における試金石となった。その結果、彼女の政党からは政治的な要素が取り除かれ、いわばファンの集まりになってしまった。いまや同党には、選挙と政府の補助で行なわれる祝賀会以外、これといって目新しい特徴はない。裕福なスポンサーが提供する資金は、党首の財団や研究機関に流れ込むようになっている。

すでに述べたように、選挙キャンペーンも同じような製品を売るマーケティング専門家同士の争い、といった様相を呈している。そこで用いられるテクニックは、スローガンや人為的に生み出された需要など、ありもしない空想の産物としての経済にはつきものである。ブッシュもブレアも、協力的な恐怖製造業者を雇って世間の不安をかき立てては、イラクに民主主義を輸出すれば西側ももっと安全になると請け合った。ばかばかしいことにいまなお、西側に脅威を与えたサダムが殺されたことで西側世界の安全は増した、と信じる人々がいる。集団の行動を制限するメカニズムやロジックが理解できればだれにでも、大衆を思いのままに、しかも気づかれることなく操作できるのだ。エドワード・バーニーズもその著名なエッセイ『同意にいたる技術（The Engineering of Consent）[12]』（未邦訳、一九四七年）のなかで、「情報の魔術師にはあらゆることが可能となる」と、述べている。

すでに述べたようにメディアの専門家のおかげで、選挙キャンペーン中の政治家のメッセージは、コマーシャルのキャッチフレーズと同等のレベルに貶められてしまった。オバマの「イエス、ウィーキャン」やベルルスコーニがマントラのように唱えた「ありがたい、シルヴィオがここにいる」などがまさにそれだ。こうしたフレーズには、商品をめぐる神話が生み出されるような宣伝文句と同様に、マーケッターたちが伝えたい政治家のイメージが表現されている。「イエス、ウィーキャン」と「ダイヤモンドは永遠の輝き」との間にはまったく違いはないのである。こうしたスローガンに責任を持つのはだれなのだろうか？　広告会社と化し、番組ではなくリーダーの宣伝に傾注する政党だ。イタリアではベルルスコーニのフォルツァ・イタリア、そして自由の人民がこれに熱心に取り組んできた。この種の政治家にとって、大統領制民主主義はフォーミュラとしてはうってつけだ。二〇〇六年にオリーブの木連合が僅差でベルルスコーニ率いる与党連合を破り、イタリア総選挙に勝利した。しかしもし二大連合ではなく、ロマーノ・プローディ（フォルツァ・イタリアに対抗する中道左派勢力の首相候補として名乗りを上げた）とベルルスコーニが争っていたなら、後者が勝っていたと思われるほど、ベルルスコーニの人気は根強かった。それとは逆に、二〇一〇年のアメリカの中間選挙でバラク・オバマに対する批判が右派を勢いづかせ、民主党は惨敗を喫した。保守的なアメリカ人たちはオバマが候補者名簿になくとも、彼に対する反対票を投じていただろう。

このように世の趨勢は、リーダーによる党に対する権威主義的な支配、ペロン式の人物重視の大統領といったシステムへと向かいつつある。こうした変化のなかで、メディアは政治にとっての、とてつもなく強力な武器になろうとしている。それを支配できればすでに大統領官邸に片足を突っ込んだも同然、というわけだ。

二〇〇三年四月、ソリア・ブラットマンが国境なき記者団に寄稿したレポートには次のように記されている。

シルヴィオ・ベルルスコーニは首相であり、イタリア一の富豪である。メディア企業は彼の経済帝国を支えている。彼はこの国最大の出版社のひとつモンダドーリ、そして三つのテレビ局を有するメディアセットのオーナーである。同時に政府の首班でもあることから、イタリア国営放送（ＲＡＩ）に絶大な影響力をおよぼすことができる。ドイツのベルテルスマンやキルヒ、イギリスのルパート・マードック帝国、フランスのヴィヴェンディなど、同様のコングロマリットがほかのヨーロッパ諸国でも相当数のメディアに対して支配力をおよぼしている。しかしベルルスコーニのように、メディア帝国と政治権力を兼ねそなえるというのは、ヨーロッパでも特異な現象である。[13]

これは、孔子が描いた、人々の道徳的な手本となる君子からはほど遠い人物像である。だがこのような姿からは、やはり孔子が論じた、君子をまねようとする欲望に非常に近いものが感じられる。政治が傍で見物する対象になり下がった西側社会では、だれもが「スーパー民主主義」というリアリティ番組の釘づけになっているわけだが、有権者兼番組視聴者は、イデオロギーにしたがって票を投じるのではなく、自分の利益になるから、あるいはそうしたいからという理由で投票する。選ばれるかどうかは、その候補者が人々の尊敬を勝ち得るかどうかにかかっている。そしてときに相対立し、エゴイスティックな西側社会の欲望を表現することにかけて、シルヴィオ・ベルルスコーニの右に出る者はいない。

第4部

未来のイメージ

第18章 中国とアフリカの結婚

中国でもっとも早く経済特区がつくられた広州で一番いい買い物をするなら、カナーン市場（中国語では迦南商貿城）と呼ばれる市場に行くべきだ。ここは「チョコレートシティー」として知られているアフリカ人の市場だ。カナーン市場を訪れると、屋台で売っている食べ物のにおい、そして買い物をする女性のヘアスタイルにいたるまで、まるでアフリカにやってきたような気分にさせられる。この市場で、中国人やアフリカ人が販売する一番安い「メイド・イン・チャイナ」製品が買えるのだ。ただし中国人もアフリカ人もみな服装はアフリカ・スタイルだ。色とりどりの屋台を見ていると、中国南部の工業中心地で稼動する何千もの工場によって汚染された、灰色の街を見慣れた人々はびっくりせずにはいられない。

ここで買い物をするのはアフリカ人ばかりだ。もちろん彼らの大半はここに到着したばかりで、履いている靴はまだアフリカの大地の埃《ほこり》をかぶっている。二〇〇九年一一月以来、ケニア航空の直行便がナイロビと広州を結んで行き来するようになった。便はつねに満席で、多くの旅客は空港から市場に直行する。そうせずにはいられないほどの魅力がカナーン市場にはある。

アフリカ人にとって、カナーン市場はなにからなにまでそろったおもちゃの国のようなものだ。たとえば、アフリカ大陸に革命的な変化を起こし、子供から大人まで裸足というアフリカのイメージを永遠に変えてしまったプラスチック製のサンダルがある。それからソウェトで大好評のニセのプラダのバッグ、さらにはiPODや海賊版のDVDやCDなど、なんでもそろう。製品の値段は格別に安いので、少しばかりの金を持ってやってくるだけでそれが買える。「メイド・イン・チャイナ」ビジネスに参入するのもわけはない。

カナーン市場でも本物の市場と同じように、ほしいものは必ず見つかる。旧式のシンガー・ミシンからアフリカのSIMカード、値下げ交渉で疲れ果て、気晴らしをしたい向きには売春婦さえいる。なぜならここはショッピング・モールではなく、売り手と買い手が互いに希望の値段を提示し合い、なだめたりすかしたりしながら延々と交渉したあげくに最終的な価格が決まる格闘の場だからだ。ずらりと並ぶ露店の前を通り抜けるだけでも骨が折れる。売り子たちがありとあらゆる場所から、この値段でどうだと次々と吹っかけてくるので、しまいにはめまいがしてくるのだ。

この市場での共通言語は英語だが、その背後で何百というアフリカ方言がメロディーのように流れているのが聞える。商売人の声に入り混じって、あちこちから客の声が響きわたるさまは、まるでアフリカのラップ音楽のようだ。ナイジェリアの輸出商ジョセフ・ンワオスは市場の内部事情について次のように述べている。

アメリカやヨーロッパに行っても、チャンスは大して多くない。肉体労働にありつけても、やっと故郷に送金するくらいしか稼げない。だがここでは仕事をするんじゃなくて、商売をやっているんだ。[1]

国際的な銀行の会議室や取引フロアで見るような電光掲示板とは無縁のカナーン市場は、発展途上の中国でごく最近になってスタートした真のグローバル市場のひとつである。カナーン市場はパリとは違う。ここは発展途上国の未来のロックフェラーたちがやってきて、取り引きをする場所なのだ。二〇〇二年に誕生したこの市場は、第三世界で生産された製品をあつかうと同時に、第三世界向けにも製品を売っている。そしてすでに述べたように中国もまた、自分を第三世界の一員と位置づけているのだ。ここでは昔ながらの商品ではなく、西側諸国の店で目にするのと同じ物を売っている。つまりグローバル化された生活のアクセサリーだ。ある露店ではパリの美容室ならどこでも目にするようなレディメイドのヘアピースを売っている。ロレアルと大きくロゴの入ったポスターに写った三人のモデルの髪と同じ色合いのものまでそろっている。このなかで唯一のフランス産はロゴだけだ。髪の毛はインド産、加工は中国で行なわれ、最後にアフリカ人の美容師が、地元ファッションに合わせて髪の毛を編み込んで仕上げる。

西側諸国ではかなり前に、こうした市場を見かけなくなってしまった。アダム・スミスならこの場所に夢中になっただろうし、デヴィッド・リカードがここを訪れれば、比較優位の理論について本を書く必要はなくなったかもしれない。デジタルカメラで記録すれば、各国にとっての商業上のメリットを示すには十分だからだ。しかし西側諸国の人間でここに来る者はいない。彼らはこの市場をのぞいてみようとすらしないが、それは正しい態度とは言えない。なぜならこの市場は私たちに貴重な現実をかいま見せてくれる窓のような役目を果たしているからだ。この惑星の未来が、こうした露店を基礎に築かれていくことが理解できない人は、どうかしていると思う。カナーン市場は第一世界や第二世界の住人たちに、革命的なメッセージを伝えてくれる。このまま現実に目覚めずにいたら、グローバリゼーションという世界大会で決勝に進出できるのは第三世界の面々だけになってしまうだろう。

仲人役としての天安門

カナーン市場と自国を行き来するアフリカ商人たちは、かつてシルクロードを旅したアラブ商人を彷彿させる。ラクダではなく、ジャンボジェットでやってくる冒険心にあふれるビジネスマンたちは、「メイド・イン・チャイナ」製品とアフリカの貧困を結びつける架け橋のような存在である。そしてマルコ・ポーロとともに旅をした人々のように、彼らの商取引がアフリカ諸国の経済発展を牽引していくのである。

最初のころ、アフリカ商人たちは、バンコックやクアラルンプールを経由して広州にやってきた。一九九七年、ちょうどアジアが金融危機に見舞われた時期だったため、彼らはそのまま中国にまで足を伸ばしたのだった。アフリカ人はすぐに中国で商売をはじめ、ほどなくして母国に東南アジア製よりずっと安い製品を送るようになった。しかし中国をめざすアフリカ人たちの数が爆発的に増えたのは新世紀が幕を開けてからのことだった。二〇〇〇年から二〇〇五年の間に、観光ビザで中国にやってくるアフリカ人の数は四倍に増えた(2)。今日では少なくとも四万人のアフリカ人が広州に在住しており、同市内で最大の外国人コミュニティーを形成している。中国にやってくるアフリカ人があまりに急激に増加したため、政府は入国基準をいっそう厳しくしたが、彼らにとって不法か合法かはほとんど問題にはならない。一度中国に観光客として入国してしまえば、後はチョコレートシティーという迷宮に姿をくらますことができるからだ。

中国とアフリカはひょんなことから結びついたのだと指摘するのは、アフリカ学者でセント・アンドルーズ大学（スコットランド）の講師イアン・テイラーだ。インタビューのなかで彼は「天安門事件が国際政治に与えた影響が、中国とアフリカの関係にとっての転機となった」と述べている。[3] この驚くべき意見は分析に値するのではないだろうか。

すでに述べたように、この事件に憤慨した西側諸国では一斉に非難がわき起こり、第一世界と第二世界の外交官たちは、公式の中国訪問の中止から武器輸出のキャンセルにいたるまで共同歩調をとり、中国はのけ者にされる格好となった。また人権擁護という旗印のもとに、中国の国内事情に介入しようと、彼らはいっそうの圧力を加えた。在中国大使館は反体制派に保護を与え、亡命希望者に支援の手を差し伸べた。ところがこうした騒動のなかで思いがけず、多くのアフリカ諸国が外交チャンネルを通じて中国政府を支持したのである。アンゴラの外務大臣は「革命を鎮圧するための行動を支持する」と表明し、ナミビアの大統領サム・ヌジョマは中国軍に祝電を送った。[4]

ほぼ反射的に反西側的な態度を示すアフリカは、一九八〇年代、解放政策を進める中国での大国の利権を好意的には見ていなかったし、このような政策は中国の成長を鈍化させると見ていた。だから西側との蜜月が終わったとき、アフリカが中国政府と手を結んだのは当然だったのである。長い間、かつての植民宗主国の陰謀や、無節操な介入によって被害をこうむってきたアフリカには、中国の人権侵害に対する西側の絶え間ない非難を信じる理由など、ないに等しかった。つまり天安門事件を通じてアフリカと中国は、富裕な西側諸国による帝国主義と新帝国主義という共通の敵を前に、結束を固めたのである。

アフリカとの連携は、中国共産党にとって西側先進諸国からなる豊かな北に対抗し、開発途上諸国からなる貧しい南に外交網を樹立するチャンス到来を意味していた。それには西側の干渉に反対する諸国政府に参加してもらうだけで事足りた。天安門事件に対するアフリカの反応から、中国政府はアフリカ大陸がこの先、自国の政治・経済発展を促進するうえで、戦略上もっとも重要な同盟諸国になると確信していたのだった。

中国共産党は独裁的なアフリカ諸国の政府が、ＩＭＦや世界銀行といった機関を通じて、経済的な脅しをかけ、それによってみずからのモデルを押しつけようとするアメリカ以外のパートナーを必要としていることを知っていた。そして中国は西側と真っ向から競い合う、アメリカに代わり得るパートナーとして、単に金やインフラではなく、資本主義でありながら非西側国という、全面的な発展モデルをアフリカに提供したのである。一九九〇年代にはじまったこの取り組みがいま実を結びつつあることについて、マーク・レオナードは著書『中国はなにを考えるのか？（What Does China Think?）』のなかで次のように説明している。

アフリカや中東、中央アジアの開発途上国では、エリートたちはまず経済改革に着手し、その後、政治改革を行なうという中国式モデルにしたがうべきかどうかを議論している。こうした取り組みがはじまって以来、いま初めて、たしかにその通りだと本気で考える市民たちがあらわれるようになった。発展するための基盤としてリベラル民主主義が当然視されることはもはやなくなったのだ。(5)

経済成長をうながす原材料の調達にとどまらず、中国政府がアフリカを外交的に支援するのは、国際社会の大国にふさわしい存在であることを人々に印象づけたいからである。しかもアフリカ諸国は国連総会における総投票数の四分の一以上を占めている。一九九五年、一九八九年から二〇〇二年まで中国共産党総書記だった江沢民は中国のさらなる躍進をはかり、鄧小平のスローガンを次のように言い換えた。「出発せよ！　グローバルな存在になれ！」。

その翌年、江は長期にわたるアフリカ諸国歴訪の旅に出、各国の首都を訪れた。中国がアフリカへと「飛び込んだ」のはそれからほどなくしてのことだった。

約束の地

アフリカの豊富な資源の大半は、それを欲し、採掘するすべを知っているなら、だれでも手に入れることができる。世界の全埋蔵量の半分に相当する金、クロムの九八パーセント、マンガンの六四パーセント、ウラニウムの三分の一、そしてコバルトとプラチナ鉱山の九〇パーセントがアフリカ大陸にある。材木や貴重な樹木の宝庫、世界でも希少資源となった森林は言うまでもない。さらにダイヤモンドや、北アメリカをはるかに上まわる規模の油田、地球上の水力エネルギーの四〇パーセントが、この大陸にはある。一方で中国にはこの眠れる富を発展させるための一三億という労働力が控えている。江沢民の励ましが無駄に終わることはなく、新しい中国の農民世代は喜び勇んで富を求め、アフリカに渡っていった。(6)

アフリカと中国の貿易総額は二〇一〇年にはほぼ一一五〇億ドルに達し、毎年四四パーセント近くの伸びを示している。中国は四五のアフリカ諸国と相互貿易協定を結んだ。(7)

アフリカ人にとって、もし中国が約束の地であるとすれば、中国人にとってアフリカは最後のフロンティア、豊かになるための場所、チャンスにあふれる土地だと説くのは、ミッシェル・ブーレとの共著書『アフリカを食い荒らす中国』（中平信也訳、二〇〇九年、河出書房新社）の著者セルジュ・ミッシェルである。アフリカをめざす中国の人々には一九八〇年代に農村から経済特区に豊かさを求めて、出稼ぎにやって来た農民の姿に重なるものがある。

一方、西側諸国はアフリカをみじめで悲惨な土地としか見ていない。アフリカを貧困や失政から救い出そうとしても無理だと、多くの人々はあきらめてしまった。たとえどんなに困窮しているにせよ、一部の国に何百万ドルという金を注ぎ込んだところで、独裁者や大量虐殺のせいで、どんな海外援助や開発復興プロジェクトも早晩無駄に終わってしまうだろう、というわけだ。西側メディアはセレブリティが率先する慈善運動を批判しないよう用心している。そうしたなかで、一般の人々の間には、ボノやマドンナ、アンジェリーナ・ジョリーらがこれほど熱心に支援活動をしているのだからアフリカは生き延びていけるだろう、という意見も出てくる。だがそれでも西側諸国の企業家たちはアフリカでビジネスをするのは不可能だという見方を強めるばかりである。

だが中国人たちの考えは違う。事実、彼らは積極的に、熱心にアフリカ諸国との関係を強化しようとしている。コンゴの首都ブラザビルを訪れてみればそれがよくわかる。ここで建設作業を行なっているのはすべて、二〇〇三年に大挙してやってきた中国系企業である。彼らは第二次コンゴ戦争の終結にともない、この国を復興させようとやってきた。コンゴ共和国の情勢はきわめて危険だと考えられており、この国とかかわりを持ちたいと考える西側企業はどこにもない。だが中国人たちは財布のひもをゆるめ、自国の近代化モデルをこの国に適用した。

なによりもコンゴの人々にとって、中国は約束の地なのである。しかし最近まで、彼らはその成果を享受する立場にはなかった。西側の人間なら、それは中国側が搾取したからだと説明するだろうし、こうしたメディアなどのゆがんだ見方のせいで、西側と中国の関係のみならず、アフリカとの関係までもが影響されてしまった。

アフリカで行なわれた一連の学術調査からも、アフリカ諸国と中国との関係性を評価する際に、メディアが影響をおよぼしている事実が浮き彫りとなった。結果は次の通りである。まずアフリカの中国に対する見方は西側メディアが述べているような、ネガティブなものではない(ただ変化に富み、複雑ではある)。二番目に、アフリカの支配階級だけが中国の結びつきを高く評価している、とする西側の主流派メディアとは相矛盾する調査結果が明らかになった。三番目に、アフリカの対中国観は年齢や教育、性別といった違いよりも、国によって見方が大きく分かれる、ということがある。中国に対する評価が国によって違うのは、そうした国の政治家たちが「中国問題」を提起したかどうかが影響しているためなのであって、西側メディアのアフリカ諸国に対する影響は副次的なものだ、ということだ[8]。

このことを裏づけるのにふさわしいのが、ザンビアとスーダンでは住民たちの中国に対する見方が違うという事実だろう。ザンビアは、国民の八〇パーセントが貧困ライン以下の、特に貧しい国である。一九九一年以来政権の座にある複数政党制民主主義運動はネオリベラル主義を支持しており、IMFと世界銀行の勧告を受け入れたが、期待された成果は上がっていない。最近、この国は中国の援助と協力を求めるようになった。二〇〇六年、反中国を訴えて選挙戦に打って出た野党・愛国戦線のリーダーのマイケル・サタは、強いポピュリスト的な表現を用いて、中国がアフリカを植民地化しようとしていると主張した。この戦略をとったことで、彼は台湾政府から相当の資金援助を引き出し、近隣のマラウィからの支援も受けることができた[9]。

西側のメディアはサタの主張に飛びつき、ザンビアは中国政府によって食い物にされているアフリカ諸国のひとつであると書き立てた。残念ながら、それは事実ではなかった。二〇〇六年、サタは台湾の援助でロンドンとボストンを訪問し、中国の植民地主義はヨーロッパのそれよりもたちが悪いと表明した。さらにザンビアの中央政府は二〇〇〇人分しか労働許可を出していないのに、八万人の中国人が許可証を所持している、と述べた[10]。

西側メディアがサタの荒っぽいポピュリズムを非難しなかったので、彼の主張は無能な政府や腐敗したエリートに抑圧された国民に、ある程度は受け入れられた。そして中国はそうした人々の怒りやいら立ち、ときには人種差別的なふるまいの標的となった[11]。

それとはまったく対照的なのが、アフリカ最大の国スーダンである。中国のこの国への投資額は他国をはるかに引き離し、最大であった。二〇〇八年までに、一四のエネルギー部門だけで八〇億ドルの投資を行なったのだ！　ビジネス・パートナーとしての中国に、スーダンはザンビアよりもはるかに満足していた。中国との協力関係が功を奏して、スーダンの経済は年率一〇パーセントも成長した。いま中国はスーダンにとって一国としては商業面で最大のパートナーであり、最大の輸出国であると同時に輸入国としても最大である。二〇〇八年にはスーダンの輸入品二三パーセントを売ったばかりか、この国の全輸出額の七五パーセントを受け入れている。アメリカ中央情報局（ＣＩＡ）のワールドファクトブックによれば、中国はスーダンの全貿易総額の五八・二九パーセントを占めており、それに日本（一四・七パーセント）、インドネシア（八・八三パーセント）、インド（四・八六パーセント）が続く。中国はまたスーダンに軍用機も提供している。スーダンの空軍は現在、中国製の軍用機六六機を保有している。中国はさらにこの国の水資源や航空、港湾関連のインフラに投資することを明らかにしている。

西側メディアは、中国がいまのこの時代にスーダンを植民地化しようとしているという印象を与えようとして、意図的に中国とスーダンの協力関係にまつわるデータを加工した。二〇〇七年にスーダンが中国に輸出した四〇億ドルには、スーダンが産出した原油の四〇パーセントが含まれていた。しかしメディアの報道に反して、中国が輸入するアフリカ産の原油の大半がスーダン産というわけではない。二〇〇六年に中国が輸入した原油のなかでアフリカ産は三一パーセントを占めていたが、そのうちアンゴラ産が一四パーセント、スーダンが五パーセント、コンゴ（ブラザビル）が四パーセント、そして赤道ギニアが三パーセントだった。[12] それから武器取引の問題もある。西側のあらゆる新聞は、中国がスーダンに武器を売却しているとの記事をほぼ定期的に掲載する。しかし中国は世界の兵器市場の二パーセントにかかわっているにすぎず、その割合も減少しているのである。スーダンに武器を売っている七カ国のうちのひとつではあっても、中国がそのなかでもっとも重要というわけではない。二〇〇〇年から二〇〇七年の間に、中国による武器の売却額は、スーダンが輸入した兵器の総額の七パーセントに相当するにすぎなかったのに対し、西側の友人であるプーチン率いるロシアは八七パーセントを占めていた。[13] スーダン自体がアフリカにおける従来型兵器の最大の生産国であるわけだが、一方の中国は非在来型兵器を輸出しており、しかもそうした兵器を用いるのはダルフールの反乱軍である。とはいえそれはさしたる問題ではないので、国連もスーダンにおけるこの種の武器を禁じてはいない。つまり中国がそれを売却しても違法ではないのだ。

このようにアフリカや世界で実際にはなにが起きているかを理解することは困難だ。特にそこに中国がからんでくるとなると、いっそうわかりにくい。というのも共産主義体制であるがゆえに、統制された画一主義的な国であるかのように見なされているからだ。共産主義だとはいえ、すべてのビジネスが国営というわけではない。中国の中央政府といえども、西側政府が自国内でふるうのと同じ程度の支配力しか民間企業に対しておよぼせない。中国の石油会社が事故を起こして環境被害をもたらすと、国際社会は共産党や中国人全体を非難するが、彼らは当事者である企業の運営に関してはなんら影響力を持っていないのだ。ブリティッシュ・ペトロリアムが不適切な行動をしたり、生態系に被害を与えたとしても、イギリス政府やゴードン・ブラウンを批判する人間はいないし、イギリス人に対して人種差別的な非難を向ける人間もいない。同じことがナイジェリアなどでのイタリア系半国有石油ガス会社エニのふるまいについても当てはまる。矛盾しているようだが、むしろ中国のエネルギー会社は比較的独立しており、競争システムのなかで業務を行なっているからこそ、そのふるまいが中国政府による外交や外交政策にダメージをおよぼした、と言えるのである。

反中国スピン

中国との結びつきが強まるにつれ、アフリカに対して指導的立場にあった西側の役割も終わった。経済発展のプロセスを分析し、発展途上国の発展戦略を明らかにするという、開発経済学の教えはすべて時代遅れとなり、書き直しを迫られているということになる。いくつもの国営銀行を持つ中国政府は、世界銀行やIMFなどの役割をしのいでしまった。それを受け入れがたい屈辱と感じた西側は、口をきわめて中国を非難した。中国人は単に原材料の調達源としてのみならず、自国製品を売りつける市場としてアフリカを利用し、大陸経済にダメージを与えている、というのだ。しかし次章で述べるように、それはばかげた考えである。なぜならアフリカ専門家の意見は、アフリカが西側の旧パートナーたちと伍していけるよう、中国は彼らに力を与え、もっとも貧しい人々にもさまざまな製品が行きわたるようにした、という点で一致している。しかし西側はなおもあきらめようとはせず、それとは異なる物語を伝えようとする。そのため国際メディアは中国からのアフリカによる製品輸入の大幅な増加（一九九六年から二〇〇五年の間に八億九五〇〇万ドルから七三億ドルに増えた）を、否定的にとらえている。しかし彼らの言い分というのは要するに、マルコ・ポーロの時代に極東との貿易を通じてヴェネツィアが損失をこうむった、と見なすようなものなのだ。

また中国の繊維産業のせいで、アフリカの伝統的な繊維生産は壊滅状態に追い込まれたとメディアは述べる。たとえどんな小さな村であろうと、アフリカの村という村には、必ずと言っていいほど、だれもが買えるような値段で「メイド・イン・チャイナ」製品を売る店がある。一方、それに太刀打ちできるような産業はアフリカにはない。だが、それは本当に中国のせいなのだろうか？　アフリカ大陸の貿易に関する統計を見ると、その答えがわかる。

南アフリカの繊維産業が衰えはじめたのはＷＴＯに加盟し、アパルトヘイト時代の保護主義が撤廃されたときだった。ほかのアフリカ諸国も南アフリカと同じ命運をたどった。一九七五年から二〇〇〇年までの間に、ガーナの繊維産業の雇用者は八〇パーセント減り、生産も五〇パーセント減った。ザンビアの衣料品産業では、一九八〇年代から二〇〇二年の間に、一万五〇〇〇もの職が失われた。アフリカ諸国にはほかにもこうした事例は多い。いずれも本来、競争力の低い部門で起きており、中国ではなく、多角的繊維協定（ＭＦＡ）（開発途上国などの安い繊維製品が大量に輸入国に流れ込むことを規制する協定。ＧＡＴＴが承認、一九七四年に発効）など、富裕な西側による国際的ダイナミズムに押されて生じた結果だったのだ。

二〇〇〇年、アメリカはアフリカの国内市場を自由化するという目的で、アフリカ成長機会法を施行した。これによって他国より発展の遅れた国々は、海外からもっと安い原材料を輸入し、利用できるようになる、と考えられていた。ところがこうした動きが進む一方では、多くの西側メーカーはMFAを出し抜く形でアフリカに移転した。MFAはもともと欧州連合（EU）やアメリカの利益をはかるため、特にインドや中国などの低価格製品に輸入制限を設けたものだったのだが、結局のところ、西側企業がアジア産の材料を使ってアフリカで生産して製品を西側で売るという、いわゆる生産のトライアングルが出来上がった。

「メイド・イン・アフリカ」繊維のアメリカ向け輸出は、二〇〇〇年から二〇〇四年の間に一三〇パーセントも跳ね上がった。だれもがアフリカ製の衣服を着る豊かな西側を、寛大だと賞賛した。もちろんこうしたデータは人為的に生み出されたものにすぎない。なぜならアフリカ製といっても、海外産の原材料を使って、非アフリカ系の、多くの場合は西側企業が生産したものだからだ。当然のことながら、二〇〇五年にMFAが廃止されると、アメリカ系メーカーの八七パーセント、そしてヨーロッパ系メーカーの七三パーセントは撤退し、アフリカの繊維産業は消滅した。このとき、繊維産業が崩壊した後の空白を埋めようと迅速に行動した中国を、だれもが非難した。しかしアフリカの繊維産業が競争力を欠いていたからといって、もちろん中国に責任があるわけではない。新世紀の幕開けの最初の数年間で輸出ブームが起きたために、この問題について混乱した見方が生じたのだ、とセルジュ・ミッシェルやイアン・テイラーのようなアフリカ学者たちは考えている。アフリカ製品の競争力を高めた唯一の要因は、西側諸国がかつてみずからの植民地だった国に与えた優遇措置であった。しかしそれが撤廃されると、「メイド・イン・アフリカ」繊維製品のつかの間の成功も終わった。

中国の教訓

西側スピンが中国を寄生虫呼ばわりするのは間違っている一方で、中国が慈善を施すためではなくビジネスをするためにアフリカにいることは事実である。中国が資本とノウハウ、そしてアフリカ側が原材料と労働力を提供するのだから、事実上、両者は労使関係にあることになる。そして公正な関係を築けるかどうかは両者次第、ということになる。つまり地元政府は、労働者や組合、西側の政治家、そしてある程度は中国の政治家たちが繰り広げた闘いを、みずからも闘う必要があるのだ。

アフリカの組合闘争を分析してみると、競争力や市民社会の成熟の度合い、さらに労働運動を繰り広げる人々の団結が、交渉プロセスに重要な影響をおよぼすことがわかる。ザンビアとタンザニアのふたつの事例から、それは明らかだ。二〇〇七年、中国企業が経営するザンビアの銅山で、何年にもわたってストライキや闘争が続けられた末、炭鉱労働者たちは正式な労働契約を結ぶことに成功した。一方、タンザニアの繊維部門の労働者たちはそれに失敗した。ザンビアでは中国は多国籍企業と競争しなければならなかったうえ、炭鉱労働者たちは組織化されていた。加えて、この国の貧困に政府は責任を持って対処すべきだとして、市民社会も政府に厳しい目を向けていた。しかしタンザニアの繊維部門に中国が参入したのは最近であり、利益率も非常に低く、この産業界を監視する政治機構はまだ存在しない(14)。

アフリカでも相変わらず中国は統制された画一的なふるまいをしている、などと考えては間違いだ。この大陸を舞台にふたりの俳優が読みあげる台本は、植民地の悲劇とは一線を画してはいるが、そこには生産にまつわる古典的な関係が反映されている。そのためどんな影響が生じるかは国によって、また産業によって違う。これまであらゆる労働者たちが、長く困難な組合闘争を通じて雇用者から勝ち取った権利を、大陸がひとつ、またひとつと獲得できるかどうかはアフリカ各国次第である。

いま地球では、この惑星のあり方を変えるようなすばらしい物語が進行中だ。そしてアフリカとの関係を新たに築こうとする中国は、そのなかで重要な役割を果たしている。そのことを雄弁に物語るのが、賃金や労働者のあつかいの違いという、いまここに挙げた事例なのである。中国は共産主義であるかもしれないが、その経済は資本主義である。そしてアフリカは資本共産主義経済システムが手にしようとする最後のフロンティアであり、それが最終的な変化を遂げる約束の地なのである。

第19章

最後のフロンティア、アフリカ

二〇〇二年、血みどろのアンゴラ内戦が終結した。二七年もの長きにわたって続けられたこの戦争は、冷戦時代を背景に繰り広げられた最長の戦いだった。アメリカとソ連の覇権のはざまにとらわれたアンゴラは、ベルリンの壁が崩壊してもなお同胞同士の争いに苦しみ続けた。四半世紀以上におよぶ内戦の影響は、悲惨きわまりないものだった。五〇万人以上が亡くなり、しかもその大半は一般市民だった。生き残った何十万という人々も、全国のいたるところに仕掛けられた地雷の爆発で手足を失った。インフラはすべて破壊された。ようやく平和が訪れたこの国は、その社会・経済的な基盤をゼロから再建しなければならなかった。多くのアフリカ諸国と同様、アンゴラもまず西側を頼った。

しかしこの国と国際金融コミュニティーとの関係はさして良好ではなかった。巨大化し、時代遅れとなった国際機関の官僚たちは、遠い過去の遺物のような戦争を生き延びた国にかかわりたいなどと、これっぽっちも思っていなかった。アンゴラ政府はどのようにふるまうべきかがわからず、国際援助を求める際の黄金律も知らず、アフリカに善行を施してくれそうなハリウッドなどのセレブリティにも知り合いはいなかった。ほかの貧しい諸国より一〇年以上も遅れて、グローバリゼーションの舞台に登場したアンゴラには、西側の経済協力という荒波のなかをどう進んでいけばいいのか、皆目、見当もつかなかった。

まずＩＭＦが金を出ししぶった。内戦中にアンゴラ経済の安定は失われ、ハイパーインフレが長期にわたって続いていたため、ＩＭＦはこれまでのアンゴラ経済の状況について、概要をまとめることさえできなかった。しかしそれはこの国の経済を正し、再建するための策をエコノミストたちが準備するにあたって不可欠なものだった。世界銀行もアンゴラとは距離を保ち、人道援助以外のものは決して与えようとはしなかった。二〇〇二年から二〇〇三年にかけて、裕福な西側諸国がアンゴラに対して示した反応は否定的なものばかりだった。もちろんそれは予想通りだった。なぜなら豊かな国や国際機構は、経済が安定し、債務がないのでなければ、そしてＩＭＦが関与するのでなければ、慈善という意味合いでの援助をしようとはしなかったからだ。ＩＭＦが消極的である以上、豊かな国やほかの国際機構が援助するはずもなかった。第二次世界大戦の廃墟のなかで悲劇を乗り越え、立ち上がろうとする国々を助けるため、ブレトンウッズ体制によって生み出されたＩＭＦは、その五〇年後、冷戦最後の犠牲者に手を差し伸べようとはしなかったのだ。その姿勢はまったく道理に反していた。

もちろんＩＭＦと世界銀行の承認がなければ、アンゴラは民間融資を受けることもできない。新世紀に入った最初の数年、市場では毎朝、ダウジョーンズが数十、あるいは数百とポイントを上げていた。あたかも超自然的な生き物のような市場は、株式ギャンブルに興じる者にはだれかれとなく金を儲けさせてやっても、リスクが高すぎてＩＭＦの援助に値しない国になど見向きもしなかった。アメリカの石油業界も同様だった。二〇〇二年、イラクに対する予防戦争（敵の有利な戦争開始を予防するために先制して発動する戦争）がはじまるとの期待に、こうした企業はロビイストたちをホワイトハウスに張りつけるなど、さかんに手はずを整えていた。彼らは自分たちの分け前のことだけを考え、待ちかまえていたのだ。ところがアンゴラの地下に豊富に存在する原油がいくら芳香を放とうが、彼らは微動だにしなかった。今世紀の初めにはウォール街とレイキャヴィクの間をいく度となく行き来した銀行家たちでさえも、アンゴラの件にはまったく聞く耳を持たなかった。国際金融業界というガラスの城のなかでは、リスクが大きすぎるというつぶやきが繰り返されていた。それよりもイラクの石油を分け合い、アイスランドという乳牛から最後の一滴まで搾り取るほうがましだ、と彼らは考えていた。ところが数年後、だれもが驚いたことに、こうした見方すべてが間違っていたことが判明する。

二〇〇四年から二〇〇七年にかけてイラクが混乱に陥り、暴徒が石油や天然ガスパイプラインを吹き飛ばすと、ゼネラル・エレクトリックなどの企業はしっぽを巻いて母国に退散し、アイスランドは破綻の瀬戸際に追い込まれた。アンゴラにおける石油の採取量の伸び率は、ロシアやアゼルバイジャン、ブラジル、そしてカダフィ支配下のリビアを抜いて、世界最大となった[1]。同時期に、西側は二〇年におよぶ通商禁止の末に、リビアを受け入れた。それは折からのエネルギーコスト上昇に苦慮する西側の、莫大な天然ガスや石油を供給してもらうことに対する見返りとしての「外交」ジェスチャーであった。カダフィがローマのパンフィーリ邸の外にテントを設営し、二〇〇九年のG20サミットで反西側パフォーマンスを演じてみせている間に、アンゴラはナイジェリアとほぼ同量の石油を生産するようになっていた。

この国の奇跡の復興を可能にしたのは中国であった。すでに二〇〇二年、エネルギーを供給してもらうのと引き換えに、中国はアンゴラの再建に資金供与すると決めていた。強敵インドを締め出した事実からも、中国が並々ならぬ決意を固めていたことは明らかだ。つまりイタリアやアメリカ企業が、かつてテロリストに資金援助し、いまや莫大な石油取引に応じるにいたった独裁者カダフィのご機嫌とりをしている間に、中国はそれによく似た関係をアンゴラとの間に結んでいたことになる。しかもアンゴラはカダフィ政権ほど気まぐれでもなく、はるかに民主的な政府によって統治され、エネルギー埋蔵量もリビアより豊富だった。

新しい開発哲学

「中国は天然資源を必要とし、アンゴラは開発を求めていた」と二〇〇七年に、アンゴラ大統領ジョゼ・エドゥアルド・ドス・サントスは両国の関係を振り返っている。[2] 相手がくれるものに対して与える、という普遍原則はいつの世も変わらない。そして中国はグローバリゼーションのおかげで過去の権力機構のすべてが粉砕されるにいたった地球に、この原則を当てはめた。重要な点は産業革命時代の遺物が取り除かれていたことだった。それは世界を貧しい南と豊かな北に分けて固定化した、鉄格子以外の何者でもなかった。そのなかで最初にとり払われたのが、植民地時代の遺物であった。

セルジュ・ミッシェルはアフリカという第三世界における中国の冒険には五つの特徴があると述べる。特徴のひとつは、中国が過去に植民地を持ったことがなかった点だ。二番目に、ヨーロッパ諸国のようにかつての植民地に対してのみ働きかけるのではなく、アフリカ全体に働きかけるというパン・アフリカ的なアプローチをしたことが挙げられる。三番目に、協力に際して、政治的な条件（民主主義や透明性など）をつけなかった。中国が唯一要求したのは、相手国が台湾との関係を絶つことだった。四番目に挙げられるのは、中国がダムや道路、鉄道といったインフラ建設に資金提供し、しかも自国労働者を使って建設を行なうという点だ。五番目に中国は最後の中央集権システムであり、だからこそ包括的な計画を提供しやすい、ということだ。[3]

ミッシェルが説明するこのモデルは西側の旧宗主国と対立するアフリカ各地で目にすることができる。中国輸出入銀行が資金提供してギニアで進行するプロジェクトは、ボーキサイト鉱山から精製所に電力を送る水力発電用のダム、さらには完成品の輸送に使われる鉄道にいたるまでを含む。競合するアメリカ企業はボーキサイトには関心を抱いているが、精製所に資金提供する気はない。精製所の稼動に必要な電力がギニアには不足しているからだ。ただし、この国にはダムや水力発電所を建設するのに理想的な場所が少なくとも一二二カ所はあるという。原材料さえ提供してくれれば後は我々が面倒をみよう、というのが富裕国の略奪的なアプローチである。一方、中国はむしろ必要なインフラを建設しようとする。それなのに西側諸国はなぜ一番魅力的な契約が中国に持っていかれるのだろう、と首をひねるのだ。

西側の態度は植民地時代と大して変わらないが、植民地時代の傷が癒えずにいるからこそ、中国はアフリカの国々との関係を対等なものにしようと大変な注意を払っているのだ。経済的、軍事的には成功したとはいえ、中国はいまなお発展途上国としての特徴を多くそなえている。そしてアフリカ諸国と同じように、世界を地政学的に見る際の基準となるのは、あくまで社会ピラミッドの底辺である。そのことは毛沢東の「三つの世界論」にはっきりと示されており、後に鄧小平もそれを踏襲した。この理論によれば、中国語で言う「超級大国」にふさわしいかどうかは、領土の大きさや人口の多さ、あるいは経済的な資源でもなく、その国がどのような動機を持ち、いかなるふるまいをするかによるとされている。ところが現実のなかでは、ある国家がみずからのイニシアティブを他国に押しつけ、そうした国々を侵害し、あるいは覇権という武力支配をめざすことで超大国となる。これを第二次世界大戦の終わりに実行したのがソ連とアメリカだった。

冷戦時代、アメリカとソ連の野心によって、三つの世界からなる国際的システムが生まれた。覇権をもくろむふたつの超大国という第一世界、ヨーロッパや日本、カナダを擁する第二世界、そしてほかのアジア諸国を含む中国、アフリカ、ラテン・アメリカ諸国からなる第三世界である[4]。この理論はいまなお中国と発展途上諸国との関係がどのようなものであるかを私たちに告げている。すなわち中国は第三世界の一員であり、その命運はアフリカ諸国のような発展途上にあり、抑圧された国々に結びついているのである。

中国政府とアフリカ大陸との政治関係について言えば、イデオロギー面で基盤となっているのは、一九五〇年代から六〇年代初めにかけて、アフリカ独立をめざして戦争が行なわれていた時期に、建国まもない、革命の熱気さめやらぬ中華人民共和国と、西側による植民地支配が数十年続いた後の混乱期にあったアフリカ大陸との間でつちかわれた関係である[5]。

注意しなければならないのは、いまここで論じているのは、「善人＝中国」対「悪玉＝西側」という問題ではない、という点だ。西側の人々が大好きなこのような図式はこの議論には当てはまらない。むしろ中国のＤＮＡのなかでは、ビジネス遺伝子が植民地化を志向する遺伝子に取って代わったらしい、ということだ。中国がアフリカというパートナーとの間に築いた関係性は単に互恵的なものにすぎない。ところがアフリカ諸国は、この単純なアプローチに涼風のような新鮮さを覚えたのだった。なぜなら史上初めて、彼らは従属する側としてではなく、対等の立場であつかわれたからだ。

だが毛沢東的な意味合いではなくとも、中国が超大国であることは間違いない。準備金で二兆ドルという莫大な金を国庫にたくわえた国はほかにはない。また何千という労働者をいともたやすくアフリカに動員し、受け入れ各国の需要に合わせて、彼らを適応させられる国もほかにはないだろう。中国人はあくまで現実的であり、それこそアフリカが必要とする資質なのであった。メッカからメディナまでの鉄道建設プロジェクトを落札した際には、八〇〇人の中国人労働者たちが労働許可を得るためにイスラム教に改宗している(6)。

中国は知っての通り、つねに大々的に事を行なうが、東側でそれに太刀打ちできる国はない。二〇〇六年一一月に開催された中国アフリカ協力フォーラムには四八カ国が参加し、二〇一〇年の上海万博にはアフリカ五三カ国のうちの五一カ国が参加した。経済的な意味でもアフリカにとって中国以上に裕福なパートナーはほかにいない。二〇〇七年、横浜で開かれた東京アフリカ開発会議で、日本の首相が、日本はアフリカ諸国に協力するために六〇億ドルを拠出すると発表すると、その場に居合わせた聴衆の多くは微笑んだ。なぜなら中国輸出入銀行だけでも同様のプロジェクトに三年間で二〇〇億ドルを拠出していたからだ。アフリカにおける中国の存在は圧倒的なのである。二〇〇八年に、アフリカでビジネスを行なっていた日本企業は二二七社だったのに対し、中国企業の数は九〇〇社に上っていた(7)。

いまやアフリカとの間に架け橋を結んだ中国政府は、世界の力関係に革命的な変化をもたらし、人々を驚かせつつある。コンゴ人たちが新しいダムを必要としたとき、世界銀行のように不可能な条件を押しつけることもなく、中国はあっという間にそれを建設してしまい、代金を石油で受けとった。セルジュ・ミッシェルはインタビューで次のように述べている。

アフリカ諸国が融資してくれと求めると、国際機関は決まって、だめだめ、あなたは債務を抱えているし、国が不安定なのだから静かにしていなさい、と言います。中国は逆に要求に応じました。もちろん、私たちはダムであれ、水力発電所であれ、あなたが望むものに資金を提供するだけでなく、それを私たち自身で建設しますよ、そしてあなたは代金を石油や原材料で支払ってくれればいいのです、というものでした。これが互恵的なとり決めの定義なのです。[8]

中国がアフリカに進出したことで、アフリカ諸国の国際市場における競争力は高まった。ところが植民地が独立しても、かつての「ボス」たちは自分たちの「被統治者」に対して、協力するから提示する条件にしたがえと命じ続けたのだった。ミッシェルはさらに続けて次のように語る。

いまや彼らは中国というとてつもなくタフで経験豊富な競争相手と折り合いをつけざるを得なくなっています。ニジェールがそうです。かつてフランスの植民地だったこの国は莫大なウラニウム埋蔵量を誇っています。それを最初から監督し、独占してきたのがフランス企業のアリヴァでした。つまりこの企業のトップはとてつもない権力を持ち、事実上、ニジェールの副大統領のようにふるまってきた、ということです。ニジェール政府が中国にウラニウム開発を認可すると、フランスは激怒しました。最終的には、契約を維持するため、フランス側は中国よりもニジェールにとって有利な条件を提示する羽目になったのです。つまりニジェールは巧みに中国政府をフランスに対するレバレッジとして利用し、植民地から独立した後も続いたフランスとのしがらみから、みずからを解き放ったわけです。これは実に驚くべき物語であり、アフリカにおける中国の存在がビジネス面

で革命をうながしている事実はこのことからもわかります。(9)

アンゴラ・モデル

アンゴラやそのほかの多くのアフリカ諸国の歴史をたどれば、植民地から抜け出した開発途上諸国と、新しいビジネス関係を築く中国の能力がどのようなものかがよくわかる。こうした関係性の本質を理解することは、西側に暮らす私たちにとっては困難だ。先入観にとらわれ、力にもとづく関係しか理解できないからだ。西側はかたくななまでに、中国をアフリカ大陸のビジネスを牛耳る一番新しい支配者と見なそうとする。だからこそ西側の人々はアフリカを、世界資源の支配権をめぐって各国が争う舞台、さらには植民地支配という過去の犯罪をつぐなう場であると考えているのだろう。

ハリウッドのディーバやポップシンガーなど、アフリカの貧しい人々への支援に名乗りを上げる有名人に対しても、大衆は実に大ざっぱなとらえ方しかしていない。つまり中国が資源を搾取する一方、裕福で有名な西側の人間は援助でアフリカの人々を飢えから救うことで、この大陸の人々を虐殺したことや、奴隷売買をしたこと、資源を盗み取ったことなど、過去のもろもろの罪滅ぼしを願っている、というものだ。いまやタブロイド新聞や派手な雑誌の表紙には、「あいつらが悪人で自分たちは善人だ」という、ハリウッド映画に出てくるようなメッセージがでかでかと掲げられている。しかしその「善」の背後に隠れているのは、こうした馴染み深い数々のパターンこそがコマーシャル機構によって繰り返し生み出し続けられてきた、という事実だ。ある西側外交官の次の発言には、いまなお影響力を持つ支配の複雑なパターンが反映されている。

アンゴラの友人にはいつもこう言っている。中国人と少しの間、散歩をするのは君にとっていいだろうが、まじめに考えて、大リーグに入りたいなら我々のもとに戻るべきだ、とね。[10]

しかし散歩というより、中国とアンゴラの関係はむしろ大規模な近代化計画と言ったほうがいいだろう。二〇〇六年、この国のGDP成長率は一八・六パーセントに達した。いまや多くの良好な数値を手にしたIMFは、二〇〇七年と二〇〇八年の見通しを発表し、成長率は二〇パーセントを超えると予測している。しかもそれは現実となった。[11] 二〇〇二年のGDPは四二〇億ドルだったが、それが二〇〇九年に一一三〇億ドルと、ほぼ三倍になった。インフレについては、今世紀初めの三〇〇パーセントから二〇〇六年の一二パーセントにまで下がり、その翌年には一〇パーセント以下になった。アンゴラの国際収支でさえ、その内訳を見ると石油収入によって財政収支と貿易収支が黒字になるという、他国もうらやむ結果となった。[12]

二〇〇八年、アンゴラ経済が奇跡の成長を遂げたと認めざるを得なくなった世界銀行は、この国に適用された成長モデルであるいわゆるアンゴラ・モデルを賞賛した。設計者はもちろん中国だ。中国は、二〇〇二年から二〇〇九年の終わりまでにおよそ一九〇億ドルの融資が提供されるようとりはからったのだ。アンゴラ・モデルはアフリカで適用されたほかのモデルとは違うが、それは貿易取引ゆえではない。たとえばリビアの例から明らかなように、アフリカ諸国と西側の貿易取引は、特にそこに石油がからむ場合には互恵的なものだからだ。いや、相互に有益な取り決めが革命的なのは、セルジュ・ミッシェルも言及し、イアン・テイラーが述べる次のような点である。

中国政府は、アフリカが慈善の対象ではなく、双方の経済やその発展に有利な関係にもとづくビジネス・パートナーになりたがっていることに気づきました。ここからウィン・ウィンを前提とした経済・貿易関係モデルというアイデアが生まれたのです[13]。

中国式フォーミュラのなかでは、外交と市場がブレンドされている。西側諸国ならば同等の相手にしか示さないであろう敬意をもって、中国政府はアフリカ政府を遇し、高級レベルでの外交関係を樹立し、自国企業に道を開いた。アンゴラ大統領は中国を定期的に訪問し、中国首相も相手国をたびたび訪れている。西側外交も同じことをやってはいる。しかし中国政府は握手や公式晩餐会にとどまらず、さらに一歩相手側に踏み込み、中国企業が自由に利用できるよう、すべて国営とはいえ、銀行を現地に開設するなどしている。

二〇〇四年、中国はアンゴラに最初の融資として二〇億ドルを、中国系の融資機関を通じて供与した。融資は必然的に、すべての入札を勝ち取った中国企業にもたらされたが、それは当然のことだった。二七年にわたる内戦の後で、国を再建するのに必要なノウハウはアンゴラ国内にはもう残っていなかったからだ。しかしプロジェクトを落札した中国企業は現地の労働力を雇った。また二国間契約によって、ルワンダからウイジェまで全長三七一キロメートルにもおよぶ高速道路プロジェクトという、商業に不可欠な輸送幹線の建設などの大型公共事業への資金が拠出された。アンゴラの人々は復興が迅速に、また首尾よく行なわれるように取りはからった政府を賞賛した。

このような協力関係が機能する諸国に対して、中国政府が従来通りの資金援助を惜しむことはない。そしてアンゴラは、社会・経済的なインフラを必要とする近代化の最大の受益者となった。中国の資金によって学校やコミュニティーセンター、道路、住宅や港湾が建設された[14]。この一連の開発プロジェクトが、中国の経済モデルにもとづいて完成されたことは言うまでもない。

石油外交

中国のアフリカでの取り組みが真剣なものであることを、もはやだれも疑おうとはしない。中国の開発援助基金の五〇パーセント以上がアフリカ大陸で使われた。この資金は全般的な開発や、公共事業やスタジアムの建設など一流の特定プロジェクトに使われたが、西側の投資家や国際機関なら、そんなことをしようなどと考えもしないだろう。実は多くのアフリカ諸国が大掛かりな、しかも恒久的な協力関係を中国との間に取り結ぼうとする理由はそこにある。仲介役となるのは二〇〇六年、アフリカ諸国に対して一二〇億ドルの融資を行なった中国輸出入銀行などの特別機構である。これに比べれば世界銀行など規模の小さな融資団体に見えてしまう[15]。

数値はなによりも雄弁である。イアン・テイラーは次のように述べる。

一九九〇年、アフリカと中国間のビジネスは一六・七億ドルでしたが、二〇〇八年に、この数値は一〇六八億ドルに達しています。二〇〇七年と比較しても、四四パーセントの伸びを示したのです。商業面での協力関係を導くのはもちろん石油です。南アフリカを除いて、中国政府にとって最重要パートナーであるアンゴラ、コンゴ、赤道ギニア、そしてスーダンの四カ国は、すべて産油国です。中国のアフリカにおける投資の中身を見れば、原油の占める割合が多いのは明らかです。中国はつねにより多くの原油を必要としているからです。[16]

このようにアフリカにおける中国の投資といえば、おもにエネルギーを供給してもらうことを意味する。中国は一九九三年から石油を輸入している。石油を調達しなければならないことが、この国の外交政策にも大きく影響しているのだ。アフリカは高まる需要を満たすのに適切な場所である。イアン・テイラーはさらに次のように述べる。

一九九〇年代の初め、中国政府にはほとんど選択の余地がありませんでした。中東は投資にはリスクが高すぎ、またたとえどんな理由であろうと中東地域にアクセスするのはアメリカの特権だと見なされていたからです。他方、中央アジアはロシアの支配下にありました。ところが、ナイジェリアやほかの数カ国を除いては、アフリカという可能性を考えようとする人間はいなかったのです。ただしアフリカ大陸では石油資源はほとんど手つかずのまま残されていました。中国がエネルギーに関してアフリカ大陸との連携を強化しようと決意したきっかけは、イラク侵略でした。中国政府はアメリカが石油を外交上の武器として用いるのではないかとおそれたのです。[17]

二一世紀がはじまると、変わりゆく地政学情勢を背景に、中国政府の懸念は強まり、それがエネルギー政策にも反映された。共産党は国内のエネルギー企業に国際市場でのエネルギーの購入を増やすようながし、外国政府との二カ国間協定にもとづいて、海外に埋蔵された石油を獲得するよう支援した。だがテイラーによれば、この一枚岩の戦略が、完全に共産党の主導で行なわれたと考えるのは正しくないという。

中国政府はどのエネルギー企業に対しても操業地域を限定することがなかったので、各団体が同じ地域で重複して活動するという事態が発生しました。特に中国天然気集団、中国石油化工、中国海洋石油総公司などの間では、しばしば中国企業が互いに競争し合う結果となったのです。最初に挙げた二社はスーダンの石油パイプライン建設プロジェクトで激しくぶつかり合いました。つまり中国のエネルギー企業は単にアフリカの石油や天然ガスのみならず、政治的なメリットを求めて争い合うことになるのです。要するに、ある会社が重要な契約を獲得すれば、それだけその後の投資に対して、中国政府の外交面や財政面での支援を受けられるというわけです。(18)

中国政府がアフリカで、中国のエネルギー企業を支援することは不可欠だとも言える。そうすれば、彼らは国営の商業銀行から確実に融資を受けられるようになり、それによって資金調達コストも下がるからだ。しかもこのモデル下では、国内での熾烈な競争にさらされるので、西側の同業者に比べれば中国企業の競争力ははるかに高まり、いっそう企業運営も容易になる。アメリカのエンロン（米国最大規模のエネルギー企業。架空の利益を計上し続け、巨額の負債を抱えて破綻）のような事件は、エリート主義などのない市場競争の激しい中国では起こり得ない。西側では政府が企業にこびへつらうようなふるまいも見かけるが、中国では政界と経済界は厳然と区別されている。また中国では、国家が企業の利益を支援することはあるにせよ、支配権をがっちりと握っているのもやはり国家である。

すでに述べたように中国政府の支援はダイナミックで果断である。中国企業が重要な契約を結ぼうとしていると見れば、二〇〇九年のスーダンでの事例からも明らかなように、政府が介入し、公式訪問を準備し、新たな融資を保証し、国際的な舞台で外交面から働きかけて国家の自律性を側面から支える。ただしこれが可能なのは、単にビジネスを促進するにはとどまらない、明確で具体的な政策目標が国にあるからだ。今日、中国のエネルギー企業によるアフリカからの石油輸入は中国の石油需要の三一パーセントを満たすにいたっている。一方、アメリカ企業はアメリカ国内の石油需要の一八パーセントを満たしているにすぎない。アフリカがアメリカではなく、中国にとって戦略的にずっと重要であることは明らかだ。

第20章 グローバリゼーションと犯罪

中国でタバコは花と同じようにあつかわれている。というのも、珍重される銘柄のタバコを、自宅に夕食に招いてくれた相手へのプレゼントとして渡したり、仕事の関係で贈ったりするからだ。高価なタバコはクリスマスツリーの下に置かれたり、結婚式などでのプレゼントに使われたりもする。墓地では故人に良質のタバコをいくつかたむけることもよくある。中国の煙草文化は複雑で、歴史が長く、それにまつわる独特の表現もある。場合に応じて、あるいは社会的な地位に応じて、用いるタバコの種類も違ってくるとも言われる。鄧小平のお気に入りだった、非常に高価な（一箱一八ドル）大熊猫（パンダ）という有名ブランドのタバコは、政府関係者しか手に入れることができない。労働者はとても安く、どこでも手に入る紅塔山《ホンターシャン》か雲煙《ユンヤン》を吸う。金色のパッケージ入りの上海は高級レベルのビジネス会議などで、相手に名刺代わりに差し出すにはうってつけだ。もしそれを差し出されたら、相手が交渉に大いに乗り気であることを意味しているからだ。それより下のレベルの場合だと、ビジネスマンたちは交渉を終えようとするとき、言葉でそう告げる代わりに青い箱に入った白沙《バイシャ》をやりとりする。(1)

中国は世界最大のタバコ生産量を誇っている。タバコに前述したような意味が託されていることを考えれば、驚くには当たらないだろう。国際的な犯罪組織はこの国を偽造タバコの中心地に選んだが、それはこの国に煙草文化と、それを支える産業があるからだ。いまアメリカで消費される偽造タバコの九九パーセントが中国で生産されている。しかも業者は西側のタバコだけを偽造する。数年前まで、偽造タバコはおもに中国国外で消費されていた。

タバコの国際市場は巨大である。中国人は毎年二・二兆本のタバコを消費する。それを生産する企業はすべて国家の管理下にあり、二〇〇七年の販売額は中国の予算の八パーセントに相当していた。そのため政府は偽造品撲滅に強い関心を抱きながらも、タバコ産業を保護している。「この四月まで、中国の中部にある湖北省の役人たちは毎年地元産のタバコを二三万箱吸わなければならなかった[2]」。

タバコ産業界の偽造品生産を根絶することは、中国政府にとって容易ではない。それはこの部門がそれだけ繁栄しているからだ。福建省の南西部にある雲霄《ユンシャオ》県は、この二〇年間で経済がいちじるしく成長し、そのためこの地域の富豪たちが全国で有名になったほどである。ところが彼らを富裕にした産業は、人目を避け片田舎に隠れるようにして行なわれている。「洞穴の奥深く、丘の上高く、地中の下に埋もれ[3]」ているのである。もちろん、偽造タバコを生産するすべての工場が、だ。当局がひとつを閉鎖しても、同じ所有者はすぐ近くに別の工場を建ててしまう。雲霄はニューヨーク市の二倍の広さがあり、偽造タバコの製造だけで生計を立てている。この産業はまだはじまって日が浅く、いまなお成長し続けている。

一九九七年以来、世界需要は急増し続けている。そしてこの一〇年で中国での生産は激増し、いまや一年に五〇〇〇億本近くの偽造タバコを生産するようになった。そして国内で生産される半分、およそ二五〇〇億本を生産する雲霄は偽造タバコ産業の中心地である。しかもその品質は最高だ。

実のところ、産業規模が急激に拡大しているのは、西側諸国で禁煙キャンペーンが繰り広げられていることが原因だ。もともと高税が課されて値段の高いタバコは、偽造品の生産が実入りのいいビジネスになっているのだ。隆盛を続けるこの市場は現在、中国の仲介機関を通じて西側の犯罪組織が牛耳っており、彼らはとてつもない利益を手にしている。ニセのマールボロ一箱の中国での生産コストは二〇セントほどだが、それをアメリカで売れば二〇倍の値段をつける。たとえ罰せられても、科される刑罰がいかにささいかを考えれば、これは麻薬密売と同じくらい儲かるビジネスである。麻薬の密売なら中国を含め、多くの国々では終身刑か、死刑に処せられるのに、偽造タバコなら相当額の罰金を支払うか、数年間投獄されるだけで済む。

しかし最悪の被害は、世界で年間およそ四〇〇億ドルという内国税収入の損失をはるかに上まわる。偽造タバコは本物のタバコよりもっと危険で、喫煙者の健康を害してしまうからだ。偽造タバコの製造には化学物質が用いられる。そのためコストは下がっても、偽造品と気づかずにそれを吸う消費者の健康にはもっと害がおよぶことになる。中国の偽造製品はそれほど高度に洗練されているのだ。「二〇〇一年、中国メーカーは八種類の異なるマールボロの偽造品を生産していたが、昨年の時点では中国の偽造品製造業者は六〇余カ国それぞれに合わせた、異なるバージョンのマールボロを生産していた」[4]と、テピン・チェンは記している。ひと箱ひと箱が、国ごとに課される規制や、詳細な条件に合わせてつくられているのである。健康に注意をうながし、税や国の専売事業であることを示すスタンプなど、すべて注意深く本物と同じように再現されている。「中国の偽造タバコに使われているイタリアの国営事業用の包装紙は高品質です」と認めるのはナポリ裁判所次席検事のアルド・インジャンジである。彼によればイタリアで偽造品をあつかう業者は、地元の犯罪者、国の造幣局や印刷局内の協力者といったコネを利用しているという[5]。

第1章では、一九八〇年代に中国市場が開放されたことで、中国版ディアスポラ出身の企業家たちが経済特区へと引き寄せられていったと述べた。彼らは中国語を話し、西側の好みもよく知っていた。それは初期の「メイド・イン・チャイナ」資本主義にとっては危険な組み合わせだった。彼らは安価な労働力を利用し、最低のコストで、もっとも豊かな市場が求める製品を生産する理想的な立場に自分たちがいることに気づいた。私たち西側の企業家が中国にやってきたのは後のことで、そのころには香港や台湾といったパイオニアたちが道を開いていたために、中国への投資リスクはずっと少なくなっていた。

一九九〇年代、犯罪組織はこうした一連の動きとよく似たプロセスをたどっていた。中国と西側の麻薬取引の橋わたしをしたのは秘密結社、つまり、おもに中国人ディアスポラ内に発達した犯罪組織だった。その過程で彼らはさらに洗練された、とりわけ国際的な広がりを持つ西側の犯罪組織と戦略的に結びつくようになった。秘密結社の構造はイタリア南部の州カラブリアの犯罪組織ヌドランゲタにとてもよく似ていた。イタリアで活動する中国人マフィアについての報告のなかで、ジャンピエロ・ロッシとシモーネ・スピナは次のように述べている。

> 中国人マフィアの強みは、ばらばらになった無数の細胞一つひとつが、互いにつねに連絡をとり合っている点にある……タコ（イタリア語のタコpiovraはマフィアをも意味する）というより、中国マフィアはいくつもの頭を持つ龍に似ている。彼らの間には世界規模で管理をする組織もなければ、さまざまなグループの選択に影響をおよぼすようなトップの人間すらいない。むしろ彼らは互いに独自に行動しつつ、目に見えない世界中に広がるネットワークで結ばれたギャングなのだ。(6)

秘密結社の細胞というのは、ヌドランゲタやヌドリネといった組織の基本単位の中国版と言えるだろう。その活動内容も同じように多彩である。人身売買からタバコの偽造品生産にいたるまで、こうした秘密結社は地下世界にみずからの地位を開拓したのだ。もちろん彼らはより洗練された西側の仲間からいくらかはテクニックを学んだ。だが中国経済の開放にともなう生まれたばかりの組織だから、あまり危険ではないだろうなどと見くびってはいけない。それどころか秘密組織は西側のマフィアに似ているからこそ、将来、わざわいをおよぼしかねない深刻な問題なのである。当然、おそるべきさまざまな悪行を重ねてきている。

言い伝えによれば、一六七四年、後に清朝を興す満州民族の軍隊が福建省の仏教寺院に放火したという。五人の僧侶以外の全員が炎に焼かれて死んだ。剣の達人として「少林の虎」という異名を持つ五人の僧侶たちは、中国南部に逃れた。そして広東で最初の秘密結社を組織したという。中国の人々はそれを天地会と呼んだ。そのシンボルが正三角形であることから、一九世紀のイギリス人は彼らを「トリアド（triad＝三つ組み）」と呼んだ。[7]

しかし歴史家たちは、秘密結社が生まれたのは経済的な動機があったからだと述べている。彼らの存在が明らかになったのは一七六〇年の福建省であり、それは商人や華僑たちのための、「関係」を通じての相互援助組織だった。しかし「秘密結社の力は次第に強まり、やがて秘密社会のリーダーたちは当局者たちと強く結びつくようになり、この国の命運を影であやつるほどになった」という。[8]

秘密結社は、一九世紀半ば以降の、中国を揺り動かすほどの大規模反乱にも加わった。そのひとつが一九〇〇年の義和団事件（清末期に起きた排外的な民衆蜂起とそれに乗じた戦争）である。しかし清朝が一九一一年に崩壊した後、犯罪の世界に足を踏み入れた彼らが、この国の再建に加わることはなかった。特にイニシエーションの儀式など、何百年にもわたる伝統を維持しながら、秘密結社は自分たちの目標をそのときどきで変えながら、後ろ盾となる一大家族グループの権力を体現するようになっていった。イタリアでも同じことが起きていた。本来はピエモンテの支配者に反抗する秘密組織であったマフィアも、犯罪組織へと転じた。

二〇世紀初頭のマフィアのように、一九八〇年代には秘密結社も国際化した。二〇〇〇年に明らかにされたカナダ安全情報局の研究によれば、最大の秘密結社・新義安《サンイーオン》には世界各地に四万七〇〇〇から六万人のメンバーがいるということだ。それに次ぐ14K（香港を拠点とする犯罪組織）のメンバーはおよそ二万人であり、ヨーロッパでさかんに活動しているとのことだ。[9]

今日、中国人犯罪組織のおもな縄張りとなっているのが、「ドラゴン・シティー」と呼ばれる、マンチェスター、パース、サンフランシスコとバンクーバーの四都市だという。これらの都市には大きなアジア系の犯罪グループが集中しており、そこから触手を伸ばしながら世界的な協力体制を築いているらしい。こうした都市は、マカオ、台湾、そしてもちろん香港など、秘密結社が中国革命後に再編された地を根城とする、中国の犯罪組織の在外拠点である。世界の全大陸で活動する中国系犯罪組織は、今日ではオーストラリアにおけるヘロイン取引の八〇パーセント、東側から送り込まれる人身売買の大半を手がける一方、奴隷取引や、アジアや南アメリカ、アフリカ、そしてヨーロッパの金融センターにおける不正資金の浄化などを行なっている。しかし中国人たちが犯罪に関する高等教育を受け、しかも首席で卒業したのは、イタリアであった。

ナポリの犯罪学院

中国の秘密結社が世界の犯罪組織の大物たちとかかわりを持つにいたった背後で、イタリアのマフィアは重要な役割を果たしていたわけだが、それに関していくつかのデータを示すことができる。ヨーロッパで販売される偽造品が持ち込まれる主要な場所は港湾であり、そのなかでももっとも頻繁に利用されるのが、ジェノヴァからジョイア・タウロ、トリエステからパレルモ、そしてもちろん一番にぎわいを見せるナポリといったイタリアの港である。[10] ここではナポリ港の様子を知るだけで十分だろう。港はコスコ（ＣＯＳＣＯ）、つまり中国遠洋運輸集団のラベルのついたコンテナを積んだ船舶でにぎわっている。この企業は最近スイスの企業ＭＳＣと組んで、この港でもっとも重要なターミナルの運営に乗り出した。ナポリは中国の偽造品が持ち込まれるヨーロッパの主要な拠点であり、ここで税関を通過する年間二五万個のコンテナの相当数に、イタリア向けの全製品の七〇パーセントがしのびこませてある。脱税額は毎年四億ユーロにおよぶと推測されている。それが可能なのはイタリアの犯罪組織カモッラ（ナポリを拠点とする都市型の犯罪組織）と中国の犯罪組織との結びつきが強化されているからだという。[11]

中国の秘密結社がイタリアでの活動を急激に拡大したのはおよそ一〇年前、比較的最近のことだ。その主力となったのは消費財の偽造品だ。ナポリ検察庁の地区検事であり、国家反マフィア局次長のファウスト・ザッカレッリはインタビューのなかで次のように述べている。

当初、中国の犯罪組織が持ち込んだのは粗悪品で、闇市場向けのものでした。ですから客も安物を買っているとわかっていたのです。初めのころ、彼らの強みは非常に低価格で製品を提供できる点にありました。しかしいまや中国は質のいい製品を生産しており、従来とは違う闇市場に参入しています。偽造品だとは消費者も気づかないような品物が並ぶ市場です。そこでは偽造品も店外のテーブルにそれとわかるように並べて売られるのではなく、いわゆるオリジナル製品として店内で売られています。(12)

中国の偽造品産業が、品物が行き着く市場の要求に適応し、数年のうちにオリジナル製品に太刀打ちできるようになったのは、ひとつにはナポリやその周辺地域のカモッラに本拠を置くイタリアの犯罪組織の支援のおかげもあった。数年前までは基本的な生産は中国で行なわれ、半分加工された原材料がイタリアに運ばれると、最後の仕上げはおもにナポリに近いノラや、トスカーナ州のプラート県で行なわれていた。しかしこの五年ほどで、偽造品生産の全工程が中国に移ったので、イタリアで最終仕上げをする必要はなくなった。完成した製品はヨーロッパにひそかに、あるいは単価や金額を実際より安く表示して持ち込まれる。品質が急激に高まったのは秘密結社とカモッラの協力のたまものである。というのもカモッラは過去にイタリアでの品質管理を引き受けてきたからだ。中国人は彼らからなにをどうやって生産すべきかを学んだばかりでなく、管理の方法も学習した。

ブランド品の不法コピー産業に関するかぎり、現在、カモッラは資金を提供する投資家、あるいはブローカーといった役割を果たすようになっている。そして秘密結社はかつてカモッラが行なっていた偽造品関連業務の大半を、契約にもとづいて委託されている。ただしオリジナル製品に偽造品を混入させる任務は、この業界を支配するカモッラが引き続きつかさどっている。ザッカレッリはさらに次のように述べる。

カモッラは偽造品をオリジナル製品と同じ棚に並べて売らないように管理しています。消費者は気づかないし、もし製品になにか問題があれば、その人物はオリジナル製品をつくっている会社に文句を言うでしょうが、その会社には製品がニセ物であることを確かめるすべはないのです[13]。

偽造品が小売業者の、特に百貨店や小売店に届いた時点で、それがニセ物であることにオーナーたちは気づくわけだが、だからといってなにをするわけでもない。警察もそのことをよく知っている。これがいまの市場であり社会であるのだ。ザッカレッリもこの点について認める。

有名ブランドも偽造品がつくられていることを知っていますからね。製造を手がける下請け企業が、バッグであろうが、ベルトや財布であろうが、どんな製品であれ、不法な中国企業にさらに安い値段で下請けに出していることも知っています。有名ブランドがそれを知っているのは、労働力を搾取し、労働者の健康や安全保護のためにある規定を完全に無視するのでなければ不可能なほどに、格安の製造コストで自社製品を生産させているからなのです。デザイナーブランドは「高い」コストを負担したくないのです。もっともっと利益を伸ばしたいからです。八〇〇ユーロで売るバッグに、彼らはたいてい三〇ユーロ程度しか支払いません。そして自分たちの製品が偽造されているのを知っていても、彼らがおおやけにそうした業者と争わないのは、それがすべて宣伝に役立つからです。偽造品は街に自分たちの製品を広めるひとつの手段なのです[14]。

西側の消費者は現代のニセ物製造業者の共犯者なのだ。しかしそのことに西側の人々は気づいているのだろうか?

ニセ物文化

ニセ物が広まる根底に、著作権との関連がある。一方で、西側の文化面での優位のあらわれとも言える著作権に対して、開発途上国は闘いを挑む。西側は全力でそれを守ろうとする一方で、コストの安い偽造品を買い続ける。つまり知的所有権という概念に、哲学的な、そして経済的な理由から反対を表明する新興国のほうがずっと率直だ、と言うことができるわけだ。彼らは経済成長に必要なプロセスとして「コピー」するチャンスを得ようと、短期的な使用許可を求めると同時に、もっとゆるやかな法律を制定してほしいと望んでいる。

ところがこれに関連して、西側の多国籍企業の技術や製薬特許がきわめて重要な意味を持ってくる。現在の法律が富裕国で一番大きな企業による寡占状態を守るためにあるという事実を否定できる者はいない。その結果、使用に必要なコストを負担できない国々や人々は、科学面や商業面で大きな発展は望めない。つまり偽造品に頼ることは、こうした不利な状況から抜け出すための手段なのだ。実際に、豊かな先進国が現実の、そして政治上の理由から、さほど格差のない世界を望むのであれば、社会・経済的な目標のひとつとして、開発途上国の発展を掲げるべきだ。だが開発途上国が知的、科学的、技術的な所有権は公共のものであるととらえるのに対し、豊かな先進国はそれを市場での経済優位を維持する手段と見ている。(15)

中国の奇跡の経済に対する批判のなかでももっとも多く見られるのは、この国には西側のような創造性が欠けている、というものだ。こうした見方は真実とは言えないばかりか、文化汚染の進んだ世界では完全に時代遅れでもある。政治家からポップシンガー、テレビ番組の企画にいたるまで、人気あるすべてのモデルは定期的に輸出されるか、コピーされる。オリジナルの寿命は短いのである。文化は日々リサイクルされる。近代性なるものをつくり変えることに関して、共産主義と資本主義モデルを合成し、資本共産主義を生み出した中国の右に出る者はない。

昔は情報や物を広める際に立ちふさがる物理的な障害があったからこそ、地域文化ははっきりしたオリジナルな特徴をそなえつつ、受け継がれていった。だがいまはだれもがリアルタイムで同じ品物を手に入れたがる。それがニセ物が広まったもうひとつの理由でもある。『ハリー・ポッター』や『ダ・ヴィンチ・コード』、そしてはっきりした社会意識を持った若者と吸血鬼とのラブストーリーなどはすべて、先進諸国と開発途上諸国という両陣営を圧倒してやまない大衆文化の産物である。こうした物語が世界中に広まった理由はなんだったのだろう？　もちろんオリジナリティーでないことはたしかだ。

いまや流行は盗用か、いく分ましな場合であっても既存のコンセプトに手を加えることで生み出されることが多い。つまり文化には、新しいものとそうでないものが混じり合っている、ということだ。地球村の孤独をなぐさめてくれるのは、コピーされた文化なのだ。技術的にも複製が可能となったいま、文化的なアイデンティティの概念も変わりつつあり、著作権が損なわれてしまう結果にもなっている。ベルリンの麻薬界での若者の冒険を描いてドイツでベストセラーになった本は、クリスチーネ・Fによる別のベストセラー作品と同じテーマをあつかっていた。それだけではない。その本を書いた一七歳のヘレーネ・ヘーゲマンは、このなかでエイレンによる『ストロボ（Strobo)』（未邦訳、二〇一〇年）という別の作品の一部を丸写しにし、同著者のブログからも引用していた。ヘーゲマンは自分の作品のなかでは原著者のオリジナリティーはすでに失われ、むしろヘーゲマン自身のものになっているのだから、盗用には当たらないと主張した。たしかにヘーゲマンの著作のなかで用いられたエイレンによる表現は本来とは違う意味合いを帯びていた。またライプツィヒ・ブック・フェア賞の審査員たちが彼女の『アホロートル路上れき死(Axolotl Roadkill)』(未邦訳、二〇一〇年)を好意的に評価し、それを最終候補作品のひとつに選んだことは重要な意味を持っていた。ドイツのアマゾンのウェブサイトを見ると、ヘーゲマンの成功で『ストロボ』の売り上げも伸びたことがわかる。ふたつの作品を同時に購入する場合は、大幅な割り引きサービスの対象にさえなっている。

ヘーゲマンの例に見られるように、若い人々は創造性について、新しいとらえ方をするようになっている。これが政治の現実となってあらわれたのがスウェーデンだ。音楽などの視聴料から著作者の印税にいたるまで、文化上のあらゆる障害を取り除くことを目標に掲げる、海賊党の登場である。同党が支持を集めているのはインターネットのおかげのようだ。当初は嘲笑されたり、「不真面目」と批判の目で見られたりもしたが、支持者はまたたくまに増え、一時は党員数でも世論調査でもこの国で第三の政党と認められるにいたり、欧州議会にも議席をふたつ獲得した。しかし二〇一〇年の総選挙の際には、議席獲得に必要な有権者票の四パーセントを得るという規準をクリアすることはできなかった。しかし同じような政党は少なくとも二〇カ国で誕生している。そうした政党はみな、既存政党に比べて若い人々の割合がずっと高い。つまり古い政党から新しい政党へと大きく流れが変わるにはいたっていないが、それがいつ起きても不思議ではない状況になっているのだ。

つまり若い人々や新興国は、西側諸国が独占する形で文化を商業化しているいまの状況に立ち向かおうと、団結していると言える。インターネットが普及するまで、巨大企業七社が世界の音楽・映画市場を支配し、それを利用したい者には一方的に許可条件を押しつけてきた。つまり偽造文化はある意味では、資本主義システムの貪欲さがもたらした結果だということだ。映画や音楽のコピーがますます増えつつある現状についてのこうした新たな視点は、筆者がインタビューしたイギリスのリーズ大学の学生たちが語った次のような言葉にもあらわれている。

僕たちはほとんど映画館には行かない。なぜって興味のある映画は、インターネットでダウンロードして、コンピュータで見るからさ。僕たちのような学生にとって映画館に行くのはあまりに金がかかりすぎる。音楽もダウンロードするし、ファイルシェアリングで交換したりする。メジャー・レーベルは僕らが破産しているってことを知らないのだろうか？　親が一銭も払ってくれないので、みんな大学に行くのに金を借りて、奨学金に頼って生活しているってことが、わからないのだろうか？　僕たちにどうしろと言うのだろう？　なにも食べないでＣＤや映画のチケットを買えってことなのかい？(16)

デザイナー・レーベル文化が広がりを見せるなか、下着のゴムの部分にわずかばかり文字が入っているだけで、若者たちはそれを手に入れるために目のくらむほどの金を払っている。しかし一方で、現状に苦言を呈する学生たちにも一理あることを、私たちは認めなければならない。いずれにせよ、この問題にはふたつの側面があることを覚えておくといいだろう。オリジナリティーの終焉についての思想的判断というのがそのひとつ、犯罪組織への支援というのがもうひとつだ。中国人たちはこのことをよく知っている。

馬耳東風がモットーの中国コピー品市場

中国の犯罪組織は、カモッラをはじめとする西側マフィアとの継続的な協力関係を強く望んでいる。資金の提供（秘密結社も資金を蓄積しはじめている）に応じるだけでなく、偽造品の販路を紹介し、西側の地域コミュニティーにもわたりをつけてくれるからだ。[17] 犯罪世界は、一九八〇年代や九〇年代に経済の分野で見られたダイナミズムを再現しているといっていい。中国は世界でも抜群に生産コストの安い「工場」となり、西側の多くのメーカーは生産拠点を中国に移した。そして豊かな西側諸国に中国で生産した製品を売ったのである。西側諸国から数々のノウハウを学びとった中国の企業家は、やがて西側企業の資本力をしのぐようになり、偽造品やデザイナー・レーベルのコピー品の生産工場を建てた。だが完成した製品を売るには、やはり西側にパートナーが必要だった。

しかし、中国の企業家が西側の企業家なしでやれるようになったのと同様、中国の犯罪組織も早晩、イタリア人パートナーの仲介を必要としなくなるだろう。秘密結社はカモッラやほかの犯罪組織と縄張り争いをするのだろうか？　イタリアが闘争の最初の舞台になるのだろうか？　国家反マフィア局による二〇〇七年の報告書を見ればわかるように、イタリアでの中国組織による犯罪は着実に増えている。二〇〇七年前半には、アジアの犯罪組織に対する偽造品の押収が行なわれたが、押収額は二〇〇〇万ユーロに達した。同じように行なわれたヌドランゲタに対する取り締まりで押収されたのが六三〇万ユーロ、カモッラが二五〇万ユーロであったことを考えれば、かなりの金額である。同じ年で押収金額が同様に高かったのはコーサ・ノストラ（イタリアのシチリアで生まれた秘密結社的犯罪集団）だけだった。

中国政府は中国が偽造品の世界有数の生産拠点であることを十分に理解している。そして世間がそれを非難すると、一定の措置を講じる。二〇〇七年、食品などをめぐる一連のスキャンダルが起きた後、中国は国家食品薬品監督管理局の元局長を収賄容疑で裁判にかけ、死刑に処した[18]。ただし偽造品が海外に出荷されてしまえば、問題は目的地の国の政府の管轄下に移るので、中国政府は関心を失ってしまう。

いまのところ、馬耳東風で聞き流すというやり方がこの市場ではうまくいくようである。しかし不法市場が世界的に広がり、それにかかわる者が天文学的な利益を手にするようになると、不法市場を野放しにしているという状況は、結局は中国をおびやかすことになる。人口一三億人という中国市場が西側同様に成熟すれば、中国は犯罪者たちにとって最後の大いなるフロンティアになることだろう。

この論理にしたがうならば、中国での偽造品生産は、西側とのかかわりから生まれたもうひとつの産物だということになる。それは一九七八年に鄧小平がはじめた経済成長の陰の一面なのである。中国政府が自国内で犯罪にかかわった者をきわめて厳しく罰しているため、組織による犯罪件数はこれまでのところ抑えられており、結果として、西側で売る不法製品の供給先として中国を利用することは困難になってきている。しかし長期的に見て、秘密結社やその海外のビジネス・パートナーたちを、いつまでも中国の大都市に寄せつけずにおくというのはむずかしいだろう。地球村に加わろうとしたその瞬間から、暗雲となって中国政府をおびやかすのは、民主主義でもなければ革命でもない。それは犯罪である。そしてそれを水際にとどめておけるような万里の長城など存在しない。

第21章

民主主義メイド・イン・チャイナ

二〇一〇年、ワシントンのアメリカ議会図書館は二枚のきわめて珍しい世界地図を左右対称に並べて展示した。そのうちの一枚、一五〇七年に作成されたヴァルトゼーミュラーの地図は、新大陸アメリカが描かれた世界最初のものであった。もう一枚はイエズス会の宣教師マテオ・リッチが明王朝の委託を受け、一六〇二年に作成した驚くべき地図で、中央部分には中国が描かれている。古い羊皮紙で作成されたふたつの地図は、同じ惑星に共存するふたつの異なる世界を描き出す一方、一世紀という年月をはさんで、ふたりの制作者の異なる地政学的ビジョンを表現したものでもある。西側諸国はこれまでアメリカ大陸を中心に世界をとらえたヴァルトゼーミュラーに近い見方をしてきた。だがこの先は、西側の人間として初めて中国の宮廷に、そして紫禁城に迎え入れられたマテオ・リッチの視点が指針になりそうである。

万里の長城の東と西に広がる世界を詳細に描きとったマテオ・リッチの地図からは、彼がその両方に尊敬の念を抱いていたことが伝わってくる。マテオ・リッチの地図は中国の人々が中華と呼ぶこの国の偉大さを称えるものである。中国と、自分の出身地である西側をともによく知っていることを、彼はこの地図を通して皇帝に証明した。あらゆる偉大な文明がそうであるように、両者には多くの共通点があった。

もしマテオ・リッチが外交面で混乱しきったいまの時代に生きていたら、きっととてつもなく貴重な存在になっていたに違いない。政治家が自分に都合よくものごとを解釈してばかりいるせいで市民が不在となり、暗澹たるニュースばかりがあふれる状況に一石を投じ、東側と西側の関係性を合理的に説明し、世界の将来にとって重要な情報のやりとりができるように支えてくれたことだろう。事実、西側文明の偉大な成果を中国皇帝に示すことで、中国がそれを評価し、みずからの血肉とするよう願って、彼は地図を作成したのだった。

もちろんマテオ・リッチの伝えようとしていたメッセージは宗教的なものだったが、地図にはガリレオの研究の所産としての天文学的な考え方も反映されている。地図のなかで太陽は月より大きく描かれ、添えられた表には太陽系の惑星と地球の距離が記されている。この地図はカトリックの神の宇宙であり、イエズス会が知る偉大な両文明はその宇宙に含まれているのだ。マテオ・リッチは中国の人々にこう語りかけたかったのではないだろうか。あなたがたが築いた万里の長城という驚くべき建造物に注目してほしい。この帝国は四〇〇〇年以上の長きにわたって存続してきたが、そのすべては創造主のものであり、このすばらしい発見をあなたがたすべてと分かち合いたい、と。反発するどころか、中国人はむしろ感謝した。彼らは自分たちとは異質な世界の真理に触れることを名誉に感じたのだった。中国人のだれもがイエズス会を文化の一部として受け入れるようになった事実が、それを物語っている。マテオ・リッチの墓は革命中にも荒らされることはなく、参拝する者がいまなお絶えない。実のところ、墓は中国共産党本部に移されたのであった。たとえマルコ・ポーロがだれであるかを知らなくても、マテオ・リッチを知らぬ者は中国にはいない。

さてここで私たちは彼から地図を借り受け、いまの中国人にこれと同じようなものを描いてもらおうと思う。それは中国人にとっての、そして私たちにとっての民主主義がなんであるかを物語るものだ。ただし、中国人たちがカトリックに改宗しなかったのと同様、私たちが中国モデルに改宗しなければならない、などと言うつもりはない。私がこうするのはただ、世界に批判ではなく理解してほしいと謙虚に望む、いまなお謎めいたこの国と、向き合うべきときがきたからなのである。

中国の社会契約

だれもが疑問に思っていること、それはだれが中国を統治しているのか、ということだろう。メディアはかつてのソ連の政治局に似て、少数のエリートたちがそれをつかさどっているかのように印象づけようとする。また民主国ロシアのウラジミール・プーチンのように、ひとりの人間があやつっているのだと考える者もいる。しかし中国についてこのような見方をすることは間違っている。中国政府のエリート層とは、この国の巨大な行政機構全体を包含している。一九九八年、その数は五〇万人を数え、そのうちの九〇〇人は国家レベルの党機構に属し、二五〇〇人は省の、さらに三万九〇〇〇人は地区の、そして四六万六〇〇〇人は県や郷といった行政単位レベルに属する。かつてはそのおよそ九五パーセントが党員だった。[1] しかしすでに述べたようにヒエラルキーの非常に高いレベルに属する人間のなかには、党員でない者もいる。彼らはきわめて厳格な実力主義による選択プロセスを経てそうした地位に上り詰めた。

いま、ピラミッド構造をなす中国政府の基部にいるのは四〇〇〇万人の役人で、そのうち中国共産党員の割合はおよそ三八パーセントと少ない。彼らは将来の政府をになう幹部候補生たちである。毛沢東時代、状況はまったく異なっており、党の根幹をなす人々すべてが党員だった。つまり時間の経過とともに、ピラミッド構造の頂点に位置する人々のなかで党員が占める割合はいっそう減っていくと思われるのである。(2)

中国共産党の党員数は現在七六〇〇万人と、人口全体に占める割合はわずかである。しかしだからといって、ソ連共産党のエリートに似ていると考えたのでは間違っている。(3) むしろ以前のイタリア共産党に近い、と言えるだろう。中国の場合、党員のなかで国家機構に属しているのはわずか二五パーセントにすぎない。残りの七五パーセントは中国の地方機関や企業、特に八〇万に上る村、そして企業などに地位を得ている。このように党員の圧倒的多数は国家運営に関与していないのが実情だ。(4)

党員になるかどうかは義務ではなく、あくまで個人の選択にまかされている。また党員になったからといって特権が与えられるわけではない。中国共産党は真の意味で社会を支援することに関心を抱いているのであって、党員数を重視しているわけではない。さらに重要な点は、ロシア革命やそのほかの西側での革命とは違って、中国革命はあくまで大衆運動であり、政治的な策略を弄しての結果ではなかった、ということだ。この意味で、これは中国人たちが導いた民主主義的な革命であった。そしてこの国のさまざまな特質からして、それ以外のものではあり得なかったのである。

中国のプロレタリア独裁が正当視されているのは、この革命が大衆に根ざし、人々の総意を表現していたからだ。そしていまなお五〇年前と同様、この評価に変わりはない。前回の共産党全国代表大会において、胡錦濤は「民主主義」に六〇回も言及したが、その意味するところは西側で考えているものとは異なる。(5)

こうしたすべてを私たち西側の人間が理解することはおそろしく困難だ。なぜなら西側はいまだに中国を、一九八〇年代の反共産主義キャンペーンというスピンの加えられた色眼鏡を通じて見ているからだ。ところがもし西側がマテオ・リッチの視点からものごとを見るならば、すべてが違ってくる。そして中国共産党の立場から言っても、また中国の人々から見ても、少なくともこのシステムの根底にある社会契約が革命によって断ち切られないかぎり、党はあくまで人々を代表しているという事実に気づくのである。しかもいまのところ革命が起きるきざしはない。そしてこの点について考えるとき、西側のシステムもまた、長い間に腐敗してしまったとはいえ、やはり中国と同じような理由で存続していることに気づかされる。つまり私たちの社会契約を広場で燃やしてしまうような者はだれもいなかったということだ。

西側とは違って、中国では革命は政治のプロセスとして認識されているため、政府も国民もそれについておおやけに語ると同時に、これをおそれてもいる。楊鳳春《ヤンフアンチユン》教授は、中国国民党革命委員会、中国民主同盟、中国民主建国会、中国民主促進会、中国農工民主党、中国致公党、九三学社、台湾民主自治同盟などすべての党は中国共産党にしたがう、と述べる（楊鳳春著『中国政府概要』未邦訳、二〇〇二年）。それは同党が「国家権力を勝ちとった」からであり、一九四九年以来、反乱が起きていないことをも意味している。[6] 革命の政治権力は憲法によっても次のように認められている。

> 中国共産党は中国労働者階級の先頭に立ち、中国のあらゆる民族の利害を誠実に代表し、中国社会主義におけるリーダーシップの根幹をなすものである……建国後、中国共産党は帝国主義、封建主義、そして官僚資本主義に対する新たな民主主義革命の展開へと、中国の人々を導いてきた……一

九四九年、中国共産党はついに勝利し、労働者と農民の同盟にもとづいた労働者階級によるリーダーシップのもと、人々の民主主義的独裁を支持する中華人民共和国を建国した。[7]

中国やアジアの人々が「民主主義」「独裁主義」「資本主義」「帝国主義」と言うとき、それが意味するところは、西側とは違うことは明らかだ。アジアに暮らす人々の圧倒的多数は、中国は共産主義独裁国ではなく、民主主義国家であると見なしている。アジアン・バロメーター・スタディによる調査結果もこれを裏づける。アジア諸国がどれほど民主的であるかという質問に対する答えを、一から一〇までの段階で評価してもらったところ、中国が七・二二と、大陸諸国のなかでは日本やフィリピン、韓国を上まわって、第三位であることを示す結果が出た。[8]

ただし私たちが自国の歴史や、現代の民主主義という概念を生み出したヨーロッパの伝統を振り返るならば、西側の国民国家や共産主義・中国を築いた人々の間に数多くの共通点があることに気づかされる。そして両者はそうした共通点を柱として、経済面での幸福を築きあげたのだった。

民主主義メイド・イン・チャイナ

参加型民主主義を唱えたジャン・ジャック・ルソーの『社会契約論』は、だれもが知っている。しかしリベラル民主主義の父ジェームズ・ミルの主張について知る者は少ない。実は、サッチャー夫人やレーガン大統領は後者を強く支持していた。[9] ルソーはエネルギー危機が起きるまでヨーロッパ諸国を繁栄へと導いた、国民国家の父である。それと対照的なのがミルで、彼の思想はアメリカの初期の大統領たちに影響を与え、そしてネオリベラル主義の登場とともに、あつかましくもふたたび表舞台に戻った。「民主主義とはなにか？」という疑問に対して、両者は躊躇なく人々の意志であると答えるだろうが、その意味するところは違う。ルソーにとって人々の意志とは大衆の意志を意味していたが、ミルにとってそれは国民を構成する異なるグループの利害を意味していた。ルソーが集団をひとつの存在としてとらえていたのに対し、ミルは違いを尊重すべきだと考えていた。

大衆の意志については、現代のラッシュアワー時の移動方法について考えるとわかりやすい。リベラル民主主義では、車にするか公共の交通機関を利用するかは個人が決めることになるが、ルソー的西側民主主義では、大衆は公共の交通機関を用い、駅などへは徒歩で行く。上海でラッシュアワー時に交通渋滞に巻き込まれたことのある人なら、前者のモデルが中国には向かないことがよくわかるだろう。なぜなら都市開発が急激に進む中国では、対処が容易ではないからだ。しかし上海では、二〇一〇年の万国博覧会の開催時には、世界最長の四二〇キロメートルに達する一二の地下鉄路線が運行していた。そして二〇二〇年までにはさらに七路線が加わることになっている。[10] とてつもなく近代化されて、清潔かつ効率的な上海の地下鉄の規模はすでに相当なものであり、市のかなりの範囲をカバーしている。

西側のリベラル民主主義では、交通問題は公共サービスを強化するのではなく、市の中心部に車を乗り入れる人々から料金を徴収することで解決される。これがケン・リビングストンのロンドンの交通渋滞を緩和するための「コンジェスチョン・チャージ（混雑課金）」（特定の時間帯にロンドン中心部の特定エリア内に車を乗り入れる際に課金されるシステム）の原則であり、ほかの多くの都市もこれを採用している。これによって現実にはどんな結果が生じるのか？金持ちは車を運転できても、そうでない者はさほど効率的でない公共の交通手段で移動するしかない。このやり方を採用すれば、少なくとも国庫は豊かになっても、人々がどの社会階級に属しているかによって、受ける影響は異なるため、解決策としては弱く、また公共サービスの強化になるどころか、公共の交通システムの衰退につながりかねない。

この点、中国式民主主義はルソーを彷彿させる。なぜならその根底であらゆる関係者が社会契約を結んでいるからだ。革命の勝利がそれを是認し、中国共産党が大衆の意志を解釈する。中国人にはたやすくこの原則を受け入れられるのかもしれない。というのも五〇〇〇年にわたり、もはや機能しなくなれば下から突き上げる形で革命が起き、王朝はくつがえされ、別のものにとって代わるということが繰り返されてきたからである。[11] 西側はそれほど多くの革命を経験しているわけではない。それなのに現代の中国がみずからの伝統を捨てて、西側のリベラル民主主義モデルを受け入れなければならない理由などあるだろうか？[12] かつての共産主義圏で、そして他諸国で、西側モデルが引き起こした数々の悲惨な事例を考えればなおさらではないか？

さて、ここでふたたびマテオ・リッチの地図に戻り、おそろしげな大陸がそこに描かれていることに注意してみよう。彼によれば、ロシアの北部には巨大なアオサギに呑み込まれることをおそれ、洞窟に避難して暮らす小人たちがいるという。また南アメリカの山々には、暇つぶしに互いを殺し合う残酷な暗殺者たちが暮らしているらしい。当時という時代が生み出したこれらのイメージを使って、リッチはヨーロッパ文明、そして中国文明がいかにすぐれているかを中国人たちに伝えようとした。それと同じように、もし現代の中国人がリッチのように地図をつくるとしたら、たとえばイラクとアフガニスタンといった不安を呼び起こすような光景を描き出すかもしれない。

中国人から見れば、超大国アメリカが支配する過去二〇年の世界は、平和でもなければ、「文明化」されてもいなかった。リベラル民主主義というのはこの惑星の支配を望むディック・チェイニー、ジョージ・W・ブッシュやそのネオコン仲間など、傲慢で向こう見ずな連中が利用する道具であった。ここで仮に地図を作製する現代の中国人がいるとして、その人物の視点から世界を見てみよう。そう、たしかに中国はチベットを占領した。しかしアメリカ民主主義の名のもとに、アメリカの先住民の人々は皆殺しにされたではないか。これは「よいインディアンとは死んだインディアンのことだ」という皮肉なモットーのもとに行なわれた近代の大虐殺である。アメリカは奴隷売買に積極的にかかわり、それで富をたくわえ、いく世代にもわたって人種差別主義者であることを隠そうともしなかった。中国の独裁体制を非難しようと、西側メディアが気前よく雇った反体制派に言及するなら、一九五〇年代にジョセフ・マッカーシー上院議員らによってアメリカで行なわれた魔女狩りについても語る必要がある。また中国人の農民や労働者に同情をするのは、アメリカやヨーロッパにも大変な経済格差がある事実を忘れていない証拠だ。街のあちこちには、ホームレスの人々がゴミ箱から食べ物をあさる姿が見受けられるではないか。西側諸国では犯罪組織があらゆる領域や生産部門を牛耳っているし、リンチや政治目的の暗殺だってもちろんある。さらに西側民主主義が過剰になればいかに最悪の事態がもたらされるか。アフガニスタンやイラクを含めた戦争も忘れてはいけない。これらの戦争はアメリカのアイデンティティにも結びついた、この超大国の遺物である。だが中国は歴史のなかでこのような汚点を残してはいない。

これだけではない。中国に特徴的な実力主義のルーツが儒教の教えにあるとすれば、西側文明のDNAには、保守主義の父ことイギリス人エドマンド・バークが形成した理論が埋め込まれているのだろう。一七世紀にバークは「自然的貴族というごく少数の人々には、能力と経験、そして社会全体の利益のために賢明に統治しようとする性向がそなわっている」と記した[13]。

そのような人々を富裕な階級以外のどこに見出せるというのだろうか？　フランス革命中に蔓延して

いた汚職にみずから手を染めた彼は、裕福な地主階級は指導するよう運命づけられていると確信した。なぜなら彼によれば、富裕な階級は本質的にほかのだれにも増して、国家を管理する能力をそなえているからだった。このような確信によって二一世紀のウォール街も、アメリカ政府に財政をつかさどる主要メンバーを提供した。こうして本来は取り締まられる側の人間が、取り締まる側になったのだった。

経済力があるものが政治活動をするとの論理は、アメリカの歴史を通じてつねに現実のなかで実践されてきた。アイゼンハワー政権の閣僚に任命されて、それまで数年にわたってゼネラル・モーターズ社長の座にあったチャールズ・アーウィン・ウィルソンは、利害が対立することはないのか、とジャーナリストに質問されて、「ゼネラル・モーターズにとっていいことはアメリカにとってもいいことだ」と答えた。二〇〇九年に納税者の金で同社を破綻から救ったとき、オバマも同じ言い方をした。

現代の中国を統治するのは、富裕なエリートたちではない。新たに富を獲得した連中に国家の運営をさせまいとするのは、金持ちだから入党できるわけでも、党員になったから金持ちになれるわけでもない共産党だけではない。儒教にもとづく実力主義もそれを阻止しようとする。バークの時代、西側の人間にとっては、たとえ農民でも科挙に合格しさえすれば行政管理のヒエラルキーを上り詰めていくことができるなど、想像もつかないことであった。ところが中国ではこうしたチャンスはすべての人々に開かれている。バークの時代、実力主義はヨーロッパに存在しなかった。これに関してシェイクスピアも次のように述べている。

ああ、あの身分、地位、官職というやつが汚れた手ではものにできず
名誉はそれを身につける者の値打ちに応じて手に入るということになったのなら

いまはむき出しの頭をした下僕でも、あらためて帽子をかぶる者もずい分たくさん出てくるだろう！

そしていまは人をあごで使っていても、そのときになって逆にあごで使われる男もたくさん出てくるだろう！

たとえ地位は高くとも、卑しい百姓根性を持った人間は実のない籾《もみ》も同然、きっとそういう連中が名誉ある本物の種の間から、たくさん選り捨てられることだろう(14)！

そしておそらくは、いまなお西側社会ではもっともすぐれた人間が成功するなどというのは幻想でしかないのだろう。

人権

中国が実力主義だというなら西側には自由がある、というとらえ方をする傾向は、人権がさほど尊重されていない国・中国で特に顕著だ。それに対して西側の私たちは、そんなことはない、西側の状況はまったく違うと思うわけだが、本当にそうだろうか？　中国は国連人権委員会によって作成された国際人権規約（世界人権宣言の内容をもとに条約化された）のうちの六つを批准した。そのほかにもふたつの規約に中国は署名している。アメリカは五つの規約を批准し、さらに三つの規約に署名している。日本は八つを批准している。アメリカも日本も、中国と同じ規約を批准・署名している(15)。

人権という言葉についても、それを構成する漢字を解釈する必要があるが、実際には容易ではない。

なぜなら翻訳の過程で言葉本来の意味が失われかねないからだ。開発途上国陣営は総じて、同じ人権の概念をあらゆる国々に押しつけるのは文化的帝国主義だと、西側を非難する。飢えを満たせない人間にとっては、言論の自由などとるに足らない問題であって、その前に生存するための権利を勝ちとらなければならないのだし、また人権問題は国の状況にかかわらず重要だとする西側の姿勢は偽善的であり、なおかつイデオロギー主義的だ、とあまり恵まれてはいない側の人々は主張する。[16]

中国人の地図制作者なら、富裕国の人権意識はフランス革命時代に生まれた第一世代と同じもの、さらに近代の西側文化の個人主義に触発されたものであり、そこからまったく変化していないと言うことだろう。私たちがここで問題にしているのは市民と政治の権利である。人権に関する第二世代は二〇世紀初めの社会主義運動、労働者運動から生まれた。第三の、そして一番新しい世代は経済的な権利、さらには文化的発展のための権利を求めて闘っている。それは第二次世界大戦後に生まれた反植民地革命の産物であり、やがて一九六〇年代の旧植民地の独立へと発展した。[17]

中国やインド、ブラジルといった新興国、そして、あらゆる開発途上国は人権に関しては第二、あるいは第三世代に属しているが、西側の私たちは第一世代である。NGOは西側文化のなかで誕生したため、市民や政治の権利には大いに関心を寄せても、貧しい国々にはいまなお欠けている社会、経済、そして文化的権利については見過ごしにしがちだ。

中国人の地図制作者なら、ようやく西側と同じレベルの幸福を実現しつつある中国などの国々が、西側のような形で人権を保障することはない、と言うだろう。私たち西側とて、いまは不可欠と見なしていても、長い間人権を無視してきた。中国の人々は私的な会話では自分の思い通りに考えを口にできたとしても、検閲に引っかかる危険をおかしてまで、西側の人間のようにキャンペーンを行なったり、政治的な意見をおおやけに発表するわけにはいかない。インターネットは監視され、なかには閉鎖されるサイトもある。しかしグレート・ファイアウォール（中国国内のインターネット通信を大規模に検閲するシステム）にも裂け目はある。いずれにせよこの国には、サイバースペースのなかで自由にぶらつきまわることよりも、もっと差し迫った問題がある。それはいまだに多くの国民が経済的な豊かさを享受したいと待ち受けていることだ。衣食住にも事欠く状態から解放されることは、彼らにとってはインターネット上の自由より重要なのである。

人権を掲げる西側が繰り広げる反中国キャンペーンは、ひとつは万里の長城の東側に、他方はその西側にといった具合に、「ダブルスタンダード」というよく知られた原則にのっとって行なわれているかに見える。たとえば国連はイラクに対する予防的先制攻撃を支持しなかったが、アメリカやその同盟国はそれでも戦争を行なった。そして今日ではウソであることが判明した情報にもとづいて、イラクの主権を踏みにじった。攻撃の最中に、あるいは内戦中に殺されたイラクの人々の人権について、立ち止まって考えようとする人はいたのだろうか？　国連はなぜこの不当な攻撃に対してなにも行動しなかったのだろうか？　西側はみずからの残虐行為には無頓着であるとよく知っている中国人たちなら、当然のようにこうした疑問を投げかけるだろう。二〇〇八年のアメリカ大統領選挙戦中には、配管工のジョー（選挙キャンペーン中のオバマに質問をしたことから共和党陣営にとり立てられた人物）についてはあれこれ語られはしても、壊滅させられる前のファルージャ（イラク中部の都市）に家族とともに暮らしていた大工のアーマドについて話す者はいなかった。そのくせアメリカは戦争中なのである。そしておかしなことに西側メディアは、アメリカの軍隊によってイラク人たちが手足を切り落とされたり、殺されたりすることよりも、西側の麻薬密売人の処刑にいっそう強い関心を持っているのだ。

私たちはイラク・アブグレイブ刑務所での残虐行為をどう呼べばいいのだろうか？　それは人権侵害

ではないのだろうか？　そしてジュネーブ条約はどうなのか？　いまなおそれが存在するかどうか確かめようとする人はいなかったのだろうか？　もちろん拷問や、特例拘置引きわたしと呼ばれる、テロ容疑者の拷問のための不法な移送については言うまでもない。こうした事実が発覚しても、責任ある人間に反旗をひるがえすような革命は起きなかったばかりか、二〇〇四年にジョージ・W・ブッシュが、そして二〇〇五年にはトニー・ブレアが再選される妨げにもならなかった。さらに文明的であるはずのヨーロッパ一帯に広がる人種的偏見をどうとらえればいいのだろうか？　ルネッサンス発祥の地イタリアで移民を警戒する動きはどうなのか？　ボスニアとコソボでの戦争はどうなのか？　つまり、こうした地域以外での人権擁護を訴えたほうがずっとやりやすいことは目に見えているではないか。

中国人の地図製作者ならこうした出来事を犠牲者の赤い血で描き、「あなたがたは他者を非難するが、その『自由』も、人権を尊重することも、抑圧や濫用、同胞に対するさげすみを押し隠すためのイデオロギーの一種にすぎないではないか」と私たちに告げるのではないだろうか？　そして自由や人権にまつわるこうした幻想は、年月とともにとてつもなく広がっていく。第二次世界大戦後の廃墟のなかから復興した国々は、いまよりもずっと自由だった。一番おそろしいのは、私たち自身の名のもとに行なわれたおそるべき出来事について忘れ、私たち自身が西側メディアのプロパガンダにあざむかれていることだ。

タイタンの衝突

二〇一〇年二月、アメリカは中国が攻撃してきた場合にそなえてみずからを守るため、台湾に武器を売却した。このことでイランに対して経済制裁も政治的な圧力もかけようとしない中国政府を罰したのだ。六〇億ドル超に相当するこの契約は中国政府の怒りを招いた。その数年前にやはり台湾に武器を売却したブッシュ政権に対して示したのと同様、中国政府の反応は厳しいものだった。中国政府はアメリカとの軍事関係を凍結し、またすべての軍事関連の商取引は中止された。ヒラリー・クリントンが二〇〇九年二月に中国を訪れて後にようやく、事態は打開された。おそらく今回も同じようなやり方でこの問題は解決されることだろう。

台湾への武器売却のニュースに、中国はあらゆる軍事契約を凍結した。そして今回の措置ではさらに一歩進んで、契約にかかわったすべての企業が処罰の対象になった。そのなかにはボーイング、ロッキード・マーティン、シコルスキーとレイセオンが含まれていた。中国は武器の購入をキャンセル、延期し、技術協力を中止し、あるいは中国市場へのアメリカの参入をあからさまに禁じないまでも、商取引可能な分野を制限することも可能だった。中国はこの種の外交では世界的な経済危機を悪化させるだけだ、とアメリカ政府に警告しているかに見えた。アメリカも世界もこれまでになく中国を必要としているからだ。

アメリカは世界最大の武器生産国であり、必要とされるなら、相手がだれであれそれを売る。ペンタゴンの統計によれば、その数は一七四カ国、売却額は三二〇億ドルに上り、そのなかには国内の麻薬密輸業者たちの使う武器の九〇パーセントが「メイド・イン・アメリカ」製という、メキシコも含まれている。それでいてほかの国が武器取引にかかわると、アメリカは公然と非難するのである。アメリカは超大国としてふるまい、自国に都合のいいルールだけを尊重する。こうしてキューバに対する通商禁止措置を廃止するよう命じた二〇〇九年一〇月の国連決議をアメリカは無視したのだった。アメリカのこうしたふるまいを非難する勇気を持ち合わせた国は皆無であった。それどころか、だれもが初めて黒人を大統領に選んだと言って、アメリカを賞賛した。

中国人が描く新しい地図では、国際外交レベルにおける中国は自信に満ちた行動を見せる。しかもこの国はとりわけ人権問題に関心が高いように見える。二〇〇四年、市民権の保証という項目が憲法に加えられた。それ以来、人権を守ることは社会の優先事項となり、中国政府はアメリカの公式情報をもとに、アメリカの状況についての詳細な報告を毎年発表するようになった。

当然、中国政府は個人のあり方の変化と、社会の不公平がそれをむしばみかねないことに関連する、いわゆる人権の第三の側面に注目している。二〇〇九年の政府の報告のなかには、アメリカの国勢調査局の統計にもとづき、二〇〇七年のアメリカではおよそ人口の一二・五パーセントに相当する三七三〇万人が生活に困窮していたというくだりがある。これは二〇〇六年からおよそ一〇〇万人も増えたことを意味する。人種差別に関しても、中国のこの報告は興味深い統計をいくつか引用している。そのひとつは全米都市連盟による「ブラック・アメリカの状況（The State of Black America）」という研究結果で、それによれば有色人種家庭のおよそ四分の一が貧困ライン以下にあり、その割合は白人家庭の場合の三倍に上るとのことだ。労働省が報告しているように、二〇〇八年の第三四半期に黒人の失業率は一〇・六パーセントであったのに対し、白人では失業率はその半分以下であった[18]。

グローバル化された世界のなかで、タイタン（ギリシャ神話の巨人族）さながらの大国同士は人権という武器を使って争い合う。西側諸国はテロをおそれ、ジュネーブ条約を無視し、人身保護令状を停止するが、中国はずっと先を行っている。ここで言うのは死刑のことで、アメリカではまだそれが続いている。

二〇〇七年の初め、中国の最高裁は死刑判決を認める権限をふたたび取り戻した。その権限は一九八

○年代に犯罪撲滅キャンペーンの一環として、省レベルの高等裁判所にゆだねられていたのだった。中国の最高裁が、証拠不十分や、不法な司法手続きを理由に、その下部機関によって下された死刑判決の一五パーセントを退けたため、死刑の執行件数は減った[19]。アメリカ人さえも中国の人権状況は改善されていると認める。アメリカ議会の行政中国問題委員会は二〇〇九年に次のように記している。

中国政府が四月に発表した初の国家人権行動計画には、もし効率よく実施したのなら、公正な裁判を受ける権利や勾留者の権利の改善につながるであろう政策的な取り組みが含まれている。また同じく四月に最高人民検察院は、公安部が運営する留置場で、二〇〇九年の最初の数カ月間に勾留者の不審死が相次いだことを受け、その『適正な運営』をめざして五カ月におよぶキャンペーンをはじめた。八月には最高人民検察院は拷問を通じて得た自白は死刑判決の証拠としてはもはや認められないことを明らかにした。弁護士法の改正法が発効しておよそ一年になるが、これによっていくつかの管轄区では、弁護士が勾留者に以前より面会しやすくなったと報告されている。しかし手続き面での重要な課題はいまなお残されている[20]。

だが理想的な状態からはほど遠い。その一例は著名なインテリであり、文芸評論家であり、零八憲章（三〇〇人の中国人インテリや人権活動家たちが中国の民主化を求めて署名したマニフェスト）の起草者のひとりである劉暁波《リユウシヤオボー》が投獄されたことだろう。彼は二〇〇九年のクリスマスに禁固一一年の判決を受けた。二〇一〇年のノーベル平和賞を授与されたが、中国政府は彼がそれを受賞することを許さなかった。それから環境保護活動家で、エイズ撲滅運動の活動家である胡佳《フージャ》がいる。彼は二〇〇八年三月に「国家の政治権力と社会主義システムを転覆しようと他者をそそのかした」ことを理由に禁固三年半の判決を受けた[21]。その根拠とされたのは外国メディアによるいくつかのインタビューと、インターネット上で発表された政治内容の記事であった。しばらく肝臓を病んでいた彼の健康状態は獄中で悪化した。

このように道のりはまだ遠く、険しい。しかし中国人たちは進歩している。それとは対照的に、私たちは本当に道を見失ってしまったかのようである。

終章　愚行を繰り返すな

中国というのは理解しにくい複雑な宇宙のようで、一冊の本やドキュメンタリー、あるいは新聞記事にまとめ上げることは不可能である。しかしそれは中国にかぎったことではない。一方で、地理的、人口動態的に他諸国とはまったく違う要素をそなえながらも、中国はやはりほかの多くの国々に似ている。だからこそ、この国のさまざまな側面を深く掘り下げて研究することが可能なのだ。得られた情報にもとづいて、いくらかではあるが、慎重に将来を見通すこともできる。過去一五〇年にわたって、社会・文化スパイという、普通とは異なる活動に献身してきた人々はそうしようと試みてきた。彼らはチャイナ・ハンドと呼ばれる。

もともとチャイナ・ハンドとは、一九世紀の終わりに商人や冒険家など、中国の豊かさに魅せられ、かの地に移住した一群の人々に対して日本人がつけた名称だ。彼らは中国に長期滞在することで、現地の文化に馴染み、それを同胞に伝えた。彼らの目標は、利他的なものではなかった。彼ら初期の国際スパイは、時局は日本にとって有利と見て、南西アジアにおける同国の優位を確立しようとしていた。

一九世紀末、西側植民者たちのうち南西アジア地域で唯一、生き残っていたのが日本だったのである。この国が一帯で唯一の工業国であったことを考えれば、リーダーを任じることは道理にかなっていたかに見えた。しかしその地位をいかに獲得すべきかが日本政府にはよくわかっていなかった。近隣諸国との協力関係や貿易を促進するほうが有利なのか、あるいは近隣諸国を侵略し、ヨーロッパ植民者のモデルにしたがって経済発展を強行すべきなのか、決めかねていたのだ。この問題の答えを探す作業は、日本帝国の目となり耳となって働くスパイたちにゆだねられた。一八七〇年ごろ、彼らの誕生にかかわったとされる岸田吟香《きしだぎんこう》（幕末から明治にかけての新聞記者・実業家）は、イギリスやフランス、アメリカを偉大な国家にしたのは国際貿易だと確信した。そして日本も武力で中国（清）を従属させるのではなく、日清貿易を促進することで、西側の列強と張り合うことができると考えた。

一八八八年、中国でスパイとして活動していた漢口の日本領事は、中国の商人たちは新しい日本製品の輸出や、そのニセ物の生産を含むあらゆる分野で抜け目なく立ちまわっていると、報告書のなかで説明している。さらに中国のビジネス手法を、文化交流を通じて日本人に伝えることで、市場進出をうながすことができると述べた。こうした提言にもかかわらず、一八九四年、日本は朝鮮に出兵して清と戦争を開始し、戦闘は数カ月にわたって続いた（日清戦争）。

戦争が終結した後、スパイ活動はふたたびさかんになった。二〇世紀初頭、日本政府は中国の奥地に日本人の学生グループを送り込んだ。長期にわたって現地で生活し、中国人のライフスタイルを詳細に調査するため、農業や運輸、地理を学ぶ担当などといったように、各人が任務を与えられていた。学生たちの報告を通じて浮かび上がった中国の姿は、日本政府の理解とまったく異なっていた。しかしそれを受けて行動を起こそうとする者はだれもいなかった。

派遣された学生たちは、毛沢東が成功をおさめるずっと以前の中国の政治状況について、きわめて興味深い評価を下している。岸田吟香の息子が上海に創立した東亜同文書院（日本人のための高等教育機関。一九〇一年設立）の学生であった井手三郎は、「日本にとって中国がきわめて重要となった時期、書院の卒業生は中国のことを非常によく知っていた。しかしたとえその中国でも、書院の卒業生がトップに上り詰めることはできなかった[1]」と記している。

日本人スパイたちは、蔣介石をレバレッジとして使い、貿易や経済という武器によって中国を植民地化してはどうか、と示唆している。うち数人は後に考えを変えたが、それは満州に何年も暮らし、共産主義者による反撃という裏事情を知ったからだった。しかし時代も変わった。第二次世界大戦が近づいており、日本政府内では内政干渉論者が発言力を強めていた。そのなかでもっとも強硬だったのが、中国侵略を唱える主戦論者だった。上海侵略の前夜まで、日本人スパイたちは共産主義者たちと対話を持ち、日本が敗れるであろう戦争を回避してほしいと、天皇への説得を試みた。しかしそんな彼らに対して天皇は、日本臣民としての義務を果たし、侵略軍の通訳になれ、と言いわたした。天皇の命令は絶対だった。こうして彼らスパイもまた戦争の渦に呑み込まれ、その声は永遠に消されてしまったのだった。

アメリカのスパイ

日本が第二次世界大戦に参戦したことで、連合国側、特にアメリカには数々の兵站上の問題が生じた。中国は戦略上、重要な国と位置づけられ、紛争が続く間、将軍も提督も、地図を見ては日本軍が中国北部（満州）から侵入する可能性を検討した。

アメリカ政府はもちろん、武器や糧食を提供し、戦備を整える支援をするなど、国民党寄りの姿勢を貫いていた。ホワイトハウスは、共産党軍など寄せ集めの軍隊にすぎないのだから考慮の必要なしとしていた。彼らが武器や軍用品に事欠いていたのは事実だった。彼らは国民政府軍から盗むことでなんとかやりくりしていたのである。

しかし戦争中、アメリカ人将軍ジョセフ・スティルウェルは蔣介石の部下たちに失望し、共産党軍に好感を抱くようになった。なぜなら彼らは並外れて愛国的であり、その結束の強さはうらやむほどだったからだ。アメリカ政府がこうした事実や同様の報告を受け入れて行動することを決断したのは、戦争も終わりに近づいたときだった。そして延安にデビッド・バレット大佐率いるディキシー・ミッションという「視察」グループを派遣した。参加者のなかには中国生まれで完璧な標準中国語を話すジョン・サービス、そしてジョン・ディビーズといったアメリカ人スパイとして最高のエリートたちがいた。ディキシー・ミッションは一九四四年七月から一九四七年三月まで継続して行なわれたが、共産党が内戦に勝利するということで全員の見方は一致していた。

一九四五年一二月二四日、中国からワシントンの戦略情報局というCIAの前身である部署に戻ったメルビン・キャスバーグ博士は三つの重要な見通しを明らかにした。

博士は聴衆に向かって、共産党と国民党の内戦は避けがたいと述べた。そして共産党が勝利するであろうと予測した。彼はまた共産党が権力を掌握すれば、中国はソ連とは緊密な関係を続けることはなくなるであろうとも述べた。第三に、長期的には周恩来や彼の後継者たちが中国で最大の影響力を持つにいたるだろう、という意見を提示した。(2)

歴史は彼の意見が正しかったことを証明したが、はるか昔のクリスマスイブに、その言葉に耳をかたむけた人々は大笑いした。キャスバーグはただの学者であり、軍事や政治戦略についてほんのわずかしか知らないではないか、というわけだ。彼の報告は退けられてしまった(3)。しかしこうした見方をしたのは彼ひとりではなかった。バレット大佐自身も報告書のなかで次のように記している。

私自身を含めた多くの人々が総じて延安の共産主義政権に好印象を抱く理由のひとつは、かの地での全般的な状況が、アメリカ人たちの大半が好意をもって受け止めるに違いないものであったからだ。重慶のいたるところでは警察や哨兵の姿を見かけたが、私が知るかぎり、延安では第一八集団軍本部（八路軍）に配置された哨兵はひとりもいなかった。毛沢東のささやかな住居を警護している者がいたとしても、たまたま通りがかった人間がその姿を見ることはない。

毛主席はよくおおやけの場に姿をあらわすが、そのようなとき彼は歩いてやってくるか、囲いのある運転台のついたオンボロのトラックに乗ってやってきた。私が知るかぎり、それは共産主義者たちが所有する唯一の自動車であった。重慶で見たように、大元帥が街を横切るときに、黒塗りの車が何台も連なりながら、猛スピードで走り抜けるようなことは一度もなく、おおやけの場に出る際にはつねに大元帥を取り囲む衛兵やシークレットサービスらの姿も、彼の場合には見られなかった(4)。

共産主義者たちに関してひとつ言えることは、それを仕組まれた演出と見なすのは困難だった、ということであり、これが彼らの部隊の実情だったということだ。彼らはタフで、栄養状態もよく、季節にふさわしい制服に身を包んでいたが、ゴムの底のついた布製の靴を履いていた。それは国民

党軍兵士の大半が履いていた草履と大差のない代物であった。(5)

ディキシー・ミッションが延安にいた当時、国民党の領域内でよく見かける光景というのは、縄でひとくくりにされた男たちが新兵募集所に引っ張られていく姿だった。一九四二年に江西省を訪れた際、私はある都市の刑務所が、犯罪者か容疑者らしき人々でごった返していることに気づいた。私が通ると彼らの多くは牢獄の鉄格子から外を乗り出すように見ていた。なぜこんなに大勢の人間がこの時期に牢屋にいるのかと私が守備隊長に質問したところ、彼らは普通の囚人ではなく、無理やり入隊させられた男たちで、逃亡しないように閉じ込めておくのだという答えが返ってきた。共産党が制圧した地区でも、男たちが縄で縛られて入隊させられていたのだとしても、私自身はそのような光景は一度も目にしなかった。(6)

アメリカ人スパイたちはまた、共産主義者たちは自分と同じように植民宗主国に対して革命を起こしたアメリカ人に親しみを感じているので、アメリカと関係を築くことを望むだろう、とも述べている。日本と同様、アメリカでもスパイたちの貴重な忠告は無視された。一九四九年、毛沢東がこの国の大部分を掌握するにいたったとき、世界はすでに冷戦状態に突入しており、アメリカではマッカーシー上院議員が猛威をふるっていた。スパイたちは国家の敵と見なされ、犯罪者のように追われ、捕らえられた。中国での共産主義の勝利に寄与した、というのがその罪状だった。マッカーシーは中国戦線の背後で活動していた彼らを共産主義者として糾弾し、赤狩りを本格的に進めていった。

現代のスパイたち

未来を予見したスパイたちの貴重な報告はひとつとして受け入れられなかった。それどころか、彼らに任務を授けた政府は逆に、やがて中国に敵意をむき出しにするにいたった。現在、中国というドラゴンの威力を目の当たりにする西側諸国は、ふたたび同じ過ちをおかそうとしている。現代のスパイたちの言葉からは、西側が固執する多くの固定観念を次々に打ち破るような、中国の姿が浮かび上がる。本書のなかで私たちはその多くと向き合い、議論をしてきたわけだが、ここでもうひとつ言及しておいたほうがよさそうなことがある。共産主義政権がその国民に強いた貧困についてだ。二〇〇九年三月、世界銀行による貧困についての報告書には次のように記されている。

こと貧困を減らすことに関して、この二五年来の中国における進歩にはうらやむべきものがある……しかし中国から見れば、二〇世紀の最後の二〇年間で開発途上世界における貧困者の数はまったく減っていない、ということになるのだろう。(7)

つまり世界銀行でさえも、かつてならスパイのひとりに数えられてもおかしくない報告をしているわけだ。

それなのになぜ私たちは、専門的な調査にもとづいて提供された情報ではなく、誤った固定観念を意図的に広めようとするのだろうか。なぜ他者よりもその問題をはるかによく知る人々が示唆した新たな真実に心を開く代わりに、了見の狭い偏見へと逃げ込もうとするのだろうか？　こうした疑問を私たちはみずからに問いかけてみたい。おそらくは中国のイノベーションに目を向けることで、そこに映し出された私たち自身のシステムの欠陥を見るのが怖いのだろう。

中国の視点に立って、批評を加えながら西側の資本主義や民主主義を見つめ、その姿を明らかにすることこそ、本書が試みようとしてきたことだ。スパイたちがもし日本やアメリカなど、自分を雇った本国政府を同じ鏡の前に立たせたら、そこに映し出されるイメージは、本国が期待しているものとは違っていたはずだ。かつての日本帝国には、植民地にされ、侵略によって殺された人々が実は自分たちよりも商業面で勝っているという事実を受け入れることができなかった。そしてアメリカも、盗んできたライフルを手にした寄せ集めの軍隊の、愛国心の強さを信じることはできなかった。しかしほんの三〇〇年前、ワシントンやジェファーソンにしたがった多くのアメリカ人入植者たちも、くまでなどを武器にするしかなかったのである。西側民主主義がどれもこうした慎ましさを出発点としていた事実は、簡単に忘れられてしまいがちだ。また、ローマという超大国に勝ったフン族のヒロイズムから、独立を求めてのイタリア戦争にいたるまで、歴史上の無数の教訓を無視することは実にたやすい。

民主主義を救うには、それをみずからの権力の道具へと貶めてしまった母国の人々ではなく、東側に、そして民主主義を確立しようといまなお闘う人々に目を向けなければならないことを、国際スパイたちの事件は思い起こさせてくれるのである。

訳者あとがき

本書は*Maonomics: Why Chinese Communists Make Better Capitalists Than We Do* (Seven Stories Press, New York, 2011) の全訳である。原著はイタリア（イタリア語）、アメリカ（英語）でまず出版され、その後、イギリス、日本、ドイツ、スペイン、スウェーデン、中国、オーストラリア、ブラジルでも刊行の運びとなった（出版予定も含む）。

日本語版タイトル『マオノミクス――なぜ中国経済が自由主義を凌駕できるのか』が示すように、長びく不況に苦しむ西側陣営の人間にとっては、少々ドキリともさせられ、またなかなか直視しがたいテーマに、真っ向から切り込んだ作品である。

世界的な景気後退のあおりを受けて、中国の経済成長率も二〇一二年以降は鈍化すると言われている。もちろん、短期的にはそういう見方ができるかもしれない。しかし本書は中国共産党による中国建国以後の、鄧小平が改革開放政策に着手してから現在までの道のりを、世界の変化とともに丁寧にたどりながら分析し、さらに今後、この国が国際社会にどのような影響をおよぼしていくのかを、非常に長いスパンで見つめた作品である。

気鋭の経済学者としてイギリス・ケンブリッジ大学ジャッジ・ビジネス・スクールで教鞭をとる著者ロレッタ・ナポレオーニは、マネー・ロンダリングとテロの資金調達に関しては世界的権威である。彼女の前著『ならず者の経済学』(二〇〇八年)、*Terror Incorporated: Tracing the Money Behind the Global Terrorism*(二〇〇五年)、*Insurgent Iraq: Al-Zarqawi and the New Generation*(二〇〇五年)はいずれもベストセラーとなっている。イタリアやフランスの各有力紙にも健筆をふるうナポレオーニは、これまでの著作と同様、本書でも事実に基づいた綿密な資料分析と、精力的な取材を行なっている。西側陣営の人間にはまったく思いつかないような視点から歯に衣着せぬ単刀直入な筆致で描き出す世界、西側諸国そして中国の現実は刺激的だ。また、これを読んで、うすぼやけていた視界がようやく開けたような爽快感を覚える読者も少なくないのではなかろうか。

二〇〇〇年代に入ってから、主として中国の東北地方に五年間暮らした訳者も、本書を読んで同じような思いを持った。おそらく多くの方々と同様に、〝閉鎖的でなおかつ厳しく統制された社会〟というのが実際に暮らしてみる前に訳者が中国に対して抱いていたイメージであった。ところが、訳者が自分の目で見た中国は、マスコミが書き立てる内容からイメージしていた世界とはかけ離れていた。銀行の窓口には、行員の対応が悪いと、カウンターを叩いて激怒する顧客たちの姿があり、テレビ局の中国中央電視台でも連日のように、食品への有害物質の添加や公安警察の職権濫用など、国内で起きている数々の腐敗を暴き出す報道番組を放映していた。そうした日常の出来事を通して、それまでの自分が中国に対して大変な思い違いをしていたことに気づかされた経験がある。もちろん思い違いをしていただけではなく、中国が実際に日々、大きく変化しているということもあるだろう。

たとえば中国に渡った当初は、終戦後の日本の焼け野原はこうだったのだろうというような荒廃しきった街の一角が、一年もたたないうちに明るく開放的なショッピングセンターに生まれ変わることなどざらであった。あまりの変化の激しさに、日本にいる中国人留学生たちが「半年も故郷を離れて戻ってみると、道に迷うほど風景が変わっている」とこぼすのを、訳者もたびたび耳にしている。

しかし著者が説くように、マスコミはこと中国に関して言えば、いまなお固定的なイメージを打ち出しつづけている。だが実情と異なる中国像にもとづいてすべてが評価されるとしたら危険である。そこで著者は本書を通して、中国を見つめる際に有用な数々の視点を提供する。たとえば〝数の多さ〟はそのひとつだ。

中国の人口は一三億といわれている。日本を基準に考えていては、その数字が現実にどれほどのことを意味しているのか、ぴんとこないかもしれない。だが実際に行ってみればわかるのだが、中国は都会であれ農村であれ、どこもかしこも人があふれている。たとえば、春節などの人々が一斉に移動する時期の列車は「死者が出たこともある」と言われるほど混雑しており、日本の帰省ラッシュなどその比ではない。「どうすれば日本に行けるのか？　日本で自分にできる仕事はあるか？」と、訳者も各地で行きずりの中国人から質問を受けたことが何度もある。もしこれだけの数の人たちが先進諸国をめざして国を出たら世界は一体どうなるのだろう？　中国を知るほどに、この〝数の多さ〟について、確かな実感とともに考えさせられた。

「中国が一九八九年に民主化し、国民が自由に西側に移動できるようになっていたとしたら、西側諸国の中産階級はきっと激減していたはずだ。このような観点に立って、天安門広場での民主化運動を抑えつけた中国政府の決断を考えたとき、どうにも認めがたいことではあるが、あの時点での犠牲が、実は西側社会がこうむりかねない壊滅的な大被害を防ぎ止めてくれていたのだ、と率直に評価せざるを得ない」という著者の苦い指摘は、だからこそなおさら重く響く。

いまなお変化のただなかにある中国と世界の未来を見つめようとする人々を、本書はその独自の視点から力強くみちびくと同時に、新たな視界へといざなってくれるであろうことは間違いない。
なお訳出にあたっては、原書房編集部の中村剛氏には訳文上の問題点を指摘していただくなど、数々の貴重な示唆をたまわった。また株式会社リベルの和泉裕子氏にも、重要な助言をいただくなど、終始、支えていただいた。この場をお借りして心からの感謝を申し上げる。

井上 実

注

はじめに

（1） 労働面での改革は信用危機前にはじまっていた。雇用契約に関する新しい法律が施行されたことで数多くの企業が中国で破綻し，その後さらに信用危機が起きたことで，労働改革は後退を余儀なくされたと主張する向きもある。

（2） Michael Forythe, "Helping China Spell Democracy," *International Herald Tribune,* September 30, 2009.

（3） Philip Pan, *Out of Mao's Shadow: The Struggle for the Soul of a New China* (London: Picador, 2008), p. 275.

序章　不況進行中

（1） Irving Kirsch, Brett J. Deacon, Tania B. Huedo-Medina, Alan Scoboria, Thomas J. Moore, and Blair T. Johnson, "Initial Severity and Antidepressant Benefits: A Meta-Analysis of Data Submitted to the Food and Drug Administration", *PLoS Medicine* 5, no. 2, http://www.plosmedicine.org/article/info:doi/10.1371/journal.pmed.0050045.

（2） Francis Fukuyama, *The End of History and the Last Man* (New York: Free Press, 1992) 邦訳：フランシス・フクヤマ著『歴史の終わり――歴史の「終点」に立つ最後の人間』〈新装版〉，渡部昇一訳，2005 年，三笠書房。

第 1 章　搾取工場

（1） Anita Chan, *China's Workers under Assault: The Exploitation of Labor in a Globalizing Economy* (Armonk, NY: East Gate Books, 2001), pp. 106－112.

（2） 同前 , pp. 121－126.

（3） Martin Jacques, *When China Rules the World* (London: Allen Lane, 2009), p. 98.

（4） Lijia Zhang, *Socialism is Great* (New York: Anchor Books, 2009), p. 7.

（5） Zhao Ziyang, *Prisoner of the State* (London: Simon & Schuster, 2009), p. 247.

（6） Stephen Roach, *How Global Labor Arbitrage Will Shape the World Economy* (Global Agenda, 2005).

（7） 劉開明へのインタビュー，2009 年 5 月。

（8） モーリス・オハナへのインタビュー，2009 年 12 月および 2010 年 1 月。

（9） 前掲 1 章（3），p. 98.

（10） Sang Ye, *China Candid: The People on the People's Republic* (Berkeley: University of California Press, 2006), p. 38.

（11） 同前，p. 39.

（12） パトリック・ホバネツへのインタビュー，2009 年 12 月。

（13） Leslie T. Chang, *Factory Girls* (New York: Picador, 2009) p. 12.　邦訳：レスリー・T・チャン著『現代中国女工哀史』，栗原泉訳，2010 年，白水社。

（14） 潘毅は労働者たちへの配慮から工場名を変えている。

(15) Pun Ngai, *Made in China* (Hong Kong: Duke, 2005), pp. 23-24.
(16) 前掲 1 章 (1), p. 117.
(17) 前掲 1 章 (13), p. 5.
(18) Children's Employment Commission, *Appendix to the Second Report of the Commissioners, Trades and Manufactures, Part II: Reports and Evidence from Sub-Commissioners* (London: William Clowes and Sons, 1842), http://www.origins.net/BritishOrigins/gallery-employment/index.aspx.
(19) 前掲 1 章 (1), pp. 56-59.
(20) 前掲 1 章 (1), p. 58.
(21) 前掲 1 章 (1), pp. 133-134.

第 2 章 底辺への競争

(1) *Workers' Magazine*, All-China Federation of Trade Unions, 1993.
(2) Economist Intelligence Unit Report on China, August 21, 2006.
(3) Joseph Kahn, "China's Leaders Manage Class Conflict Carefully," *New York Times*, January 25, 2004.
(4) Stephen Roach, "Globalization's New Underclass," Morgan Stanley, March 3, 2006, http://www.morganstanley.com/views/gef/archive/2006/20060303-Fri.html.
(5) 駐北京の UBS エコノミスト，ワン・タオへのインタビュー，2009 年 5 月。
(6) 香港職工会聯盟の三人の中国人労働者へのインタビュー，2009 年 5 月。
(7) 前掲 2 章 (4)。
(8) Loretta Napoleoni, Rogue Economics: Capitalism's New Reality (New York: Seven Stories, 2008), 2 章．邦訳：ロレッタ・ナポリオーニ著『ならず者の経済学』，田村源二訳，2008 年，徳間書店。
(9) P. L. Josephine Smart, "Land Rents and the Rise of a Petty Bourgeoisie in Contemporary China," *Anthropology of Work Review* 14, no. 2 (1993): pp. 3-6.
(10) Phyllis Andors, *The Unfinished Liberation of Chinese Women, 1949-1980*, (Bloomington: Indiana University Press, 1983).
(11) Denise Chong, *The Concubine's Children* (New York: Penguin, 1994). 邦訳：デニス・チョン著『チャイナタウンの女』，山田耕介訳，1998 年，文藝春秋)
(12) ファウスト・ザッカレッリへのインタビュー，2009 年 6 月，2009 年 9 月 15 日。
(13) Massimo Pisa, "L'albergo in un tombino per i cinesi clandestini" (Manhole Hotel for Illegal Chinese Workers), *La Repubblica*, March 25, 2009.
(14) アーサー・クローバーへのインタビュー，2009 年 12 月。
(15) International Labour Organization, "Chinese Immigrants Victims of Labour Exploitation in Paris," June 21, 2006.
(16) このエッセイは http://mises.org/daily/2443 で閲覧できる。
(17) "Diario di un clandestino, Part 1 and 2," Polonews.info: la Cina raccontata dai cinesi ai cinesi, accessed June 15, 2010, http://www.polonews.info/articolo.php?id=118; http://www.polonews.info/articolo.php?id=119.

第3章　中国の新しい料理

(1)　前掲2章 (8) の第4章。
(2)　Bret Swanson, "Entrepreneurship and Innovation in China 1978−2008," *Progress on Point* 15, (13 September 2008), pp. 9−10.
(3)　アーサー・クローバーへのインタビュー，2009年12月。
(4)　前掲3章 (2)，p. 10.
(5)　前掲1章 (5)。
(6)　Jasper Becker, *Hungry Ghosts* (New York: Henry Holt and Company, 1998).　邦訳：ジャスパー・ベッカー著『餓鬼（ハングリー・ゴースト）――秘密にされた毛沢東中国の飢饉』，川勝貴美訳，1999年，中央公論新社。
(7)　前掲1章 (5)。
(8)　俞可平へのインタビュー，2009年11月。，
(9)　匿名を希望する北京在住の大学教授へのインタビュー，2009年11月。
(10) Mark Leonard, *What Does China Think?* (London: Fourth Estate, 2008), p. 51.
(11) パトリック・ホバネツへのインタビュー，2009年12月。
(12) 前掲2章 (10)，p. 61.
(13) 前掲2章 (10)，p. 65.
(14) John Watkins, "Beijing's Path Forward," *International Herald Tribune*, November 11, 2009.
(15) David E. Sanger and Michael Wines, "China Leader's Limits Come Into Focus as U.S. Visit Nears," *New York Times*, http://www.nytimes.com/2011/01/17/world/asia/17china.html.
(16) ワン・ドンへのインタビュー，2009年11月。
(17) Franco Mazzei and Vittorio Volpi, *Asia al centro* (Asia at the Center) (Milan: Egea-Universita Bocconi Editore, 2006), p. 155.
(18) Manuel Castells, *End of Millennium*, 2nd ed. (Oxford: Blackwell Publishers, 2000), p. 270−271. 第1章，原注3も参照のこと。
(19) 前掲1章 (5)，p. 119.
(20) Joseph Fewsmith, *China Since Tiananmen: The Politics of Transition* (New York: Cambridge University Press, 2008), 第2章。
(21) 前掲2章 (8) の第3章。

第4章　万里の長城を越えろ

(1)　Gavin Menzies, *1421: The Year China Discovered the World* (London: Bantam Press, 2002).
(2)　China.org.cn, "One Country, Two Systems," China Facts & Figures, http://www.china.org.cn/english/features/china/203730.htm.
(3)　中国共産党の「左派」とは毛沢東やその政策にいまなお影響を受ける派閥を意味し，「右派」は改革に好意的な派閥を意味している。Willy Lam, "Power Struggle Behind Revival of Maoism," *Asia Times*, November 24, 2009, http://www.atimes.com/atimes/China/KK24Ad01.html. を参照。
(4)　前掲3章 (20)。
(5)　前掲3章 (10)。

(6) 前掲1章（10）の19ページ。
(7) 前掲1章（10）の19ページ。
(8) 劉開明へのインタビュー，2009年11月。
(9) 前掲3章（20）の4–5ページ。
(10) Nan Lin, "Local Market Socialism: Local Corporatism in Action in Rural China," *Theory and Society* (June 1995); Flemming Christiansen and Junzuo Zhang, *Village Inc.: Chinese Rural Society in the 1990s* (Honolulu: University of Hawaii Press, 1998).
(11) Jean C. Oi, "The Role of the Local State in China's Transitional Economy," *The China Quarterly*, 1995; 11. Jean C. Oi, *Rural China Takes Off: Institutional Foundations of Economic Reform* (Berkeley: University of California Press, 1999).
(12) 前掲2章（8）の第1章。
(13) Brahma Chellaney, "Europe Got Freedom, Asia Got Rich," *International Herald Tribune*, November 4, 2009.

第5章　近代化というネオリベラルな夢

(1) 茅于軾へのインタビュー，2010年1月。
(2) Milton Freidman, "Chicago Boys and Pinochet," Commanding Heights, PBS video interview, 8:16, http://www.pbs.org/wgbh/commandingheights/shared/video/qt/mini_p02_07_300.html.
(3) 同前。
(4) 同前。
(5) 同前。
(6) Michael Lewis, "Wall Street on the Tundra," *Vanity Fair*, April 2009.
(7) Andri Snaer Magnason, *Dreamland: A Self-Help Manual for a Frightened Nation* (London: Citizen Press, 2008, p. 156.　邦訳：アンドリ・S・マグナソン著『よみがえれ！　夢の国アイスランド』，森内薫訳，2009年，日本放送出版協会。
(8) 同前，原書173ページ。
(9) 同前，原書215ページ。
(10) ブラック・ショールズ方程式はヨーロッパ式オプションの価格づけに用いられ，ブラック・ショールズ・マートン・モデルにもとづいている。
(11) Philipp Bagus and David Howden, "Iceland's Banking Crisis: The Meltdown of an Interventionist Financial System," *Mises Daily*, Ludwig von Mises Institute, June 9, 2009, http://mises.org/daily/3499.

第6章　「フラットな世界」という愚かな夢

(1) J. P. Morgan, "JPMorgan Chase Reports Fourth-quarter 2010 Earnings," January 14, 2011, http://www.jpmorgan.com/cm/cs?pagename=JPM_redesign/JPM_Content_C/Generic_Detail_Page_Template&cid=1294354943312&c=JPM_Content_C.
(2) Colin Barr, "Jamie Dimon, Bonus King," CNN Money, February 18, 2011, http://finance.fortune.cnn.com/2011/02/18/jamie-dimon-bonus-king/.
(3) Gallup, "Gallup Daily: U.S. Employment," March 14, 2011,

http://www.gallup.com/poll/125639/Gallup-Daily-Workforce.aspx.

(4) Office for National Statistics, "Inflation," February 15 2011,
http://www.statistics.gov.uk/cci/nugget.asp?id=19.

(5) パトリック・ホバネツへのインタビュー，2009年12月。

(6) イタリア人トレーダーへのインタビュー，2009年10月。

(7) City Spy, "Lehman, Credit Suisse and the Rumour Mill," *Evening Standard*, August 22, 2008, http://www.thisislondon.co.uk/standard-business/article-23542966-lehman-credit-suisse-and-the-rumour-mill.do.

(8) Paul Krugman, "The Big Squander," *New York Times*, November 19, 2009.

(9) BBC, *The Last Days of Lehman Brothers*, September 29, 2009.

(10) Matt Taibbi, "The Great American Bubble Machine," *Rolling Stone*, June 13, 2009.

(11) John Authers, "Goldman's Success Is a Double-edged Sword," *Financial Times*, October 17, 2009.

(12) John Gapper, "Goldman Should Be Allowed to Fail," *Financial Times*, October 22, 2009,
http://www.ft.com/cms/s/0/3bc2f674-bea2-11de-b4ab-00144feab49a.html.

(13) Karl Marx, *Il capitalismo e la crisi*, ed. Vladimiro Giacche (Rome: Derive approdi, 2009), pp. 24–26.

(14) Richard Freeman, "The Great Doubling: The Challenge of the New Global Labor Market," Federal Reserve Bank of Boston, August 2006.

(15) Ravi Jagannathan, Mudit Kapoor, and Ernst Schaumburg, "Why Are We in a Recession? The Financial Crisis Is the Symptom not the Disease!," Working Paper No. 15404, National Bureau of Economic Research, Cambridge, MA, October 2009, http://www.nber.org/papers/w15404.

(16) 前掲（14）参照。

第7章　略奪する金融ネオリベラル主義

(1) *Wall Street Journal*, "For John Meriwether, Will Third Time Be a Charm?"
http://blogs.wsj.com/deals/2010/10/04/for-john-meriwether-will-third-time-be-a-charm/.

(2) Jagannathan et al., "Why Are We in a Recession?"

(3) Walter E. Williams, "Government Deception," Creators Syndicate, Inc., April 8, 2009,
http://www.dgda.org/newsletters/April2009Newsletter.pdf.

(4) *Wall Street Journal*, "Systemic Risk and Fannie Mae: *The Education of Joe Stiglitz and Peter Orszag*," December 1, 2009,
http://online.wsj.com/article/SB10001424052748704204304574543503520372002.html.

(5) パオロ・トシへのインタビュー，2010年1月。

(6) Alan Greenspan, Adam Smith Memorial Lecture, Kirkcaldy, Scotland, February 6, 2005,
http://www.federalreserve.gov/boarddocs/speeches/2005/20050206/default.htm.

(7) Karl Polanyi, *The Great Transformation: The Political and Economic Origins of Our Time* (Boston: Beacon Press, 2001. p. 135.　邦訳：カール・ポラニー著『大転換　市場社会の形成と崩壊』，吉沢英成他訳，1975年，東洋経済新報社。

(8) 同前。

(9) ルーズベルトは1944年1月11日に後に「経済的権利宣言」と知られるようになった，

第二の「権利章典」を議会に提出した際の一般教書演説のなかで，この名高い一節を述べている。これはもともと1762年のイギリスの財産権法をめぐるVernon対Bethell訴訟において，イングランド大法官が述べた言葉だった。

第8章　団結こそ力なり

(1)　Kate Hutchings and David Weir, "Guanxi and Wasta: A Comparison," T*hunderbird International Business Review* 48, no. 1 (January 2006): pp. 141−156.

(2)　Samuel P. Huntington, "The Clash of Civilizations?（文明の衝突？）." *Foreign Affairs* 72, no. 3 (Summer 1993): pp. 22−49.

(3)　前掲2章（8），原書の233ページ。

(4)　前掲2章（8），原書の第12章。

(5)　Patricia Yollin, "Microcredit Movement Tackling Poverty One Tiny Loan at a Time," *San Francisco Chronicle*, September 30, 2007, http://www.sfgate.com/cgi-bin/article.cgi?f=/c/a/2007/09/30/MN7QRSUKA.DTL.

(6)　茅于軾へのインタビュー，2010年1月。

(7)　IslamWeb, The Prophet Muhammad's Modesty and Humbleness, http://www.islamweb.net/emainpage/index.php?page=articles&id=134455.

(8)　エダム・ヤクービへのインタビュー，2008年11月。

(9)　Raffaele Oriani and Riccardo Stagliano, *Miss Little China*（Milan: Chiarelettere, 2009), p. 35.

第9章　ムハンマドから孔子へ

(1)　Anthony Reid and Zheng Yangwen, *Negotiating Asymmetry: China's Place in Asia* (Singapore: Singapore University Press, 2009), p. 13.

(2)　許慎著『説文解字』，最古の部首別漢字字典で後漢の安帝のときに朝廷に献上された。

(3)　Franco Mazzei, "Capire la Cina. Dalla geopolitica alla geocultura," in *Campania e Cina*, eds. Massimo Galluppi and Franco Mazzei (Naples: Esi, 2005).

(4)　リー・ジュアンへのインタビュー，2010年1月。

(5)　人間の本質をはっきりと肯定的にとらえたのは孔子ではなく，後代の思想家の孟子で，人間はだれでも「四端」という四つの徳につながる心を持っていると説いた。彼と対照的なのが荀子であり，彼は人間の本性は悪であり，勉学と習慣によってのみそれを抑えられると説いた。

(6)　Daniel A. Bell, "From Marx to Confucius: Changing Discourses on China's Political Future," *Dissent* (Spring 2007), http://www.dissentmagazine.org/article/?article=767.

(7)　同前。

(8)　アーサー・クローバーへのインタビュー，2009年12月。

(9)　ワン・ドンへのインタビュー，2010年1月。

(10)　*Southern Weekly*, "The Harmonious Society（調和ある社会）," October 12, 2006.

(11)　自身の見解から距離を置くようになった党の権力をふたたび掌握するためだったというのが，毛が文化大革命を始動した理由についての一般的な解釈である。

(12)　Lucian W. Pye, *The Spirit of Chinese Politics* (Cambridge, MA: Harvard University Press, 1992), p.

15.

(13) Raffaele Oriani and Riccardo Stagliano, *I cinesi non muoiono mai* (Milan: Chiarelettere, 2008), pp. 25-27.

(14) 同前。

(15) 同前。

第10章　再生可能エネルギーという新たな長城

(1) Jonathan Watts, "China's New Faith in Solar Energy Projects is Hailed by Environmentalists as a Milestone," *Guardian*, May 26, 2009.

(2) Zhang Qi, "China Hikes 2011 Solar Power Target," *China Daily*, http://www.chinadaily.com.cn/bizchina/2009-07/03/content_8350947.htm.

(3) Zhang Qi, "Himin Sees More Shine in Dezhou's Solar Valley," *China Daily*, February 9, 2009, http://www.chinadaily.com.cn/bizchina/2009-02/09/content_7456117.htm.

(4) 問題は価格ではなく，蓄積できないことである。水素燃料電池が用いられるか，別の技術が開発されないかぎり，電気を貯蔵することはできない。（少なくとも，いまの技術レベルでは）大陸をまたぐ配電網を築くことは，検討に値しない。というのも電気が拡散する割合も，インフラ・コストも高すぎるからである。

(5) エール大学のウェブサイト environment360 を参照のこと。http://e360.yale.edu/.

(6) フンダシオン・イデア（Fundacion Ideas）（スペイン・マドリッド）での講演，2009年7月20日。

(7) クラウディオ・ヴェスコヴォへのインタビュー，2009年11月。

(8) Daniel K. Gardner, "Meet China's Green Crusader（中国の環境擁護者に会う)," *New York Times*, November 1, 2009.

(9) 前掲2章（8）の第4章。

(10) 前掲（8）。

(11) United Nations Environment Programme, *Global Green New Deal: An Update for the G20 Pittsburgh Summit*, September 2009.

(12) David Cui, Andy Zhao, Tracy Tian, CFA, et al., "A Primer on China's Seven Strategic Industries," Bank of America-Merrill Lynch, January 17, 2011.

(13) クラウディオ・ヴェスコヴォへのインタビュー，2009年11月。

(14) International Energy Agency, "China Overtakes the United States to Become World's Largest Energy Consumer," July 20, 2010, http://www.iea.org/index_info.asp?id=1479.

(15) こうした国々とは対照的に，イタリアは非常に対応が遅れている。2020年までに，消費エネルギーの20パーセントを再生可能なエネルギーでまかなうようにするというのがヨーロッパ全体の目標である。スペインやドイツなどは，設定した目標を上まわる成果を上げることが確実だが，現在，およそ6パーセント程度しか再生可能なエネルギー源への切り替えができていないイタリアは，目標を達成できないとの見込みを発表，アルバニアやセルビア，モンテネグロ，チュニジアといった近隣諸国から不足分のクリーンエネルギーを輸入すると表明している。

(16) クラウディオ・ヴェスコヴォへのインタビュー，2009年11月。

(17) Claudio Vescovo, *New Energy Finance* (Fall 2009).
(18) 2009年10月20日，アメリカ上院の銀行・住宅・都市問題委員会における「アメリカの住宅市場状況」についての公聴会でなされたジェームズ・インホフ上院議員の証言。

第11章 中国の目でワシントンと北京を見る

(1) Austin Ramzy, "Will Obama and Hu Jintao Find Middle Ground?," January 18, 2011, http://www.time.com/time/world/article/0,8599,2042941,00.html.
(2) Kenneth G. Lieberthal, "Recalibrating U.S.-China Relations," January 17, 2011, http://www.brookings.edu/opinions/2011/0117_us_china_relations_lieberthal.aspx.
(3) リー・チャンへのインタビュー，2010年1月。
(4) Floyd Norris, "China Cuts its Holdings of U.S. Debt," *International Herald Tribune*, January 23, 2010.
(5) リー・チャンへのインタビュー，2009年11月。
(6) パトリック・ホバネツへのインタビュー，2009年12月。
(7) アーサー・クローバーへのインタビュー，2009年12月。
(8) 同前。
(9) Paul Gilbert, *Terrorism, Security, and Nationality: An Introductory Study in Applied Political Philosophy* (London: Routledge, 1994).
(10) アメリカがテロ行為に対する懲罰として死刑を導入したのは1993年以降であったため，彼は処刑されなかった。
(11) William S. Lind, Keith Nightengale, John F. Schmitt, Joseph W. Sutton, and Gary I. Wilson, "The Changing Face of War: Into the Fourth Generation," *Marine Corps Gazette* (October 1989).
(12) Stephen E. Ambrose and Douglas G. Brinkley, *Rise to Globalism: American Foreign Policy Since 1938* (New York: Penguin, 1998), p. 82.

第12章 現代のアッティラ――オサマ・ビンラディン

(1) Michael Grant, *The Fall of the Roman Empire* (New York: Scribner, 1997), p. 60.
(2) Salviano di Marsiglia in Jacques Migne, *Cursus Patrologiae* 53, 1855.
(3) Kevin Phillips, *Wealth and Democracy: A Political History of the American Rich* (Portland, OR: Broadway, 2003), p. 111.
(4) Myron Magnet, *The Dream and the Nightmare: The Sixties' Legacy to the Underclass* (San Francisco: Encounter Books, 1993).
(5) Hugh Kennedy, *Mongols, Huns & Vikings* (London: Cassell, 2002), 20−21, p. 27.
(6) 前掲（1）。
(7) 前掲（5）。
(8) United Nations Office on Drugs and Crime, "Afghanistan Opium Survey 2008（アフガニスタンにおけるアヘンについての調査2008)," November 2008, http://www.unodc.org/documents/crop-monitoring/Afghanistan_Opium_Survey_2008.pdf.
(9) Ehsan Ahrari, Vanda Felbab-Brown, Louise I. Shelley and Nazia Hussain, "Narco-Jihad: Drug Trafficking and Security in Afghanistan and Pakistan," NBR Reports, December 2009,

http://www.nbr.org/publications/issue.aspx?id=192.
(10) United Nations Office on Drugs and Crime, Addiction, *Crime and Insurgency: The Transnational Threat of Afghan Opium*, Vienna: United Nations Office on Drugs and Crime, 2009),
http://www.unodc.org/documents/data-and-analysis/Afghanistan/Afghan_Opium_Trade_2009_web.pdf.
(11) 前掲(1)の 97−100 ページ。

第 13 章　国民国家の破壊者たち

(1) 于方強へのインタビュー，2009 年 12 月。
(2) 北京愛知行研究所長・万延海へのインタビュー，2010 年 1 月。
(3) リー・ジュアンへのインタビュー，2010 年 1 月。
(4) Geoffrey Smith, *Reagan and Thatcher* (London: The Bodley Head, 1990), p. 1−11.　邦訳：ジェフリー・スミス著『ウーマン・イン・パワー――世界を動かした女マーガレット・サッチャー』，安藤優子訳，1991 年，フジテレビ出版。
(5) 同前。
(6) Andrew Adonis and Tim Hames, "Introduction: History, Perspectives," in *A Conservative Revolution?*, eds. Andrew Adonis and Tim Hames (Manchester: Manchester University Press, 1994), pp. 1−16.
(7) 同前。
(8) 同前。
(9) 同前。
(10) 同前。

第 14 章　サプライサイド経済学

(1) Paul Krugman, *Peddling Prosperity: Economic Sense and Nonsense in an Age of Diminished Expectations* (New York: W. W. Norton & Co., 1995).　邦訳：ポール・クルーグマン著『経済政策を売り歩く人々――エコノミストのセンスとナンセンス』，伊藤隆敏監訳，北村行伸他訳，1995 年，日本経済新聞社。
(2) 同前。
(3) 同前。
(4) モーリス・オハナへのインタビュー，2009 年 12 月，2010 年 1 月。
(5) 茅于軾へのインタビュー，2010 年 1 月。
(6) パトリック・ホバネツへのインタビュー，2009 年 12 月。
(7) John Hills, *Thatcherism, New Labour and the Welfare State* (London: London School of Economics, 1998).
(8) Terry O'Shaughnessy, "Economic Policy," in *A Conservative Revolution?*, eds. Andrew Adonis and Tim Hames (Manchester: Manchester University Press, 1994), p. 94.

第 15 章　フルモンティ

(1) Office for National Statistics, "GDP Growth Contracts by 0.6% in Q4 2010(2010 年の第 4 四

半期の GDP は 0.6% の縮小)," February 25, 2011,
http://www.statistics.gov.uk/cci/nugget.asp?id=192.

(2) Peter Riddel, "Ideology in Government," in *A Conservative Revolution?*, eds. Andrew Adonis and Tim Hames (Manchester: Manchester University Press, 1994).

(3) Geoffrey K. Fry, *The Politics of the Thatcher Revolution: An Interpretation of British Politics, 1979–1990* (Hampshire: Palgrave Macmillan, 2008).

(4) 同前。

(5) 同前。

(6) 同前。

(7) 同前。

(8) 同前。

(9) Ingrid van Biezen, "Political Parties as Public Utilities," *Party Politics* 10, no. 6 (2004): pp. 701–722.

(10) Paul Whiteley, "Where Have All the Members Gone? The Dynamics of Party Membership in Britain," *Parliamentary Affairs* 62, no. 2 (2009): pp. 242–257.

(11) Peter Mair and Ingrid van Biezen, "Party Membership in Twenty European Democracies, 1980–2000," *Party Politics* 7, no. 1 (2001): pp. 5–21.

(12) Richard Heffernan and Paul Webb, "The British Prime Minister: Much More Than First Among Equals," in *The Presidentialization of Politics: A Comparative Study of Modern Democracies*, eds. Thomas Poguntke and Paul Webb (Oxford: Oxford University Press, 2005), pp. 150–160.

(13) House of Commons Constitutional Affairs Committee "Party Funding," 2006,
http://www.publications.parliament.uk/pa/cm200607/cmselect/cmconst/163/16305.htm.

(14) 前掲 (12), 158–160 ページ。

第16章　メディアクラシー

(1) Barbara Jerkov, "E Fini per la sfida elettorale si affida ai guru di Chicago," *La Repubblica*, February 2, 2004; また Marcello Foa, *Gli stregoni della notizia* (Milan: Guerini Associati, 2008), p. 222 も参照のこと。

(2) Marcello Foa, *Gli stregoni della notizia* (Milan: Guerini Associati, 2008).

(3) Nicholas Jones, *Sultans of Spin* (London: Orion, 1999).

(4) 前掲 (2), 第4章。

(5) 前掲 (2), 153 ページ。

(6) 前掲 (3), 24–25 ページ, また (2), 152 ページ。

(7) モーリス・オハナへのインタビュー, 2009年12月, 2010年1月。

(8) パトリック・ホバネツへのインタビュー, 2009年12月。

(9) ジェレミー・ゴールドコーンへのインタビュー, 2009年12月。

(10) Ivan Franceschini, *Cronache delle fornaci cinesi* (Venice: Cafoscarina, 2009).

(11) 同前。

(12) 同前。

(13) Michael Smith, "Revealed: Straw's Secret Warning to Blair on Iraq," *Sunday Times*, January 17,

2010.

第 17 章　千人のエビータ

(1)　http://ilbuoncaffe.blogspot.com/2008/04/berlusconeide1.html.
(2)　Human Rights Watch, *World Report 2010* (New York: Seven Stories Press, 2010) http://www.hrw.org/world-report-2010.
(3)　John P. Burns, "The CCP's Nomenklatura System as a Leadership Selection System: An Evaluation," in *The Chinese Communist Party in Reform*, eds. Kjeld Erik Brodsgaard and Zheng Yongnian (London: Routledge, 2006), p. 39.
(4)　Bruce J. Dickson, "Integrating Wealth and Power in China: The Communist Party's Embrace of the Private Sector," *The China Quarterly*, no. 192 (2007): pp. 138.
(5)　Wu Jiao, "Party Membership Up in Private Firms," *China Daily*, July 17, 2007.
(6)　Wikipedia, "Three Represents," http://en.wikipedia.org/wiki/Three_Represents. [if possible, cite something other than wiki]
(7)　Andrew G. Walder, "The Party Elite and China's Trajectory of Change," in *The Chinese Communist Party in Reform*, eds. Kjeld Erik Brodsgaard and Zheng Yongnian (London: Routledge, 2006).
(8)　China.org.cn, "White Paper on China's Political Party System," http://www.china.org.cn/english/news/231852.htm.
(9)　万延海へのインタビュー，2010 年 1 月。
(10)　前掲 16 章（10）。
(11)　Gian Carlo Fusco, *Mussolini e le donne* (Palermo, Italy: Sellerio 2006).
(12)　Edward Bernays, "The Engineering of Consent," *Annals of the American Academy of Political and Social Science* (March 1947).
(13)　Soria Blatmann, *Conflitto d'interessi nei mezzi di comunicazione: l'anomalia italiana*, Reporters sans frontieres, (April 2003), http://www.didaweb.net/fuoriregistro/documenti/19401rapp.pdf.

第 18 章　中国とアフリカの結婚

(1)　Evan Osnos, "The Promised Land (Guangzhou's Canaan Market)," *The New Yorker*, February 9, 2009.
(2)　同前。
(3)　イアン・テイラーへのインタビュー，2009 年 6 月。
(4)　Ian Taylor, "China's Foreign Policy towards Africa in the 1990s," *Journal of Modern African Studies* 36, no. 3 (1998).
(5)　前掲 3 章（10）の 96 ページ。
(6)　Richard Behar, "China Saps Mozambique of Timber Resources," *FastCompany.com*, July 1, 2008.
(7)　Malcolm Moore, "China in Africa at a Glance," *Telegraph*, February 10, 2010, http://www.telegraph.co.uk/news/worldnews/africaandindianocean/zimbabwe/8315107/China-in-Africa-at-a-glance.html.
(8)　Barry Sautman and Yan Hairong, "African Perspectives on China-Africa Links," *The China Quarterly*, no. 199 (2009): pp. 728–759.

(9) 同前，749ページ。
(10) 同前。
(11) 同前。
(12) 同前。
(13) 同前。
(14) John Lungu, "Copper Mining Agreements in Zambia: Renegotiation or Law Reform?," *Review of African Political Economy*, no. 117 (2008): pp. 41−53.

第19章　最後のフロンティア，アフリカ

(1) Alex Vines, Lillian Wong, Markus Weimer, and Indira Campos, "Thirst for African Oil: Asian National Oil Companies in Nigeria and Angola," Chatham House Report, August 2009.
(2) 同前。
(3) セルジュ・ミッシェルへのインタビュー，*Foreign Policy*，2008年5月30日。http://www.foreignpolicy.com/articles/2008/05/29/ask_the_author_serge_michel.
(4) Marie-Claire Bergere, *La Cina dal 1949 ai giorni nostri* (Bologna: il Mulino, 2000).
(5) Stefano Gardelli, *L'Africa cinese: gli interessi asiatici nel continente nero* (Milan: Egea-Universita Bocconi Editore, 2009), pp. x-xi.
(6) Chiara Paolin, "Ferrovia per la Mecca, appalto cinese e i suoi operai diventano islamici," *La Repubblica*, September 12, 2009.
(7) セルジュ・ミッシェルへのインタビュー，*Foreign Policy*.
(8) セルジュ・ミッシェルへのインタビュー，*Konflikt*, Swedish Public Radio, 2008年9月13日。
(9) 同前。
(10) 同前。
(11) International Monetary Fund, World Economic Outlook Database, April 2009, Angola, http://www.imf.org/external/pubs/ft/weo/2009/01/weodata/weorept.aspx?pr.x=88&pr.y=8&sy=2002&ey=2010&scsm=1&ssd=1&sort=country&ds=.&br=1&c=614&s=PPPGDP,PPPPC&grp=0&a=#download.
(12) Indira Campos and Alex Vines, "Angola and China: A Pragmatic Partnership," working paper, presented during the CSIS Conference, "Prospects for Improving U.S.-China-Africa Cooperation" (December 5, 2007), CSIS, March 2008.
(13) イアン・テイラーへのインタビュー，2009年6月。
(14) Wenran Jiang, "Fuelling the Dragon: China's Rise and Its Energy and Resources Extraction," *The China Quarterly*, no. 199 (2009): pp. 585−609.
(15) Chris Alden, "China in Africa," *Cape Argus*, October 30, 2007, http://www.saiia.org.za/china-in-africa-project-opinion/china-in-africa.html.
(16) イアン・テイラーへのインタビュー，2009年6月。
(17) 同前。
(18) 同前。

第 20 章　グローバリゼーションと犯罪

（1）　*Wallpaper*, no. 123 (June 2009): pp. 84–85.

（2）　Te-Ping Chen, "China's Marlboro Country: The Strange, Underground World of Counterfeit Cigarettes," *Slate Magazine*, June 29, 2009.

（3）　同前。

（4）　同前。

（5）　アルド・インジャンジへのインタビュー，2009 年 6 月。

（6）　Giampiero Rossi and Simone Spina, *I Boss di Chinatown: la mafia cinese in Italia* (Milan: Melampo Editore, 2009), pp. 137–138.

（7）　同前，124–125 ページ。

（8）　同前，125 ページ。

（9）　Canadian Security Intelligence Service, Report 2000/07, "Transnational Criminal Activity: A Global Context," http://www.csis.gc.ca/pblctns/prspctvs/200007-eng.asp.

（10）前掲（6），184 ページ。

（11）前掲（6），185 ページ。

（12）ファウスト・ザッカレッリへのインタビュー，2009 年 6 月。

（13）同前。

（14）同前。

（15）同前。

（16）イギリス・リーズ大学の学生へのグループ・インタビュー，2010 年 1 月。

（17）ファウスト・ザッカレッリへのインタビュー，2009 年 6 月。

（18）Joseph Kahn, "China Executes the Former Head of its Food and Drug Agency," *New York Times*, July 10, 2007, http://www.nytimes.com/2007/07/10/world/asia/10iht-china.1.6587520.html.

第 21 章　民主主義メイド・イン・チャイナ

（1）　前掲 17 章（7）。

（2）　前掲 17 章（7）。

（3）　前掲 17 章（4），837 ページ。

（4）　前掲 17 章（7）。

（5）　Tania Branigan, "Young, Gifted and Red: The Communist Party's Quiet Revolution," *Guardian*, May 20, 2009.

（6）　Yang Fengchun, *Chinese Government* (Beijing: Foreign Language Press, 2004), 67 ページ。

（7）　2004 年，中国の第 10 期全国人民代表大会第 2 回会議を経て改正された中華人民共和国憲法。

（8）　前掲（5）。

（9）　John Street, "Rousseau and James Mill on Democracy," in *A Textual Introduction to Social and Political Theory*, eds. Richard Bellamy and Angus Ross (Manchester: Manchester University Press, 1996).

（10）David Barboza, "Expo Offers Shanghai a Turn in the Spotlight," *New York Times*, April 29, 2010, http://www.nytimes.com/2010/04/30/world/asia/30shanghai.html.

(11) ある意味で，これは民衆の政府としてはより自然な形だと言える。西側民主主義という，近代の紛争解決機能を持ったモデルに比べれば洗練されていないものの，民主的であるという点ではひけをとらない。究極的に，もし政府を承認できないと思うのであれば，民衆の力で政府を倒し，革命を起こすことも可能なのである。

(12) リベラル民主主義は，家族や共同体を重んじる中国の考え方からはおよそかけ離れた，個人を中心とする功利主義的な文化から生まれた。こうした姿勢は政治や経済，そして本章で後述するように人権に対する考え方にもあらわれている。中国の人々はネオリベラル民主主義モデルに納得できなかったわけだが，その理由はモデルがもたらす弊害だけではなく，文化的な違いにも見出すことができる。

(13) Edmund Burke, *Reflections on the Revolution in France*（邦訳：エドマンドバーク著『フランス革命についての省察』，中野好之訳，2000 年，岩波書店）, reprinted in John Greenaway, "Burke and de Tocqueville on Conservatism," in *A Textual Introduction to Social and Political Theory*, eds. Richard Bellamy and Angus Ross (Manchester: Manchester University Press, 1996).

(14) シェイクスピア著『ヴェニスの商人』，第 2 幕第 9 場。

(15) Wan Ming, "Human Rights Lawmaking in China: Domestic Politics, International Law, and International Politics," *Human Rights Quarterly* 29 (2007): pp. 727–728.

(16) Chih Chieh Chou, "Bridging the Global and the Local: China's Effort at Linking Human Rights Discourse and Neo-Confucianism," *China Report* 44, no. 2 (2008): pp. 140.

(17) ラウル・ワレンバーグ研究所（The Raoul Wallenberg Institute）は人権を教育，住居と「自由喪失にからむ権利」の三つのカテゴリーに分けている（*A Study on Methods and Tools for Analysis in the Work on Human Rights*〈人権に関する職務における手法とツールについての研究〉［RWI, 2005］, http://www.rwi.lu.se/publications/reports/indicatorreport.pdf 参照）。1979 年，人権を三世代に分けようと最初に提案したのは，チェコ出身のフランス人法学者でフランス・ストラスブールの国際人権研究所に所属するカレル・ヴァサク（Karel Vašák）であった。三世代にはフランス革命の偉大なる三モットー，自由，平等，同胞愛が採用された。人権の三つの世代については，欧州連合基本権憲章の条文のなかでも触れられている。

(18) Fu Shuangqi and Wu Xiaojun,"China Hits Back with a Report on U.S. Human Rights Record," *China View*, February 26, 2009, http://news.xinhuanet.com/english/2009-02/26/content_10904794.htm. For the complete version, see also *China View*, "Full Text of Human Rights Record of United States in 2008," February 26, 2009, http://news.xinhuanet.com/english/2009-02/26/content_10904741.htm.

(19) Antoaneta Bezlova, "China Mulls Death Penalty Reform," *Asia Times*, June 18, 2008, http://www.atimes.com/atimes/China/JF18Ad01.html.

(20) Congressional-Executive Commission on China, *2009 Annual Report*, One Hundred Eleventh Congress, First Session, October 10, 2009, pp. 88–89.

(21) "Hu Jia Sentenced to 3.5 Years in Jail," *China Daily*, April 3, 2008, http://www.chinadaily.com.cn/china/2008-04/03/content_6590051.htm.

終章　愚行を繰り返すな

(1) Douglas R. Reynolds, "Chinese Area Studies in Prewar China: Japan's Toa Dobun Shoin in Shanghai, 1900–1945（戦前の中国における中国地域研究：上海における日本の東亜同文書院 1900–1945 年)," in *Journal of Asian Studies* 45, no. 5 (1986): p. 949.

(2) Carolle J. Carter, *Mission to Yenan: American Liaison with the Chinese Communists 1944–1947* (Lexington: The University Press of Kentucky, 1997), p. 207.

(3) Barbara Tuchman, "If Mao had Come to Washington," *Foreign Affairs* (October 1972): pp. 51–52.

(4) David D. Barrett, *Dixie Mission: The United States Army Observer Group in Yenan,* (Berkeley: Center for Chinese Studies, University of California, 1970), p. 82.

(5) 同前，85 ページ。

(6) 同前，86 ページ。

(7) World Bank, *From Poor Areas to Poor People: China's Evolving Poverty Reduction Agenda; An Assessment of Poverty and Inequality in China*, March 2009, p. iii.

ロレッタ・ナポリオーニ（Loretta Napoleoni）
ローマ出身の国際的エコノミスト、作家、ジャーナリスト、政治アナリスト。マネー・ロンダリングとテロ資金調達についての世界的権威。欧州信用危機および世界不況をはやくから予見、複数の銀行から対策の助言を求められる。現在はイギリスとアメリカを拠点として活躍。イギリス・ケンブリッジ大学ジャッジ・ビジネス・スクールで経済学の教鞭もとる。15か国語に翻訳され世界的ベストセラーとなった『ならず者の経済学（Rogue Economics）』（田村源二訳、2008年、徳間書店）の著者。CNNやBBCなどではコメンテーターとして定期的に出演。ラ・スタンパ、ラ・リパブリカ、ル・モンドなど、イタリアやフランスの有力紙の特派員やコラムニストとしても活躍。

井上実（いのうえ・みのり）
翻訳家（英語・中国語）。早稲田大学法学部卒。英字新聞記者を経て中国留学。その後、大連大学東北史研究センター研究員となり、中国東北地域の現代史を研究。おもな訳書に『アメリカとともに沈みゆく自由世界』（徳間書店）、『日本を追い込む５つの罠』（角川書店）（以上、カレル・ヴァン・ウォルフレン著）、『図解　三国志大事典』（共訳、金の星社）などがある。

マオノミクス
なぜ中国経済《ちゅうごくけいざい》が自由主義《じゆうしゅぎ》を凌駕《りょうが》できるのか

●

2012 年 *10* 月 *29* 日　第 *1* 刷

著者……………ロレッタ・ナポリオーニ
訳者……………井上《いのうえ》 実《みのり》
翻訳協力……………株式会社リベル
装幀……………佐々木正見
発行者……………成瀬雅人
発行所……………株式会社原書房

〒 160-0002 東京都新宿区新宿 1-25-13
電話・代表 03(3354)0685
振替・00150-6-151594
http://www.harashobo.co.jp

印刷……………シナノ印刷株式会社
製本……………東京美術紙工協業組合

ISBN978-4-562-04869-4, Printed in Japan